汽车摩托车大百科

CAR & MOTORCYCLES

博识百科系列编委会 ◎ 编

U0319439

化学工业出版社

· 北京 ·

内容简介

本书精心选取了近代世界各国所研发的近500种汽车与摩托车，包括轿车和轿跑车、跑车、运动休旅车、皮卡以及摩托车等，针对每种汽车与摩托车都简明扼要地介绍了制造商、车体设计、内饰配置、车身性能等知识。为了增强阅读趣味性，并加深读者对汽车与摩托车的认识，书中不仅配有详细的参数表格，还包括大量高清精美的图片，使读者对汽车与摩托车有更全面且细致的了解。

本书不仅是广大读者学习汽车与摩托车知识的参考资料，也是汽车与摩托车爱好者收藏的理想对象。

图书在版编目(CIP)数据

汽车摩托车大百科 / 博识百科系列编委会编.—北京：化学工业出版社，2023.2
（博识百科系列）
ISBN 978-7-122-42578-2

Ⅰ．①汽… Ⅱ．①博… Ⅲ．①汽车-青少年读物
②摩托车-青少年读物 Ⅳ．①U469-49②U483-49

中国版本图书馆CIP数据核字(2022)第230567号

责任编辑：徐 娟   文字编辑：冯国庆   版式设计：中海盛嘉
责任校对：张茜越   封面设计：王晓宇

出版发行：化学工业出版社(北京市东城区青年湖南街13号 邮政编码100011)
印   装：盛大（天津）印刷有限公司
880mm×1230mm   1/16   印张16¹/₂   字数 587千字   2023年9月北京第1版第1次印刷

购书咨询：010-64518888   售后服务：010-64518899
网   址：http://www.cip.com.cn
凡购买本书，如有缺损质量问题，本社销售中心负责调换。

定　　价：138.00元   版权所有　违者必究

前言

在车辆历史上，自行车首先出现，之后是摩托车。自1885年德国戴姆勒公司制造出世界上第一辆以汽油发动机为动力的摩托车以来，摩托车的发展已经历了100多年的沧桑巨变。第一次世界大战期间，由于战争中摩托车在前线通信上作用极大，战场上的情报员逐渐从骑马转为骑摩托车，欧洲各国军方对摩托车的需求增大，摩托车产量激增。美国哈雷摩托车公司生产的摩托车中，有50％为战需品。20世纪70年代之后，摩托车成为现代文明的重要标志之一。尤其是对于大排量豪华型摩托车，已经把当今汽车先进技术移植到其上，使摩托车制造技术达到炉火纯青的境界。

同样在第一次世界大战战场上有所贡献的还有汽车，最开始是装甲车被用于作战，然后动员民用汽车运送兵员和补给品，连巴黎的出租车都加入了急送兵员的行列。战争使各国参谋部领悟到汽车对实现军队机动化的重要性。战争推进了汽车，尤其是载货汽车的发展，使汽车类型逐渐完善，趋于多样化，同时各种汽车新技术也是层出不穷。第二次世界大战后世界进入汽车时代，汽车无论是在外形、性能还是颜色上，都发展变化很快，汽车外形演变的每一个时期都在不断地开拓着汽车新的造型，除了使汽车性能得以提升外，汽车美学也得到了发展。

本书精心选取了近代世界各国所研发的近500种汽车（包括轿车和轿跑车、跑车、运动休旅车、皮卡）以及摩托车，针对每种汽车与摩托车都简明扼要地介绍了制造商、车体设计、内饰配置、车身性能等知识。为了增强阅读趣味性，并加深读者对汽车与摩托车的认识，书中不仅配有详细的车身参数，还包括大量高清精美的图片，使读者可以更全面而细致地了解各种汽车与摩托车。

作为传播生活知识的科普读物，最重要的就是内容的准确性。本书的相关数据资料均来源于国外知名媒体和企业官方网站等权威途径，坚决杜绝抄袭拼凑和粗制滥造。在确保准确性的同时，我们还着力增加趣味性和观赏性，尽量做到将复杂的理论知识用简明的语言加以说明，并添加了大量精美的图片。因此，本书不仅是广大读者学习汽车与摩托车知识的参考资料，也是汽车与摩托车爱好者收藏的理想对象。

参加本书编写的有丁念阳、黄成、黄萍等。由于资料来源的局限性，书中难免存在疏漏之处，敬请广大读者批评指正。

编者

2023年5月

目 录

第3章　跑车　　106

第4章　运动休旅车　156

第 1 章

汽车和摩托车漫谈

汽车和摩托车诞生于 19 世纪 80 年代，是第二次工业革命的重要发明之一。汽车和摩托车的发明，加快了人员、物资、信息的流动，缩短了空间距离，节约了时间，加快了社会的发展，具有里程碑意义。

01

汽车和摩托车的诞生历史

1712 年，英国人托马斯·纽科门发明了不依靠人和动物来做功，而是靠机械做功的蒸汽机，被称为纽科门蒸汽机。1757 年，木匠出身的技工詹姆斯·瓦特被英国格拉斯哥大学聘为实验室技师，深入接触了纽科门蒸汽机。1769 年，瓦特与博尔顿合作，发明了装有冷凝器的蒸汽机。1774 年，两人又合作制造了真正意义的蒸汽机。蒸汽机推动了机械工业甚至社会的发展，并为汽轮机和内燃机的发展奠定了基础。

尼古拉·约瑟夫·居纽制造的世界上第二辆汽车

1769 年，法国陆军工程师尼古拉·约瑟夫·居纽制造了世界上第一辆蒸汽驱动的三轮汽车，由于试车时转向系统失灵，撞到墙壁上而损毁。1771 年，尼古拉·约瑟夫·居纽制造了第二辆汽车，但也没能真正上路，现置于法国巴黎国家艺术馆展出。尽管尼古拉·约瑟夫·居纽的这项发明失败了，但这却是古代交通运输（以人、畜或帆为动力）与近代交通运输（动力机械驱动）的分水岭，具有划时代的意义。

1794 年，英国人斯垂特首次提出把燃料和空气混合制成混合气体以供燃烧的构想。1796 年，意大利科学家沃尔兹发明了世界上第一台蓄电池，这项发明为汽车的诞生和发展带来了历史性的转折。

1801 年，法国人菲利普·勒朋提出煤气机原理。1803 年，英国工程师理查·特里维西克制造的汽车采用新型高压蒸汽机为动力，可乘坐 8 人，在行驶中平均时速 13 千米，从此，用蒸汽机驱动的汽车开始在实际中应用。1838 年，英国发明家亨纳特发明了世界第一台内燃机点火装置，该项发明被世人称为"世界汽车发展史上的一场革命"。1842 年，美国人查理·固特异发明了硫化橡胶轮胎。1859 年，法国物理学家普兰特发明了铅蓄电池，为汽车的用电创造了条件，被称为"意义深远的发明"。1860 年，法国电气工程师艾蒂安·雷诺制成了第一台用电火花点燃煤气的煤气机。1862 年，艾蒂安·雷诺又发明了以天然气为原料的二冲程卧式内燃机。同年，法国工程师德罗沙发表了四冲程理论。

1867 年，德国工程师尼古拉斯·奥托研制出世界上第一台往复活塞式四冲程煤气发动机。1876 年，奥托又制成了单缸卧式、压缩比为 2.5 的内燃机。之后，奥托放弃自己所获得的四冲程发动机专利，任何人都可以无偿使用四冲程发动机设计。

1885 年，德国工程师卡尔·本茨在曼海姆制造了一辆装有汽油机的三轮汽车。这辆车被认为是世界上第一辆真正的现代汽车，因为它是第一辆以汽油为动力源而不是以蒸汽机为动力源的汽车。这辆车具备了现代汽车的一些特点，如火花点火、水冷循环、钢管车架、钢板弹簧悬架、后轮驱动、前轮转向和制动把手。不过这辆车的性能并不完善，其行驶速度、装载能力、爬坡性能都不尽如人意，而且在行驶中经常出故障。但是它的巨大贡献不在于其本身所达到的性能，而在于观念的变化，就是自动化的实现和内燃机的使用，因为这种汽车能自己行驶，所以人们用希腊语中的 Auto（自己）和拉丁语中的 Mobile（会动的）构成复合词来解释这种汽车，这就是 Automobile（汽车）一词的由来。1886 年 1 月 29 日，卡尔·本茨向德国专利局申请汽车发明的专利。这一天被大多数人认为是现代汽车诞生日，卡尔·本茨的专利证书也成为世界上第一张汽车专利证书。

除卡尔·本茨外，曾与尼古拉斯·奥托共事的戈特利布·戴姆勒也是现代汽车工业的先驱者之一。1872 年，戈特利布·戴姆勒设计出四冲程发动机。1883 年，戈特利布·戴姆勒与好友威廉·迈巴赫合作，成功研制出使用汽油的发动机，并于 1885 年将其安装在木制双轮车上，从而发明了摩托车。这辆摩托车相当于将一具汽油四冲程发动机装在木制的两轮车上，但它不同于当时的自行车：它不通过倾斜车辆的方式产生离心力，并使车辆转向，完全没有使用自行车的原理，取而代之的是通过两根前叉的摆动来达到转向的目的。但这辆摩托车并非用作实际用途，而只作为两人研制内燃机的载体。1886 年，戈特利布·戴姆勒把汽油发动机安装在他为妻子 43 岁生日而购买的四轮马车上，创造了第一辆戴姆勒汽车。

卡尔·本茨和戈特利布·戴姆勒是人们公认的以内燃机为动力的现代汽车的发明者，他们的发明创造成为汽车发展史上最重要的里程碑，两人因此被世人尊称为"汽车之父"。

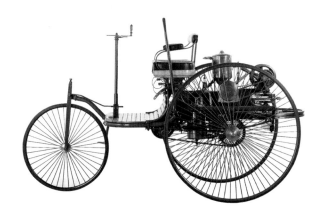

🏁 卡尔·本茨发明的世界上第一辆真正的汽车

🏁 戈特利布·戴姆勒发明的四轮汽车

卡尔·本茨和戴姆勒发明的都是汽油机，当时的人们在尝试用汽油作为燃料的同时，也尝试用其他燃油作为燃料。1897 年，德国人鲁道夫·狄塞尔成功制造了第一台柴油机，柴油机从设想变为现实经历了 20 年的时间。柴油机是动力工程方面的又一项伟大的发明，它的出现不仅为柴油找到了"用武之地"，而且它比汽油机省油、动力大、污染小，是汽车又一颗良好的"心脏"。

现代汽车发明以后，很快就开始商业化生产和出售。1886 年 7 月，世界上第一辆四轮汽车正式出售。1888 年，法国潘哈德·莱瓦索公司购买了戴姆勒在法国的汽油发动机生产制造权，开始生产商用汽车。该公司由雷纳·潘哈德和埃米尔·莱瓦索联合创立，为了与其他汽车区别开来，两人取自己姓氏的首字母组成了属于自己的标志，这也是汽车历史上最早的标志。按买主要求，潘哈德·莱瓦索公司的工匠在装配大厅手工配制每辆都不相同的汽车。当时的法国巴黎道路宽阔，且有奢华风尚，带动了汽车需求，潘哈德·莱瓦索公司的汽车产量大增，1894 年该公司每年能生产几百辆汽车，是世界领先的汽车公司。1900 年前，继德国、法国之后，美国、英国和意大利出现了多个这种"作坊式"汽车生产公司。1900 年，上述各国一共生产了 9500 多辆汽车。

🏁 戈特利布·戴姆勒发明的摩托车

早期的汽车是在马车的车身上安装内燃机而制成的。整个车身以木质材料为主，其车身造型基本上沿用了马车的形式，被称为"无马的马车"。后来，汽车逐渐脱离马车的车身，开始有了自己的样式。不过，由于发动机的功率太小，为了减轻重量，只能安装轻便、简单的车篷、挡风板和挡风玻璃等部件。

🏁 福特 T 型车

20 世纪初，汽车仍然是用手工业方式制造，虽然已经有由标准化的部件组成的量产车，但实际上汽车的产量仍然很少。当时，汽车被定位为高端的奢侈品，只有富人才买得起个人或家庭使用的汽车。直到 1913 年 12 月，美国企业家亨利·福特开发出世界上第一条汽车组装生产线并投入生产，汽车才得以普及。流水线生产方式不仅大幅度降低了汽车成本、扩大了汽车生产规模、创造了一个庞大的汽车工业，而且使世界汽车产业中心从欧洲移到了美国。

1922 年，美国哈德逊公司（1909 年由美国人乔瑟夫·哈德逊创立于底特律，1954 年与纳许·凯文纳特公司合并为美国汽车公司，1957 年哈德逊品牌被弃用）率先出售封闭式厢型轿车。这种轿车很受欢迎，1923 年在美国市场占有率超过传统的敞篷式轿车，到 1929 年在美国市场占有率高达 90%。

随着汽车车身结构的演变，在汽车使用材料方面主要开发出薄钢板轧制新技术。1923 ~ 1929 年，美国新建了约 650

座新工艺薄钢板轧制厂，为汽车工业供应薄钢板。与第一次世界大战前相比，钢板的厚度大幅减小，宽度大幅增加，长度由不足 2.5 米延伸到 100 米以上，这使车身、车前板和保险杠等薄钢板件得以从一张薄钢板下料。另外，平板玻璃连续处理技术，让汽车用上了安全玻璃。汽车涂装的快速干燥技术，以及汽车燃油炼制方面开发出的高辛烷值汽油炼制工艺等，均为提高发动机设计水平提供了有力支撑。

在汽车结构方面的技术创新还有以下方面。1920 年，美国杜森伯格公司在四个车轮上全部采用液压制动器。在此之前，仅后轮装制动器便可满足当时稀疏交通和低速行车的需要。随着车速提高，四轮液压制动逐步普及，直到 20 世纪 30 年代才全部取代拉索连杆式后两轮制动方式。1927 年，美国帕卡德公司开始在后驱动桥主传动上采用双曲线伞齿轮，使得传动轴、地板和车身高度降低，整车重心下降，提高了汽车在铺装道路上高速行驶的稳定性。此外，低压轮胎取代了早期汽车使用的多种硬质、高压轮胎。除性能要求最简单的汽车外，所有汽车都具备了风雨防护结构。自此，现代汽车的基本结构已经确立。

🏁 **梅赛德斯－奔驰 W08 封闭式四轮汽车**

汽车和摩托车的主要分类

◆ 汽车的分类

汽车的分类方式并无定论，若依使用性质分类，一般分为客车、货车、客货两用车（或称厢形车）及特种车。其中特种车种类繁多，包括警车、消防车、救护车、工程车、吊车、礼车、教练车、残障用特制车、洒水车、邮政车、垃圾车、清扫车、囚车及灵车等。若依所用燃料分类，则分为汽油车、柴油车、纯电动车、油电混合车及气体燃料车等。若依车主身份分类，则可分为私家车、公车。私家车是私人自己购买的、拥有使用支配权的、在不违法的情况下可以自由使用支配的汽车。一辆汽车属于私家车还是公车，是以在车辆管理机构登记时车主的身份确定的。如果以机关、团体、单位名义登记，就是公车。如果以个人名义登记，就是私家车，所有权属于个人。广义上的私家车既有卡车一类的商用车，也有轿车一类的乘用车。狭义上的私家车往往单指乘用车。

🏁 **本田雅阁轿车**

🏁 **法拉利拉法超级跑车**

乘用车的分类

中文译名	美国英文	英国英文	欧洲规格	欧盟名称 （1997～2009年）	欧盟名称 （2009年至今）
极小型车	Microcar	Microcar、Bubble car	A class	Supermini	Passenger car
次紧凑型车	Subcompact car	City car			
		Supermini	B class		
紧凑型轿车	Compact car	Small family car	C class	Small family car	
中型车	Mid-size car	Large family car	D class	Large family car	
入门级高级车	Entry-level luxury car	Compact executive car			
中大型车	Full-size car	Executive car	E class	Executive car	
中型高级车	Mid-size luxury car				
大型车	Full-size luxury car	Luxury car	F class	—	
跑车	Sports car	Sports car	S-segment sport coupes	—	
—	Grand tourer	Grand tourer		—	
超级跑车	Supercar	Supercar		—	
敞篷车	Convertible	Cabriolet		—	
	Roadster	—		Roadster sports	Roadster
—	—	Leisure activity vehicle	M-segment multi purpose cars	Small MPV	MPV
微型多功能休旅车	—	Mini MPV			
小型多功能休旅车	Compact minivan	Compact MPV			
大型多功能休旅车	Minivan	Large MPV		MPV	
微型运动休旅车	Mini SUV	Mini 4×4	J-segment sport utility cars	Small Off-roader 4×4	Off-roader
小型运动休旅车	Compact SUV	Compact 4×4			
—	—	Coupe SUV		—	
中型运动休旅车	Mid-size SUV	Large 4×4		Large Off-roader 4×4	
大型运动休旅车	Full-size SUV				

◆ **摩托车的分类**

摩托车有很多种分类方式，各国法律一般以引擎动力、排气量和限速的方式来分类，摩托车手则更热衷于以摩托车的机械构造、外观设计和实际用途进行分类，也就是将摩托车分为街车、跑车、巡航车、越野车等类型。

事实上，摩托车的分类并没有各国通用的标准：一方面取决于同款式的摩托车是否适合参加运动竞赛；另一方面取决于车辆的制造、注册、排放、安全和执照的法律定义，同时取决于制造商的意图、摩托车型号目录的归类和当地的摩托车文化。

许多国家政府会根据排量、功率、限速和重量来对摩托车进行分类，这种方法有利于征收关税、路税、环境税、汽车税、保险和驾照分级等。不过，这种方法会因不同的管辖单位而有不一致的情况，可能与一般的认知不同，也可能与摩托车制造商、代理商的预期有差距，因而厂商需要调整摩托车的规格和销售策略。

如果根据引擎类型来分类，摩托车可以分为二冲程摩托车、四冲程摩托车、柴油摩托车、电动摩托车、涡轮增压摩托车等，再细分可分为不同气缸数量和排列形式的引擎类型。

最简单的摩托车分类方式是把摩托车分为：适合在铺装道路上行驶的道路摩托车和适合在越野道路上行驶的越野摩托车两种类型。道路摩托车是一般公路上最常见的摩托车类型，其体积、性能和稳定性都较佳，有细花纹的轮胎，适合在公路上行驶。越野摩托车是为越野用途而生产的摩托车，可以在沙漠、雪地、河滩等粗糙路面上稳定行驶。与道路摩托车相比，越野摩托车更加简单和轻巧，具有粗花纹轮胎、长悬架行程、高离地间隙、细小车身和坚固的结构。

道路摩托车又可分为街车、运动型摩托车、巡航车、旅行摩托车、运动型旅行车、大型踏板车、玩乐型摩托车等。越野摩托车则可分为场地越野车、林道越野车、长距离越野车、障碍攀爬越野车、场地滑胎车等。

在铺装道路上行驶的道路摩托车

在越野道路上行驶的越野摩托车

汽车和摩托车的基本结构

◆ 汽车的基本结构

汽车是非常复杂的工业化产品，包含各式各样的主系统、次系统及零组件。一般来说，汽车由发动机、底盘、车身和电气设备四部分组成。

（1）发动机

发动机是汽车的动力装置，由两大机构、五大系统组成。两大机构是指曲柄连杆机构和配气机构。五大系统是指冷却系统、燃料供给系统、润滑系统、点火系统、启动系统。

（2）**底盘**

底盘是支撑、安装汽车发动机及其各部件的总成，可形成汽车的整体造型，并接受发动机的动力，使汽车产生运动，保证正常行驶。底盘由传动系统、行驶系统、转向系统和制动系统四部分组成。

（3）**车身**

车身安装在底盘的车架上，用于驾驶者、乘客乘坐或装载货物。轿车、客车的车身一般是整体结构，货车的车身一般由驾驶室和货厢两部分组成。

（4）**电气设备**

电气设备由电源和用电设备两大部分组成。电源包括蓄电池和发电机；用电设备包括发动机的启动系统、汽油机的点火系统和其他用电装置。

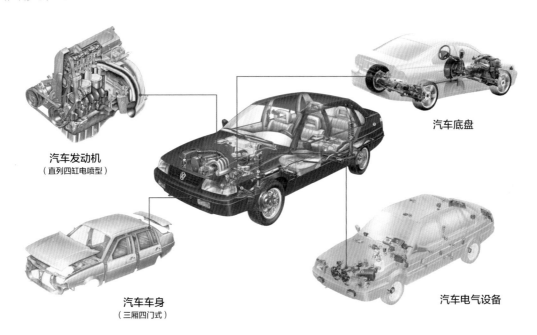

汽车发动机
（直列四缸电喷型）

汽车底盘

汽车车身
（三厢四门式）

汽车电气设备

🏁 汽车总体结构

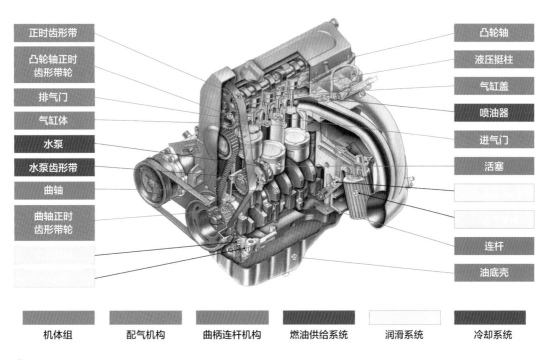

正时齿形带

凸轮轴正时齿形带轮

排气门

气缸体

水泵

水泵齿形带

曲轴

曲轴正时齿形带轮

凸轮轴

液压挺柱

气缸盖

喷油器

进气门

活塞

连杆

油底壳

机体组　　配气机构　　曲柄连杆机构　　燃油供给系统　　润滑系统　　冷却系统

🏁 汽车发动机结构

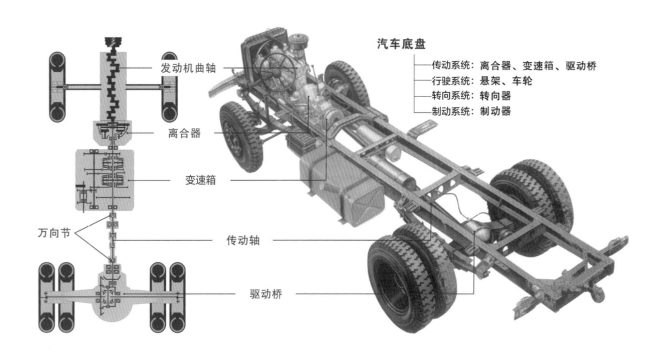

汽车底盘

传动系统：离合器、变速箱、驱动桥
行驶系统：悬架、车轮
转向系统：转向器
制动系统：制动器

发动机曲轴

离合器

变速箱

万向节

传动轴

驱动桥

🏁 汽车（货车）底盘结构

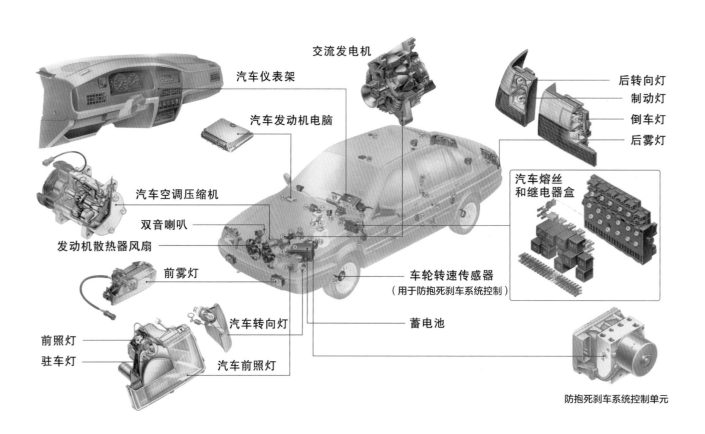

交流发电机

汽车仪表架

汽车发动机电脑

汽车空调压缩机

双音喇叭

发动机散热器风扇

前雾灯

前照灯

驻车灯

汽车转向灯

汽车前照灯

后转向灯
制动灯
倒车灯
后雾灯

汽车熔丝和继电器盒

车轮转速传感器
（用于防抱死刹车系统控制）

蓄电池

防抱死刹车系统控制单元

🏁 汽车电气设备

◆ 摩托车的基本结构

摩托车主要由动力部分、传动部分、行驶部分、操纵部分和电力设备组成。

（1）动力部分

动力部分主要由引擎、燃料供给及排气装置、润滑装置、冷却装置、点火装置组成。

引擎：用于将燃料的热能转化为机械能并产生动力。引擎由气缸、曲轴箱、活塞、连杆、曲轴、轴承、飞轮组成。按活塞往返次数可分为二冲程引擎和四冲程引擎；按气缸数目可分为单缸引擎和多缸引擎；按燃料种类可分为汽油引擎和柴油引擎。

燃料供给及排气装置：用于向引擎供给燃料，并将废气排出，由油箱、油压总泵、燃料喷射装置、空气滤清器、化油器、排气管、消声器、催化剂转化器等组成。

润滑装置：用于润滑车辆机件，减少磨损及燃料损失。

冷却装置：用于降低引擎温度，防止引擎过热，分为水冷、油冷、气冷三种冷却方式。

点火装置：用于启动引擎，有电容放电式点火（CDI）和压燃式点火两种。电容放电式点火系统由蓄电池、高压导线、点火线圈、火花塞等组成。

（2）传动部分

传动部分由离合器、变速箱、传动链条等组成。

离合器：用于接合或分离动力和传动装置。

变速箱：用于将引擎动力传递给行驶装备，分为序列式半自动变速箱（SMG）、无级自动变速箱（CVT）两种。序列式半自动变速箱由传动轴、齿轮、换挡拨叉等组成，无级自动变速箱由普力珠、普力盘（皮带轮）、传动皮带等组成。

传动链条：用于将动力传送至车轮，直接带动车轮转动。

（3）行驶部分

行驶部分由车架、前叉、减振器、轮胎组成。

车架：用于支撑车辆各组件及司乘人员。

前叉：上端与手把相连，下方安装前车轮，用于改变车辆行进方向。前叉上装有减振器及刹车钢索，通常也装有挡泥板。

减振器：用于将车轮在不平路面上受到的冲击和振动减缓，以保证行车平稳及安全，由前后减振及引擎吊架组成。前减振通常使用液压减振器，后减振通常使用弹簧减振器，并设有后摇臂与后轮相连。

轮胎：直接与地面接触，用于搭载车辆使之移动。

（4）操纵部分

操纵部分由转向装置、变速装置、制动装置组成。

转向装置：即手把，用于操纵车辆行驶方向。手把上装有节流阀、后视镜、仪表盘、点火开关、前制动卡钳、离合器卡钳及各种电子设备开关。离合器卡钳通过钢索的拉紧和松开来操控离合器。

变速装置：又称三角台，位于车辆下部左侧或右侧，用于操纵变速箱。

制动装置：用于对车辆实施制动，分为前制动及后制动，由碟盘、刹车油管、刹车片、刹车鼓、鼓式刹车皮组成。前制动卡钳位于手把上，通过钢索的拉紧和松开来操控刹车片。后制动踏板位于车辆下部左侧或右侧。

（5）电力设备

摩托车上的电力设备较多，例如点火装置、行车信号灯具、照明灯具、喇叭、仪表盘等。部分摩托车的不同行车模式调节器、移动电台、二次循环装备、防抱死刹车系统（ABS）、防盗装置等均属于电力设备。

🏁 **宝马 S1000RR 摩托车**

第 2 章

轿车和轿跑车

　　轿车通常指用于人员以及行李运输的汽车，除人员乘坐室外，外观上可见明显长度的车头与车尾，因此可从外形上清晰分辨出引擎室、人员乘坐室以及后备厢。轿车的外形类似古代的轿子，故名为"轿车"。而轿跑车一般是普通轿车的变型车，外形与普通轿车极为相似。轿跑车比较重视驾驶者的舒适性及操纵性，车身较矮，外形线条流畅。

劳斯莱斯银魅

劳斯莱斯银魅（Rolls-Royce Silver Ghost）是英国劳斯莱斯汽车公司在 1906 ~ 1926 年间生产的轿车，共生产了 7874 辆。该车质量优良，为劳斯莱斯轿车树立了良好的口碑。

劳斯莱斯银魅最初被称为 40/50 HP，车架制造于劳斯莱斯汽车公司位于英国曼彻斯特的工厂，后来在 1908 年转移到英国德比郡进行生产。1921 ~ 1926 年，劳斯莱斯汽车公司还在美国马萨诸塞州斯普林菲尔德的工厂生产劳斯莱斯银魅。该车安装了大量铝镀银配件，车身几乎全是银色，并且行驶时如鬼魅般无声无息，所以被称为银魅。该车早期搭载 7 升 I6 发动机，1910 年换装 7.4 升 I6 发动机。早期配备三速手动变速箱，1913 年换装四速手动变速箱。

1907 年，一辆劳斯莱斯银魅在苏格兰参加可靠性测试，测试里程为 24000 千米，其中包括在伦敦和格拉斯哥之间的 27 次往返。测试目的是提升企业的公众形象，并且显示劳斯莱斯汽车的高性能和安静性。由于当时的道路环境非常恶劣，且当时汽车的可靠性普遍较差，所以劳斯莱斯汽车公司的这种做法非常冒险。不过，劳斯莱斯银魅还是踏上了征途，并且搭乘记者参与测试。在成功完成测试后，劳斯莱斯银魅被拆开并检验磨损情况。检查发现，所有配件的磨损都在公差范围之内，这种品质对于当时的汽车来说堪称绝无仅有。同行记者这样评论其鬼魅般的表现："在三挡下，无论以何种速度行驶，乘坐者都毫无感觉，全无噪声干扰。其发出的声音最多只是和八天上一次发条的钟相仿。"此次测试一举奠定了银魅和劳斯莱斯汽车公司的声誉。

车身参数（后期）	
长度	4877 毫米
宽度	1715 毫米
高度	2250 毫米
轴距	3823 毫米
整备质量	1540 千克

🏁 1907 年生产的劳斯莱斯银魅

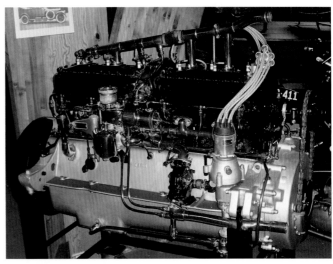

🏁 劳斯莱斯银魅的发动机

劳斯莱斯幻影

车身参数（第八代标准版）

长度	5762 毫米
宽度	2018 毫米
高度	1646 毫米
轴距	3552 毫米
整备质量	2560 千克

🏁 劳斯莱斯幻影第一代车型

🏁 劳斯莱斯幻影第八代车型

　　劳斯莱斯幻影（Rolls-Royce Phantom）是英国劳斯莱斯汽车公司从 1925 年开始生产的前置后驱四门轿车，是劳斯莱斯汽车公司的旗舰车型，2017 年推出第八代车型。

　　该车第一代车型采用前置后驱布局，搭载 7.6 升 I6 发动机。第二代车型采用全新的平台，动力方面与前代基本一致，但升级了全新的横流式气缸盖，传动系统匹配四速手动变速箱。第三代车型搭载了全新的 7.4 升 V12 发动机，是劳斯莱斯银天使推出之前劳斯莱斯汽车公司唯一使用 V12 发动机的车型。第四代车型以车头标志性的屈膝跪式"欢庆女神"为特征，搭载 5.7 升 I8 发动机，在低速行驶时拥有卓越的性能表现。第五代车型以同时期的主力车型劳斯莱斯银云为基础打造，搭载 6.2 升 V8 发动机。第六代车型是在前代基础上升级而来的，前期（1968 ～ 1978 年）搭载 6.2 升 V8 发动机和四速自动变速箱，后期换装 6.75 升 V8 发动机和三速自动变速箱。第七代车型是劳斯莱斯汽车公司被德国宝马汽车公司收购后推出的第一个产品，车身与轮毂的高度依然维持经典的 1 ：2 比例，采用的铝质空间架构由 200 多个冲压件与 300 多个钣金件构成，动力方面搭载专门为其设计的 60 度夹角、6.75 升 V12 发动机。

　　第八代车型首次采用了铝质车身架构，在车重更轻的情况下，车身刚性较上一代增强了 30%。外观部分，巨大的进气格栅比前代更高，"欢庆女神"的位置也随之高出约 12 毫米。车身侧面线条更加简洁流畅，同时后风挡比历代幻影倾斜度更大。劳斯莱斯汽车公司的工程师专为第八代车型设计了全新的 6.75 升 V12 双涡轮增压发动机，在保证 900 牛·米的惊人扭矩和 1700 转 / 分超低转速的同时，功率可达 430 千瓦。

劳斯莱斯银魂

车身参数	
长度	5300 毫米
宽度	1820 毫米
高度	1520 毫米
轴距	3225.8 毫米
整备质量	2230 千克

　　劳斯莱斯银魂（Rolls-Royce Silver Wraith）是英国劳斯莱斯汽车公司在 1946 ~ 1958 年间生产的四门轿车，共生产了 1883 辆。该车是第二次世界大战（以下简称二战）后劳斯莱斯汽车公司生产的第一款轿车，采用了发动机缸壁镀铬、独立前悬架，配有同步器的手动变速箱（四速）以及底盘集中润滑系统等新技术。该车早期搭载 4.5 升 I6 发动机，1951 年开始搭载 4.6 升发动机。从 1952 年开始，可以选装四速自动变速箱。

劳斯莱斯银灵

车身参数（第四代）	
长度	5395 毫米
宽度	1887 毫米
高度	1486 毫米
轴距	3162 毫米
整备质量	2320 千克

　　劳斯莱斯银灵（Rolls-Royce Silver Spirit）是英国劳斯莱斯汽车公司在 1980 ~ 1999 年间生产的前置后驱四门轿车，包括 Mark I（1980 ~ 1989 年）、Mark II（1989 ~ 1993 年）、Mark III（1993 ~ 1996 年）和 Mark IV（1995 ~ 1999 年）四代车型，共生产了约 19000 辆。该车首次在车头安装了可以伸缩的"欢庆女神"（Spirit of Ecstasy）雕像。这个"小天使"由弹簧驱动，可以在不需要的时候收起，沉入发动机舱前部的散热器内。

劳斯莱斯银天使

车身参数	
长度	5390 毫米
宽度	1930 毫米
高度	1514 毫米
轴距	3117 毫米
整备质量	2300 千克

　　劳斯莱斯银天使（Rolls-Royce Silver Seraph）是英国劳斯莱斯汽车公司在 1998 ~ 2002 年间生产的四门轿车。该车是劳斯莱斯汽车公司生产的最后一款纯英式风格的高级轿车，它率先在高级轿车领域使用了空气滤清系统、双桥减振器和碳纤维吸声系统。该车装有一台 5.4 升 V12 发动机，搭配五速自动变速箱，0 ~ 100 千米 / 时加速时间为 7 秒，最高车速为 223 千米 / 时。

劳斯莱斯古斯特

车身参数	
长度	5399 毫米
宽度	1948 毫米
高度	1550 毫米
轴距	3295 毫米
整备质量	2490 千克

　　劳斯莱斯古斯特（Rolls-Royce Ghost）是英国劳斯莱斯汽车公司从 2009 年开始生产的前置后驱四门轿车。与劳斯莱斯幻影相比，古斯特的设计更偏向于休闲风格。该车搭载 6.6 升 V12 双涡轮增压发动机，匹配八速自动变速箱，最高车速为 250 千米 / 时，是劳斯莱斯汽车公司迄今为止车速最快的量产车。尽管定位低于幻影，但是古斯特的动力却占了上风。古斯特的四轮都采用先进的空气悬架，并且均为铝合金多连杆几何设计，在减轻重量的同时增加了强度。

劳斯莱斯魅影

车身参数	
长度	5268 毫米
宽度	1948 毫米
高度	1505 毫米
轴距	3112 毫米
整备质量	2440 千克

　　劳斯莱斯魅影（Rolls-Royce Wraith）是英国劳斯莱斯汽车公司从 2013 年开始生产的双门轿跑车，是目前劳斯莱斯汽车公司推出的最偏向运动风格的车型。作为劳斯莱斯古斯特的轿跑版，魅影的前脸采用与古斯特相同的设计，仅在细节方面有一些改动。该车装有一台 6.6T V12 双涡轮增压发动机，最大输出功率为 414 千瓦，峰值扭矩为 780 牛·米，匹配八速自动变速箱。魅影采用了众多创新元素，例如红外线夜视摄像头配合预防碰撞系统，紧急情况下能自动刹车。

宾利雅致

车身参数	
长度	5394 毫米
宽度	1932 毫米
高度	1516 毫米
轴距	3116 毫米
整备质量	2320 千克

　　宾利雅致（Bentley Arnage）是英国宾利汽车公司在 1998 ～ 2009 年间生产的前置后驱四门轿车。该车将宾利汽车公司的造车宗旨体现得淋漓尽致：精湛的工艺、卓越的性能、豪迈的驾乘感，是一款名副其实的高性能豪华轿车。自投产以来，该车先后使用了三种发动机，即 4.4 升 V8 双涡轮增压发动机（1998 ～ 2000 年）、6.75 升 V8 双涡轮增压发动机（1999 ～ 2006 年）、6.8 升 V8 双涡轮增压发动机（2007 ～ 2009 年）。

宾利欧陆 GT

车身参数（第三代）	
长度	4850 毫米
宽度	1954 毫米
高度	1405 毫米
轴距	2851 毫米
整备质量	2244 千克

　　宾利欧陆 GT（Bentley Continental GT）是英国宾利汽车公司从 2003 年开始生产的前置四驱双门轿跑车，2018 年推出第三代车型。第一代车型作为宾利汽车公司归属德国大众集团之后的代表作，设计内敛饱满，采用 6 升 W12 双涡轮增压发动机，最大功率为 406 千瓦。第二代车型的顶配依然使用 6 升 W12 发动机，最大功率调到 423 千瓦，后期还推出了 V8 车款。第三代车型增大了进气中网的尺寸，6 升 W12 发动机的最大功率提升至 458 千瓦。

宾利欧陆飞驰

车身参数（第三代）	
长度	5316 毫米
宽度	1987 毫米
高度	1484 毫米
轴距	3194 毫米
整备质量	2437 千克

　　宾利欧陆飞驰（Bentley Continental Flying Spur）是英国宾利汽车公司从 2005 年开始生产的前置四驱四门轿车，2019 年推出第三代车型。第一代车型搭载 6 升 W12 双涡轮增压发动机，匹配六速自动变速箱，最高车速达 306 千米／时，0 ～ 100 千米／时加速时间约 5 秒。第二代车型有两种发动机，即 6 升 W12 双涡轮增压发动机和 4 升 V8 双涡轮增压发动机，均匹配八速自动变速箱。第三代车型搭载 6 升 W12 双涡轮增压发动机，匹配八速自动变速箱，最高车速达 333 千米／时。

宾利慕尚

车身参数	
长度	5575 毫米
宽度	1926 毫米
高度	1521 毫米
轴距	3266 毫米
整备质量	2650 千克

　　宾利慕尚（Bentley Mulsanne）是英国宾利汽车公司从 2010 年开始生产的前置后驱四门轿车，是由宾利汽车公司自主设计的旗舰车型，取代了宾利雅致。该车采用 6.75 升 V8 双涡轮增压发动机。八速自动变速箱与后轮驱动相结合，可实现平顺换挡、无缝加速，同时有效提高燃油经济性并减少二氧化碳排放。宾利慕尚的动态驾驶控制系统可通过换挡杆旁边的旋转开关来操作，有三种标准驾驶模式：宾利模式、舒适模式和运动模式，这些模式提供悬架和转向系统的精确校准。

保时捷 928

车身参数	
长度	4520 毫米
宽度	1837 毫米
高度	1275 毫米
轴距	2500 毫米
整备质量	1450 千克

　　保时捷 928（Porsche 928）是德国保时捷汽车公司在 1977 ~ 1995 年间生产的双门轿跑车，采用掀背式车尾。该车根据当时的政治环境和市场环境采用前置后驱的设计理念，与后置后驱的保时捷 911 设计大相径庭，采用强劲的 V8 发动机，有 4.5 升、4.7 升、5 升和 5.4 升四种排量，搭配三速、四速自动变速箱或者五速手动变速箱，最高车速可达 275 千米 / 时，0 ~ 100 千米 / 时加速时间少于 6 秒。

保时捷帕拉梅拉

车身参数（第二代）

长度	5049 毫米
宽度	1937 毫米
高度	1423 毫米
轴距	2950 毫米
整备质量	1815 千克

　　保时捷帕拉梅拉（Porsche Panamera）是德国保时捷汽车公司从 2009 年开始生产的前置后驱四门轿车，2016 年 6 月推出第二代车型。该车车身线条圆润流畅，几乎没有棱角。采用四门设计，前脸两侧各有一个大型进气口，水平条式雾灯横穿其中，造型独特。侧身线面处理得简洁柔和，既优雅又动感，巨大的五辐式轮毂，配以黑色刹车卡钳。尾部采用一个掀背式风格的后备厢盖，既增加了运动色彩，又提供了足够的存储空间。帕拉梅拉可选配置较为丰富，自适应巡航定速控制系统、加热座椅、前排通风座椅、四驱自动温控等多达几十种选配配置，可以自由选配。车身颜色除了白色为标配颜色外，其他十余种车身颜色选配从 790 元 ~ 3 万元人民币 / 辆不等。标配轮毂为 18 英寸（1 英寸≈ 25.4 毫米，下同）合金轮毂，其他几种配置为 19 ~ 20 英寸轮毂，价格从 2 万 ~ 4 万元 / 辆人民币不等。

　　保时捷汽车公司为帕拉梅拉提供四种发动机，分别是 3 升 V6 双涡轮增压发动机、3.6 升 V6 发动机、4.8 升 V8 发动机和 4.8 升 V8 双涡轮增压发动机，配备七速双离合变速箱，另外还提供可调减振器和多种行驶模式。即使是帕拉梅拉入门级车型，最高车速也能达到 250 千米 / 时。4.8 升 V8 双涡轮增压顶级款的车型最高车速可以达到 300 千米 / 时。

🏁 帕拉梅拉侧前方视角

🏁 帕拉梅拉右侧视角

🏁 帕拉梅拉尾部视角

🏁 帕拉梅拉内饰设计

保时捷 Taycan

　　保时捷 Taycan（Porsche Taycan）是德国保时捷汽车公司从 2019 年开始生产的纯电动汽车中的大型轿车。其名称"Taycan"来自土耳其语，意思是"活泼的年轻骏马"。

　　保时捷 Taycan 采用流线型车身设计，同时也散发出强烈的力量感。该车不仅拥有着眼于未来的外观，也流淌着保时捷传统跑车的血液，其承袭了保时捷家族的独特设计基因，包括流畅而鲜明的侧面轮廓，动感而连贯的飞线设计，都是保时捷车身轮廓的标志性特点。而前盖与前翼的典型弧度设计，纵向进气口替代抢眼的散热格栅，也是每一辆保时捷汽车都具备的特征。

　　保时捷 Taycan 的驾驶舱设计以驾驶者为中心，面板设计采用利落、极简且超现代的风格，使控制操作更快捷且不会令驾驶者分心。仪表板的最高点是曲面组合仪表，确保必要的行驶信息可在驾驶者视野内显示。创新的组合仪表包含一块 16.8 英寸的曲面显示屏，采用保时捷典型的圆形仪表样式。组合仪表取消了仪表罩，外观如同高端的智能移动设备一般精简且时尚。

　　保时捷 Taycan 提供后置单电机、前后双电机两个版本，均配备 93.4 千瓦·时三元锂电池，CLTC 工况下标准续航里程最低为 430 千米，最高为 538 千米。保时捷 Taycan 的最高时速可达 260 千米，0~100 千米 / 时加速时间仅为 2.8 秒。

车身参数	
长度	4963 毫米
宽度	1966 毫米
高度	1409 毫米
轴距	2904 毫米
整备质量	2358 千克

🏁 保时捷 Taycan 侧前方视角　　　　🏁 保时捷 Taycan 侧后方视角

保时捷 Taycan 尾部视角

保时捷 Taycan 内饰设计

玛莎拉蒂总裁

玛莎拉蒂总裁（Maserati Quattroporte）是意大利玛莎拉蒂汽车公司从 1963 年开始生产的前置后驱四门轿车，2013 年推出第六代车型。

玛莎拉蒂总裁第一代车型搭载 4.1 升和 4.7 升两种排量的 V8 发动机，最高车速超过 200 千米 / 时。加上优雅的外形、舒适的体验，玛莎拉蒂总裁成为"高性能四门豪华轿车"领域的开山鼻祖。第二代车型的车身更加动感，发动机改为 3 升 V6 发动机。第三代车型由汽车设计大师乔盖托·乔治亚罗操刀设计，搭载 4.9 升 V8 发动机。第四代车型出自跑车设计大师马塞罗·甘迪尼之手，搭载 2.8 升 V6 双涡轮增压发动机。第五代车型搭载 4.2 升和 4.7 升两种排量的 V8 发动机，匹配六速自动变速箱。

第六代车型采用了全新的设计，车头设计显得更加运动，侧面线条则尽显优雅。由于采用了轻量化设计，整备质量相比前代轻了 50 千克。该车有两种动力配置，低配车型匹配 3 升 V6 双涡轮增压发动机，最大功率为 302 千瓦；高配车型搭载 3.8 升 V8 双涡轮增压发动机，最大功率为 396 千瓦，峰值扭矩为 651 牛·米，0 ~ 100 千米 / 时加速时间为 4.7 秒，最高车速达 307 千米 / 时。传动系统方面，匹配八速自动变速箱。该车有五种驾驶模式，分别为自动普通、自动运动、普通手动、运动手动以及增强控制模式。

车身参数（第六代）

长度	5262 毫米
宽度	1948 毫米
高度	1481 毫米
轴距	3171 毫米
整备质量	1860 千克

⚑ 玛莎拉蒂总裁侧前方视角

⚑ 玛莎拉蒂总裁内饰设计

玛莎拉蒂吉博力

车身参数（第三代）	
长度	4971 毫米
宽度	1945 毫米
高度	1461 毫米
轴距	2998 毫米
整备质量	1810 千克

🏁 玛莎拉蒂吉博力侧前方视角

🏁 玛莎拉蒂吉博力内饰设计

玛莎拉蒂吉博力（Maserati Ghibli）是意大利玛莎拉蒂汽车公司生产的四门轿车，1967 ~ 1973 年间生产第一代车型，1992 ~ 1998 年间生产第二代车型，2013 年推出第三代车型。

玛莎拉蒂吉博力采用玛莎拉蒂家族式设计，标志性的前进气格栅配合造型犀利的前大灯，极具视觉冲击力。两条曲线贯穿车身侧面，在硬朗的车尾前部融合在一起。三角形 C 柱和无框车窗设计使玛莎拉蒂吉博力透出豪华双门轿跑的动感身姿，其车身长度和轴距在同级轿车中名列前茅。玛莎拉蒂吉博力的中控台布局简洁，具有层次感，整体内饰氛围散发着典雅和豪华的气息。在中控台中央顶部，镶嵌了经典的玛莎拉蒂时钟，采用精致的蓝色表盘和铝材装饰。玛莎拉蒂吉博力配备了 8.4 英寸高清触摸屏，多媒体系统集成收音机、视频播放、电话、空调控制以及导航等常用功能。

玛莎拉蒂吉博力搭载两种不同功率的 3 升 V6 双涡轮增压发动机，低功率版发动机的最大功率为 243 千瓦，峰值扭矩为 500 牛·米；高功率版发动机的最大功率为 301 千瓦，峰值扭矩为 550 牛·米。这两款发动机均配备平行涡轮增压器，由玛莎拉蒂汽车公司和意大利法拉利汽车公司的动力传动部门合作开发，并由位于意大利马拉内罗的世界领先的法拉利发动机工厂所打造。变速箱为八速手自一体变速箱，带有手动、雪地以及运动模式。玛莎拉蒂吉博力全部车型标配限滑式差速器，可在各种驾驶条件下实现最佳牵引效果。

梅赛德斯－奔驰 W186

车身参数	
长度	4950 毫米
宽度	1838 毫米
高度	1600 毫米
轴距	3050 毫米
整备质量	1770 千克

梅赛德斯－奔驰 W186（Mercedes-Benz W186）
是德国梅赛德斯－奔驰汽车公司在 1951 ~ 1957 年间生产的轿车，采用前置后驱布局。该车装有一台最大功率为 92 千瓦的 3 升 I6 发动机，匹配四速手动变速箱或者三速自动变速箱。

梅赛德斯－奔驰 W187

车身参数	
长度	4507 毫米
宽度	1685 毫米
高度	1610 毫米
轴距	2845 毫米
整备质量	1350 千克

梅赛德斯－奔驰 W187（Mercedes-Benz W187）
是德国梅赛德斯－奔驰汽车公司在 1951 ~ 1955 年间生产的前置后驱轿车，有四门轿车、两门敞篷车和两门轿跑车等车体，共生产约 1.85 万辆。该车装有一台最大功率为 59 千瓦、峰值扭矩为 142 牛·米的 2.2 升 I6 发动机，匹配四速手动变速箱。

梅赛德斯－奔驰 W188

车身参数	
长度	4700 毫米
宽度	1916 毫米
高度	1510 毫米
轴距	2900 毫米
整备质量	1670 千克

梅赛德斯－奔驰 W188（Mercedes-Benz W188）
是德国梅赛德斯－奔驰汽车公司在 1951 ~ 1958 年间生产的轿跑车，共生产了 760 辆。该车装有一台最大功率为 110 千瓦的 3 升 I6 发动机，匹配四速手动变速箱。

梅赛德斯－奔驰 W120/W121

车身参数（W120）	
长度	4460 毫米
宽度	1740 毫米
高度	1560 毫米
轴距	2650 毫米
整备质量	1150 千克

梅赛德斯－奔驰 W120/W121（Mercedes-Benz W120/W121）是德国梅赛德斯－奔驰汽车公司在 1953 ~ 1962 年间生产的前置后驱轿车，是该公司有史以来第一款全封闭车身设计的车型，被认为是梅赛德斯－奔驰 E 级的鼻祖。梅赛德斯－奔驰 W120 于 1953 年推出，搭载 1.8 升 I4 发动机。1956 年衍生出功率更大的梅赛德斯－奔驰 W121，使用 1.9 升 I4 发动机。该系列轿车完全摆脱了大翼子板、折叠式发动机盖和外挂式车灯等第二次世界大战前车型的元素，形成了现代化的三厢轿车风格。

梅赛德斯－奔驰 W180

车身参数	
长度	4670 毫米
宽度	1740 毫米
高度	1530 毫米
轴距	2700 毫米
整备质量	1300 千克

梅赛德斯－奔驰 W180（Mercedes-Benz W180）
是德国梅赛德斯－奔驰汽车公司在 1954 ~ 1959 年间生产的前置后驱轿车，共生产约 8.5 万辆。该车装有一台最大功率为 78 千瓦、峰值扭矩为 162 牛·米的 2.2 升 I6 发动机，匹配四速手动变速箱。

梅赛德斯－奔驰 W105

车身参数	
长度	4650 毫米
宽度	1740 毫米
高度	1560 毫米
轴距	2750 毫米
整备质量	1290 千克

梅赛德斯－奔驰 W105（Mercedes-Benz W105）
是德国梅赛德斯－奔驰汽车公司在 1956 ~ 1959 年间生产的前置后驱轿车，仅生产了 27845 辆。该车装有一台 2.2 升 I6 发动机，最大功率为 63 千瓦，峰值扭矩为 157 牛·米，匹配四速手动变速箱。

梅赛德斯－奔驰 W189

车身参数	
长度	5190 毫米
宽度	1860 毫米
高度	1620 毫米
轴距	3150 毫米
整备质量	1950 千克

梅赛德斯－奔驰 W189（Mercedes-Benz W189）
是德国梅赛德斯－奔驰汽车公司在 1957 ~ 1962 年间生产的前置后驱轿车。该车装有一台 3 升 I6 发动机，最大功率为 132 千瓦，匹配四速手动变速箱或者三速自动变速箱。

梅赛德斯－奔驰 W128

车身参数	
长度	4720 毫米
宽度	1740 毫米
高度	1530 毫米
轴距	2820 毫米
整备质量	1400 千克

梅赛德斯－奔驰 W128（Mercedes-Benz W128）
是德国梅赛德斯－奔驰汽车公司在 1958 ~ 1960 年间生产的前置后驱轿车，有四门轿车、双门轿跑车、双门敞篷车等车体，共生产了 3916 辆。该车装有一台最大功率为 85 千瓦的 2.2 升 I6 发动机，匹配四速手动变速箱。

梅赛德斯－奔驰 W111

车身参数	
长度	4875 毫米
宽度	1795 毫米
高度	1510 毫米
轴距	2750 毫米
整备质量	1320 千克

梅赛德斯－奔驰 W111（Mercedes-Benz W111）

是德国梅赛德斯－奔驰汽车公司在 1959～1971 年间生产的前置后驱轿车，有四门轿车、双门轿跑车、双门敞篷车等车体，共生产约 37 万辆。该车有 2.2 升 I6 发动机、2.3 升 I6 发动机、2.5 升 I6 发动机、2.8 升 I6 发动机、3 升 I6 发动机、3.5 升 V8 发动机等动力配置。

梅赛德斯－奔驰 W110

车身参数	
长度	4780 毫米
宽度	1795 毫米
高度	1495 毫米
轴距	2700 毫米
整备质量	1250 千克

梅赛德斯－奔驰 W110（Mercedes-Benz W110）

是德国梅赛德斯－奔驰汽车公司在 1961～1968 年间生产的前置后驱轿车，是梅赛德斯－奔驰 W120/W121 的替代车型。该车的发动机盖明显缩短，车尾则被加长，后备厢的容积因此大幅增加。考虑到车辆在碰撞时的安全性，梅赛德斯－奔驰 W110 的车身前后设有缓冲吸能区，该区域在车辆碰撞时允许有较大的变形，以吸收大部分的撞击能量。这在当时是一个非常具有前瞻性的理念。

梅赛德斯－奔驰 W100

车身参数	
长度	5540 毫米
宽度	1950 毫米
高度	1500 毫米
轴距	3200 毫米
整备质量	2990 千克

梅赛德斯－奔驰 W100（Mercedes-Benz W100）

是德国梅赛德斯－奔驰汽车公司在 1963～1981 年间生产的前置后驱轿车，仅生产了 2677 辆。该车装有一台最大功率为 184 千瓦、峰值扭矩为 500 牛·米的 6.3 升 V8 发动机，匹配四速自动变速箱。该车还有长轴距版，车体宽度保持不变，车体长度、高度和轴距都有所增加。

梅赛德斯－奔驰 W108/W109

车身参数	
长度	4900 毫米
宽度	1810 毫米
高度	1440 毫米
轴距	2750 毫米
整备质量	1470 千克

梅赛德斯－奔驰 W108/W109（Mercedes-Benz W108/W109）

是德国梅赛德斯－奔驰汽车公司在 1965～1972 年间生产的前置后驱轿车，共生产约 38 万辆。该车有 2.5 升 I6 发动机、2.8 升 I6 发动机、3 升 I6 发动机、3.5 升 V8 发动机、4.5 升 V8 发动机、6.3 升 V8 发动机等多种动力配置，匹配三速自动变速箱、四速自动变速箱、四速手动变速箱或者五速手动变速箱。

梅赛德斯 – 奔驰 W114/W115

车身参数	
长度	4680 毫米
宽度	1772 毫米
高度	1441 毫米
轴距	2750 毫米
整备质量	1360 千克

梅赛德斯 – 奔驰 W114/W115（Mercedes-Benz W114/W115）是德国梅赛德斯 – 奔驰汽车公司在 1968 ~ 1976 年间生产的前置后驱轿车，是梅赛德斯 – 奔驰 W110 的替代车型。该车的外形简洁优雅，圆角矩形大灯呈竖直状，中网的高度明显降低，这一切都让梅赛德斯 – 奔驰 W114/W115 更富有时代气息。而该车最大的改进在于全承载式车身、拖曳臂后悬架和催化转化器的应用。

梅赛德斯 – 奔驰 W123

车身参数	
长度	4725 毫米
宽度	1784 毫米
高度	1435 毫米
轴距	2795 毫米
整备质量	1625 千克

梅赛德斯 – 奔驰 W123（Mercedes-Benz W123）是德国梅赛德斯 – 奔驰汽车公司在 1976 ~ 1986 年间生产的轿车，是梅赛德斯 – 奔驰 W114/W115 的替代车型。该车采用楔形车身，大灯呈横向排列，中网的高度进一步降低。尽管外形尺寸较梅赛德斯 – 奔驰 W114/115 变化不大，但车内空间又有了进步。作为一项重要的安全改进，梅赛德斯 – 奔驰 W123 的油箱移到后轴前方，从而在发生追尾事故时的安全系数更高。该车最大的改进是电子喷射发动机的引入。2.8 升 I6 发动机加装电喷装置后，最高功率达 104 千瓦。

梅赛德斯 – 奔驰 W124

车身参数	
长度	4755 毫米
宽度	1740 毫米
高度	1430 毫米
轴距	2799 毫米
整备质量	1735 千克

梅赛德斯 – 奔驰 W124（Mercedes-Benz W124）是德国梅赛德斯 – 奔驰汽车公司在 1984 ~ 1994 年间生产的轿车，是梅赛德斯 – 奔驰 W123 的替代车型。梅赛德斯 – 奔驰汽车公司率先在该车上采用后多连杆独立悬架系统，将汽车的舒适性和操控性提升了一个档次。作为梅赛德斯 – 奔驰 W123 的选装配置，主驾侧气囊、车载报警装置、ABS、中控门锁、电动车窗、大灯清洗器等都在梅赛德斯 – 奔驰 W124 上成为标配。此外，还首次出现 4MATIC（全时四驱系统）。

梅赛德斯－奔驰 S 级

车身参数（第七代）	
长度	5179 毫米
宽度	1954 毫米
高度	1503 毫米
轴距	3106 毫米
整备质量	1995 千克

梅赛德斯－奔驰S级（Mercedes-Benz S Class）是德国梅赛德斯－奔驰汽车公司从1972年开始生产的四门轿车，2020 年推出第七代车型。

梅赛德斯－奔驰 S 级第七代是有史以来颇具科技感的一代，经过计算机辅助设计优化和一系列造型上的革新，其风阻系数达到了 0.22，比前代的 0.24 更低。第七代车型依然采用家族式的进气格栅，前大灯经过重新设计，变得更加细长，以配合更加低矮的前脸，还搭载了带有裸眼 3D 技术的仪表盘和 AR（虚拟现实）技术的抬头显示。隐藏式门把手第一次出现在这一级别的轿车上。

第七代车型除了沿用前代的发动机外，还增加了一台 4 升 V8 双涡轮增压发动机，最大功率为 316 千瓦。此外，S600 版本搭载的 V12 发动机动力更为强劲，最大功率可达 375 千瓦。第七代车型在安全配置上也有所突破，全方位呈现了梅赛德斯－奔驰作为驾驶者理想"智能"座驾所搭载的各种先进安全技术。自适应性远光辅助功能，配合智能照明系统，可针对路况自动设置最适宜的灯光；增强型夜视辅助系统则可以全新功能帮助驾驶者更清晰地了解路况；注意力警示系统则能够通过监控 70 多种参数，在必要时向驾驶者发出警示；而第七代车型标准配置的梅赛德斯－奔驰汽车公司独有的预防性安全系统（PRE-SAFE），则集智能主动安全与被动安全技术于一体，能够有效识别潜在事故，并迅速采取主动保护措施。

黑色梅赛德斯－奔驰 S 级第七代

快速行驶的梅赛德斯－奔驰 S 级第七代

梅赛德斯－奔驰 S 级第七代左侧视角

梅赛德斯－奔驰 S 级第七代内饰设计

梅赛德斯 - 奔驰 E 级

车身参数（第五代）

长度	4923 毫米
宽度	1852 毫米
高度	1468 毫米
轴距	2939 毫米
整备质量	1605 千克

梅赛德斯 - 奔驰 E 级（Mercedes-Benz E Class）是德国梅赛德斯 - 奔驰汽车公司从 1993 年开始生产的四门轿车，2016 年推出第五代车型。

从第一代的虎头样式，到第二、第三代的圆灯四眼样式，再到第四代的锐利四眼样式，直到现在消费者所熟识的第五代样式，梅赛德斯 - 奔驰 E 级每次换代都是彻底且大胆的。由于不断更换设计团队"血液"的原因，梅赛德斯 - 奔驰 E 级在设计元素的传承上并没有特别的标签化。第五代车型除了在整体造型上依然秉承修长优雅的风格外，还加入了一些年轻的元素。例如灯带造型更具攻击性的头灯，以及横向设计的尾灯，都比前代更加运动和活泼。在造型风格的策略上，第五代车型依然提供两套不同的选择。普通版采用了双横幅格栅设计，底部为贯穿式；运动版则采用了单横幅镀铬饰条设计，且进气格栅还采用了更为精致动感的点阵式。

动力方面，第五代车型更加倾向于电动化，海外版本搭载 2 升 I4 涡轮增压发动机和 3 升 I6 涡轮增压发动机，并配备 48V 轻混系统。变速箱为九速自动变速箱，更快、更平顺的换挡技术实现强劲动力的即时释放，同时有效降低油耗。第五代车型配备主动式制动辅助系统，包括对于车距和碰撞的视觉及听觉双重警告、按需调节的制动辅助功能以及针对前方车辆和行人的紧急自主制动功能，可及时有效地防止或减轻追尾及碰撞事故。当盲点区域探测到车辆时，外部的后视镜将亮起红色三角标志。若驾驶者忽视此警告并试图亮起转向灯时，则会触发声音警告，由此大幅度提升驾驶途中的安全系数。

🏁 梅赛德斯 - 奔驰 E 级第五代侧前方视角

🏁 梅赛德斯 - 奔驰 E 级第五代左侧视角

🏁 梅赛德斯 - 奔驰 E 级第五代尾灯开启效果

🏁 梅赛德斯 - 奔驰 E 级第五代内饰设计

梅赛德斯 – 奔驰 EQE

梅赛德斯 – 奔驰 EQE（Mercedes-Benz EQE）是北京奔驰汽车有限公司从 2022 年开始生产的纯电动汽车中的大型轿车。

梅赛德斯 – 奔驰 EQE 是首款基于 EVA 平台在中国生产的纯电动轿车，整体延续海外版车型梅赛德斯 – 奔驰 EQE AMG 的设计，前脸采用封闭式的"暗夜星阵"前格栅设计，与双透镜 LED 灯组巧融为一体，整体来看非常具有科幻感和未来感。为了保证极低的风阻系数，车身侧面采用"弯弓式设计"。车身尾部比较厚重，上窄下宽的视觉效果充满力量感，车尾上方有一个鸭尾造型。

梅赛德斯 – 奔驰 EQE 采用来自北京奔驰汽车有限公司自产的三电系统，三款首发车型包括 350 先锋版、350 豪华版及 350 先型特别版，均采用单电机后驱布局。350 先锋版的 CLTC 工况下纯电续航里程为 752 千米，350 豪华版和 350 先型特别版的 CLTC 工况下纯电续航里程为 712 千米。

车身参数	
长度	4969 毫米
宽度	1906 毫米
高度	1514 毫米
轴距	3120 毫米
整备质量	2410 千克

🏁 **梅赛德斯 – 奔驰 EQE 侧前方视角**

🏁 **梅赛德斯 – 奔驰 EQE 内饰设计**

梅赛德斯 – 奔驰 EQS

车身参数	
长度	5224 毫米
宽度	1926 毫米
高度	1517 毫米
轴距	3210 毫米
整备质量	2690 千克

梅赛德斯 – 奔驰 EQS 侧前方视角

梅赛德斯 – 奔驰 EQS 内饰设计

梅赛德斯 – 奔驰 EQS（Mercedes-Benz EQS）是德国梅赛德斯 – 奔驰汽车公司从 2021 年开始生产的纯电动大型轿车。

梅赛德斯 – 奔驰 EQS 提供了单电机与双电机两个版本，其中 450+ 为单电机版本，电机最大功率为 245 千瓦，配备 111.8 千瓦·时三元锂电池，CLTC 工况（中国轻型汽车行驶工况）下标准续航里程为 813 千米。而 580 4MATIC 为双电机版本，电机最大功率为 380 千瓦，配备 111.8 千瓦·时三元锂电池，0~100 千米 / 时加速时间仅为 4.4 秒，CLTC 工况下标准续航里程为 720 千米。梅赛德斯 – 奔驰 EQS 配备 400 伏高压电池系统，在特定充电功率条件下最快可在 37 分钟内将电量由 10% 补充至 80%。240 伏的家用充电桩可以在 11 个小时内完成任务。梅赛德斯 – 奔驰 EQS 为消费者提供后驱和四驱两种驱动系统，前后桥均配备 eATS 电动传动系统。

与燃油旗舰梅赛德斯 – 奔驰 S 级不同的是，梅赛德斯 – 奔驰 EQS 内饰采用极具科技感的 MBUX Hyperscreen 系统曲面连屏，该系统的贯穿 OLED 屏幕由非规则的曲面玻璃打造，将三块显示屏内嵌在其中，并与两侧的涡轮样式出风口融为一体。人机交互方面，该车采用"零层级"交互理念，常用的功能无须滚屏、无须翻页可以实现操作。梅赛德斯 – 奔驰 EQS 也是梅赛德斯 – 奔驰首款支持整车 OTA 的车型。

梅赛德斯-奔驰 CL 级

车身参数（第三代）	
长度	5065 毫米
宽度	1872 毫米
高度	1417 毫米
轴距	2955 毫米
整备质量	2000 千克

梅赛德斯-奔驰 CL 级（Mercedes-Benz CL Class）是德国梅赛德斯-奔驰汽车公司在 1992 ～ 2014 年间生产的轿跑车，一共发展了三代。第三代车型有 4.7 升 V8 双涡轮增压发动机、5.5 升 V8 发动机、5.5 升 V8 双涡轮增压发动机、6.2 升 V8 发动机、5.5 升 V12 双涡轮增压发动机、6 升 V12 双涡轮增压发动机等动力配置，匹配五速自动变速箱或者七速自动变速箱。

梅赛德斯-奔驰 C 级

车身参数（第五代）	
长度	4751 毫米
宽度	1820 毫米
高度	1438 毫米
轴距	2865 毫米
整备质量	1625 千克

梅赛德斯-奔驰 C 级（Mercedes-Benz C Class）是德国梅赛德斯-奔驰汽车公司从 1993 年开始生产的四门轿车，2021 年推出第五代车型。该车借鉴了梅赛德斯-奔驰其他车型的一些造型特征，例如前中网造型和第五代梅赛德斯-奔驰 E 级有些相似，并采用双幅式格栅设计，整体看上去更加年轻化和时尚化。该车有 1.5 升 I4 涡轮增压汽油发动机、2 升 I4 涡轮增压汽油发动机和 2 升 I4 涡轮增压柴油发动机等动力配置，匹配九速自动变速箱。

梅赛德斯-奔驰 A 级

车身参数（第四代）	
长度	4419 毫米
宽度	1796 毫米
高度	1440 毫米
轴距	2729 毫米
整备质量	1300 千克

梅赛德斯-奔驰 A 级（Mercedes-Benz A Class）是德国梅赛德斯-奔驰汽车公司从 1997 年开始生产的轿车，2018 年推出第四代车型。该车是梅赛德斯-奔驰品牌的入门车系，也是梅赛德斯-奔驰汽车公司所有汽车产品（Smart 品牌除外）中最便宜的车款。该车有 1.3 升 I4 涡轮增压汽油发动机、2 升 I4 涡轮增压汽油发动机、1.5 升 I4 涡轮增压柴油发动机、2 升 I4 涡轮增压柴油发动机等动力配置。

梅赛德斯-奔驰 CLK 级

车身参数（第二代）	
长度	4652 毫米
宽度	1740 毫米
高度	1413 毫米
轴距	2715 毫米
整备质量	1465 千克

梅赛德斯-奔驰 CLK 级（Mercedes-Benz CLK Class）是德国梅赛德斯-奔驰汽车公司在 1997 ～ 2010 年间生产的双门四座豪华轿跑车，一共发展了两代。其车身尺寸介于梅赛德斯-奔驰 C 级与梅赛德斯-奔驰 E 级之间，有硬顶与敞篷两种不同的车体。该车以梅赛德斯-奔驰 C 级为基础衍生而来，但是使用梅赛德斯-奔驰 E 级的款式风格及发动机。

梅赛德斯-奔驰 CLS 级

车身参数（第三代）	
长度	4988 毫米
宽度	1890 毫米
高度	1435 毫米
轴距	2938 毫米
整备质量	1825 千克

梅赛德斯-奔驰 CLS 级（Mercedes-Benz CLS Class）是德国梅赛德斯-奔驰汽车公司从 2004 年开始生产的四门轿跑车，2010 年推出第二代车型，2018 年推出第三代车型。该车各车型搭载了不同的发动机，包括 1.5 升 M264 型 I4 汽油机、2 升 M264 型 I4 涡轮增压汽油机、2 升 OM654 型 I4 涡轮增压柴油机、2.9 升 OM656 型 I6 双涡轮增压柴油机、3 升 M256 型 I6 涡轮增压汽油机。各车型均匹配九速自动变速箱。

梅赛德斯-奔驰 CLA 级

车身参数（第二代）	
长度	4688 毫米
宽度	1830 毫米
高度	1439 毫米
轴距	2729 毫米
整备质量	1420 千克

梅赛德斯-奔驰 CLA 级（Mercedes-Benz CLA Class）是德国梅赛德斯-奔驰汽车公司从 2013 年开始生产的四门轿跑车，2019 年推出第二代车型。该车基于与梅赛德斯-奔驰 A 级相同的 MFA 平台打造，其外形设计时尚动感，车头部分与梅赛德斯-奔驰 A 级基本保持一致，不过增大尺寸的下部进气口却让它看上去更具视觉冲击力。流线型的车身结合圆润的车尾十分协调。梅赛德斯-奔驰 CLA 级的内饰设计非常年轻化，中控台操作区显得非常简洁。

宝马 327

车身参数	
长度	4500 毫米
宽度	1600 毫米
高度	1430 毫米
轴距	2750 毫米
整备质量	1100 千克

宝马 327（BMW 327）是德国宝马汽车公司在 1937 ~ 1941 年间及 1946 ~ 1955 年间生产的前置后驱轿跑车，共生产了 2470 辆。该车装有一台最大功率为 59 千瓦的 2 升 I6 发动机，匹配四速手动变速箱，最高车速为 140 千米 / 时。

宝马 340

车身参数	
长度	4600 毫米
宽度	1770 毫米
高度	1630 毫米
轴距	2870 毫米
整备质量	1200 千克

宝马 340（BMW 340）是德国宝马汽车公司在 1949 ~ 1955 年间生产的前置后驱豪华轿车，有四门轿车和五门旅行车两种车体，共生产了 21250 辆。该车装有一台最大功率为 40 千瓦的 2 升 I6 发动机，匹配四速手动变速箱。

宝马 501

车身参数	
长度	4730 毫米
宽度	1780 毫米
高度	1530 毫米
轴距	2835 毫米
整备质量	1340 千克

　　宝马 501（BMW 501）是德国宝马汽车公司在 1952 ~ 1962 年间生产的前置后驱豪华轿车，有四门轿车、双门敞篷车和双门轿跑车等车体。该车有 2 升 I6 发动机、2.1 升 I6 发动机、2.6 升 V8 发动机等动力配置，匹配四速手动变速箱。

宝马 502

车身参数	
长度	4730 毫米
宽度	1780 毫米
高度	1530 毫米
轴距	2835 毫米
整备质量	1440 千克

　　宝马 502（BMW 502）是德国宝马汽车公司在 1954 ~ 1964 年间生产的前置后驱豪华轿车，由宝马 501 衍生而来，有四门轿车、双门敞篷车和双门轿跑车等车体。该车有 2.6 升 V8 发动机、3.2 升 V8 发动机等动力配置，匹配四速手动变速箱。

宝马 503

车身参数	
长度	4750 毫米
宽度	1710 毫米
高度	1440 毫米
轴距	2835 毫米
整备质量	1500 千克

　　宝马 503（BMW 503）是德国宝马汽车公司在 1956 ~ 1959 年间生产的双门双座轿跑车，共生产了 413 辆。该车装有一台最大功率为 104 千瓦的 3.2 升 V8 发动机，匹配四速手动变速箱，最高车速为 185 千米 / 时。

宝马 600

车身参数	
长度	2900 毫米
宽度	1400 毫米
高度	1375 毫米
轴距	1700 毫米
整备质量	515 千克

　　宝马 600（BMW 600）是德国宝马汽车公司在 1957 ~ 1959 年间生产的微型车，共生产约 3.5 万辆。该车装有一台最大功率为 14 千瓦、峰值扭矩为 38 牛·米的 0.6 升发动机，匹配四速手动变速箱，最高车速为 103 千米 / 时。

宝马 700

车身参数	
长度	3540 毫米
宽度	1480 毫米
高度	1270 毫米
轴距	2120 毫米
整备质量	640 千克

　　宝马 700（BMW 700）是德国宝马汽车公司在 1959 ～ 1965 年间生产的小型轿车，有双门轿车、双门轿跑车和双门敞篷车等车体，共生产约 19 万辆。该车装有一台最大功率为 29 千瓦、峰值扭矩为 51 牛·米的 0.7 升发动机，匹配四速手动变速箱，最高车速为 135 千米 / 时。

宝马 3200 CS

车身参数	
长度	4850 毫米
宽度	1760 毫米
高度	1470 毫米
轴距	2840 毫米
整备质量	1500 千克

　　宝马 3200 CS（BMW 3200 CS）是德国宝马汽车公司在 1962 ～ 1965 年间生产的前置后驱双门轿跑车，共生产约 600 辆。该车装有一台最大功率为 120 千瓦的 3.2 升 V8 发动机，匹配四速手动变速箱。

宝马 02 系

车身参数	
长度	4220 ～ 4230 毫米
宽度	1590 ～ 1620 毫米
高度	1360 ～ 1410 毫米
轴距	2500 毫米
整备质量	940 ～ 1080 千克

　　宝马 02 系（BMW 02 Series）是德国宝马汽车公司在 1966 ～ 1977 年间生产的轿车，包括 1602、2002、2002 Turbo、1802、1502 等多个车型。1502 和 1602 搭载 1.6 升 I4 发动机，1802 搭载 1.8 升 I4 发动机，2002 搭载 2 升 I4 发动机，2002 Turbo 搭载 2 升 I4 涡轮增压发动机。变速箱为四速手动变速箱、五速手动变速箱或者三速自动变速箱。

宝马 E3

车身参数	
长度	4700 毫米
宽度	1750 毫米
高度	1450 毫米
轴距	2692 毫米
整备质量	1334 千克

　　宝马 E3（BMW E3）是德国宝马汽车公司在 1968 ～ 1977 年间生产的豪华轿车，采用前置后驱布局。该车有 2.5 升 I6 发动机、2.8 升 I6 发动机、3 升 I6 发动机、3.2 升 I6 发动机、3.3 升 I6 发动机等多种动力配置，匹配四速手动变速箱、五速手动变速箱或者三速自动变速箱。

宝马 E9

车身参数	
长度	4661 毫米
宽度	1648 毫米
高度	1369 毫米
轴距	2624 毫米
整备质量	1165 千克

　　宝马 E9（BMW E9）是德国宝马汽车公司在 1968 ~ 1975 年间生产的前置后驱轿跑车，被认为是宝马 6 系的鼻祖车型。该车有 2.5 升 I6 发动机、2.8 升 I6 发动机、3 升 I6 发动机等多种动力配置。

宝马 5 系

车身参数（第七代）	
长度	4936 毫米
宽度	1858 毫米
高度	1479 毫米
轴距	2975 毫米
整备质量	1605 千克

　　宝马 5 系（BMW 5 Series）是德国宝马汽车公司生产的 C 级轿车系列，1972 年开始生产，2016 年推出第七代车型。该车的外形凌厉而时尚。车侧雕塑感双腰线和标配梯形双边单出排气尾管，构成动感的外观。智能降阻进气格栅和前轮罩"鲨鱼腮"导流孔，可提供良好的空气动力学性能，降低油耗和排放量。此外，还有 M 运动套装和彰显高雅风范的豪华套装可供选择。该车搭载荣获"沃德十佳"的 B 系列发动机，排量从 1.6 升到 4.4 升不等，匹配六速手动变速箱或者八速自动变速箱。

宝马 3 系

车身参数（第七代）	
长度	4709 毫米
宽度	1827 毫米
高度	1442 毫米
轴距	2851 毫米
整备质量	1850 千克

　　宝马 3 系（BMW 3 Series）是德国宝马汽车公司从 1975 年开始生产的 B 级轿车系列， 2018 年推出第七代车型。该车是宝马品牌最畅销的车型，获得过许多国际性的汽车制造业奖项和荣誉。该车有 1.6 升 I4 涡轮增压汽油发动机、2 升 I4 涡轮增压汽油发动机、3 升 I6 涡轮增压汽油发动机、2 升 I4 涡轮增压柴油发动机、3 升 I6 涡轮增压柴油发动机等多种动力配置，匹配六速手动变速箱或者八速自动变速箱。

宝马 6 系

车身参数（第四代）	
长度	5091 毫米
宽度	1902 毫米
高度	1538 毫米
轴距	3070 毫米
整备质量	1720 千克

　　宝马 6 系（BMW 6 Series）是德国宝马汽车公司从 1976 年开始生产的前置后驱 / 四驱双门轿跑车，1989 年第一代车型停产，2003 年推出第二代车型，2011 年推出第三代车型，2017 年推出第四代车型。该车搭载 2 升 I4 涡轮增压发动机或 3 升 I6 涡轮增压发动机，均有汽油和柴油两种版本，匹配八速自动变速箱。

宝马 7 系

车身参数（第六代）

长度	5098 毫米
宽度	1902 毫米
高度	1467 毫米
轴距	3070 毫米
整备质量	1755 千克

宝马 7 系（BMW 7 Series）是德国宝马汽车公司从 1977 年开始生产的 D 级轿车系列，2015 年推出第六代车型。

宝马 7 系是宝马品牌的旗舰车型，仅有四门轿车一种车体。该车拥有众多先进和精良的技术装备，自 1977 年第一代车型推出以来，每一次更新换代都有较大改进，为设计、动力和创新建立了新标准，将纯粹的驾驶乐趣和舒适的乘坐享受融于一身。第六代车型采用了全新进气格栅以及大灯组，标志性的"双肾"进气格栅相比前代面积增加了 40%。M760Li 车型在 C 柱处标有 V12 标识，侧窗外沿则采用了专属的黑色装饰条。内饰方面，换装了一套新款 12.3 英寸全液晶仪表盘，提升了车厢内的科技感。另外，还搭载了 iDrive7.0 多媒体系统。配置上，拥有 10.25 英寸触摸屏、车联网、宝马智能个人助理、低速跟车功能、50 米距离自动倒车功能、四区空调、纳帕真皮内饰以及宝华韦健音响等。

第六代车型搭载 2 升 I4 涡轮增压发动机、3 升 I6 涡轮增压发动机和 4.4 升 V8 双涡轮增压发动机，它们分别对应 730Li、740Li 以及 750Li 车型，最大功率分别为 190 千瓦、250 千瓦以及 390 千瓦。M760Li 车型装有一台 6.6 升 V12 涡轮增压发动机，最大功率调整为 430 千瓦，峰值扭矩为 850 牛·米，0 ~ 100 千米 / 时加速时间为 3.8 秒。传动方面，全系匹配八速手自一体变速箱。

🏁 **宝马 7 系第六代左侧视角**

🏁 **宝马 7 系第六代侧后方视角**

🏁 **宝马 7 系第六代头部视角**

🏁 **宝马 7 系第六代内饰设计**

宝马 M6

车身参数（第三代）	
长度	4897 毫米
宽度	1919 毫米
高度	1369 毫米
轴距	2850 毫米
整备质量	1925 千克

　　宝马 M6（BMW M6）是德国宝马汽车公司在 1983 ~ 2018 年间生产的轿跑车，一共发展了三代。该车是以宝马 6 系为基础所衍生开发的高性能车型，由宝马公司直属的赛车部门宝马 M 负责开发制造。宝马 M6 装有一台 4.4 升 V8 双涡轮增压发动机，最大功率为 412 千瓦，峰值扭矩为 680 牛·米。通过搭配选装赛车套件，最大功率可以提升至 423 千瓦。

宝马 M5

车身参数（第六代）	
长度	4965 毫米
宽度	1903 毫米
高度	1473 毫米
轴距	2982 毫米
整备质量	1982 千克

　　宝马 M5（BMW M5）是德国宝马汽车公司生产的前置后驱 / 四驱轿车，是以宝马 5 系为基础所衍生开发的高性能车型，由宝马公司直属的赛车部门宝马 M 负责开发制造。该车从 1984 年开始生产，2017 年推出第六代车型。该车装有一台最大功率为 441 千瓦的 4.4 升 V8 双涡轮增压发动机，匹配八速手自一体变速箱，0 ~ 100 千米 / 时加速时间为 3.4 秒。该车的四驱系统拥有四驱、运动四驱、后驱三种模式，满足全路况驾驶需求。

宝马 M3

车身参数（第六代）	
长度	4794 毫米
宽度	1903 毫米
高度	1433 毫米
轴距	2857 毫米
整备质量	1740 千克

　　宝马 M3（BMW M3）是德国宝马汽车公司生产的轿车，是以宝马 3 系为基础所衍生开发的高性能车型，由宝马公司直属的赛车部门宝马 M 负责开发制造。该车于 1986 年开始生产，2020 年推出第六代车型。该车装有一台最大功率为 374 千瓦、峰值扭矩为 550 牛·米的 3 升 I6 双涡轮增压发动机，匹配六速手动变速箱或者八速自动变速箱，0 ~ 100 千米 / 时加速时间为 4 秒。

宝马 8 系

车身参数（第二代）	
长度	4843 毫米
宽度	1902 毫米
高度	1341 毫米
轴距	2822 毫米
整备质量	1785 千克

　　宝马 8 系（BMW 8 Series）是德国宝马汽车公司生产的轿跑车，第一代车型在 1990 ~ 1999 年间生产，2018 年推出第二代车型。该车装有一台最大功率为 250 千瓦、峰值扭矩为 500 牛·米的 3 升 I6 涡轮增压发动机，匹配八速手自一体变速箱，同时配备了整体主动转向系统，0 ~ 100 千米 / 时加速时间为 4.9 秒。

宝马 1 系

车身参数（第三代）	
长度	4319 毫米
宽度	1799 毫米
高度	1434 毫米
轴距	2670 毫米
整备质量	1290 千克

　　宝马 1 系（BMW 1 Series）是德国宝马汽车公司从 2004 年开始生产的轿车，2019 年推出第三代车型。该车搭载 1.5 升 I3 涡轮增压发动机或 2 升 I4 涡轮增压发动机，均有汽油和柴油两种版本，匹配六速手动变速箱、八速自动变速箱或者七速双离合变速箱。

宝马 4 系

车身参数（第二代）	
长度	4768 毫米
宽度	1852 毫米
高度	1387 毫米
轴距	2851 毫米
整备质量	1600 千克

　　宝马 4 系（BMW 4 Series）是德国宝马汽车公司生产的轿跑车，2013 年开始生产，2020 年推出第二代车型。为了突出宝马 4 系的个性，与宝马 3 系之间有更多的差异，宝马设计团队在外观上进行了大胆创新，其中改变最大的就是进气格栅。纵向且尺寸更大的进气格栅，能够带来更高的冷却效率，并且从一定程度上致敬宝马历史上的经典车型。宝马 4 系共有 420i、430i 以及 M440i xDrive 三个配置版本，前两个配置版本搭载 2 升 I4 涡轮增压汽油发动机，后一个配置版本搭载 3 升 I6 涡轮增压汽油发动机，并配备了 48V 轻混系统。

宝马 i3

车身参数	
长度	3999 毫米
宽度	1775 毫米
高度	1578 毫米
轴距	2570 毫米
整备质量	1195 千克

　　宝马 i3（BMW i3）是德国宝马汽车公司从 2013 年开始生产的纯电动四门掀背轿车，官方指导价为 30.58 万～ 52.28 万元人民币。该车是宝马汽车公司生产的首款零排放汽车，在 2014 年洛杉矶车展上被美国《绿色汽车》杂志评为"年度最佳绿色汽车"。宝马 i3 采用了先进的电力驱动系统，最大功率可达 123 千瓦。车辆依靠一组锂离子电池提供电量，在电量充足的情况下，最大续航里程可达 257 千米。

宝马 M4

车身参数	
长度	4671 毫米
宽度	1870 毫米
高度	1383 毫米
轴距	2812 毫米
整备质量	1617 千克

　　宝马 M4（BMW M4）是德国宝马汽车公司从 2014 年开始生产的轿跑车，是以宝马 4 系为基础所衍生开发的高性能车型。该车装有一台响应灵敏的 3 升 I6 双涡轮增压发动机，底盘调校比较硬朗。发动机转速限制为 7600 转 / 分，最大功率为 313 千瓦，峰值扭矩为 550 牛·米。变速箱为六速自动变速箱或七速双离合变速箱，前者的 0 ～ 100 千米 / 时加速时间为 4.1 秒，后者则为 3.9 秒。

宝马 2 系

车身参数（第二代）	
长度	4547 毫米
宽度	1839 毫米
高度	1392 毫米
轴距	2741 毫米
整备质量	1350 千克

　　宝马 2 系（BMW 2 Series）是德国宝马汽车公司从 2014 年开始生产的轿跑车，2021 年推出第二代车型。该车有 2 升 I4 涡轮增压汽油发动机、3 升 I6 涡轮增压汽油发动机和 2 升 I4 涡轮增压柴油发动机等多种动力配置，匹配八速自动变速箱。

汽车联盟 1000

车身参数	
长度	4170 毫米
宽度	1727 毫米
高度	1486 毫米
轴距	2350 毫米
整备质量	950 千克

　　汽车联盟 1000（Auto Union 1000）是德国汽车联盟公司（奥迪汽车公司的前身）在 1958 ~ 1965 年间生产的前置前驱轿车，共生产约 17.8 万辆。该车装有一台 1 升 I3 发动机，匹配四速手动变速箱。

奥迪 F103

车身参数	
长度	4380 毫米
宽度	1626 毫米
高度	1451 毫米
轴距	2490 毫米
整备质量	960 千克

　　奥迪 F103（Audi F103）是德国奥迪汽车公司在 1965 ~ 1972 年间生产的紧凑型轿车，共生产约 41.7 万辆。该车有 1.5 升 I4 发动机、1.7 升 I4 发动机和 1.8 升 I4 发动机等多种动力配置，匹配四速手动变速箱。

奥迪 100

车身参数（第四代）	
长度	4892 毫米
宽度	1778 毫米
高度	1430 毫米
轴距	2687 毫米
整备质量	1089 千克

　　奥迪 100（Audi 100）是德国奥迪汽车公司在 1968 ~ 1994 年间生产的轿车，一共发展了四代。该车有 2 升 I4 汽油发动机、2.2 升 I5 汽油发动机、2.3 升 I5 汽油发动机、2.6 升 V6 汽油发动机、2.8 升 V6 汽油发动机、4.2 升 V8 汽油发动机、2.4 升 I5 柴油发动机、2.5 升 I5 柴油发动机等多种动力配置，匹配四速自动变速箱、五速手动变速箱或者六速手动变速箱。

奥迪 80

车身参数（第四代）	
长度	4580 毫米
宽度	1694 毫米
高度	1379 毫米
轴距	2611 毫米
整备质量	1190 千克

　　奥迪 80（Audi 80）是德国奥迪汽车公司在 1972 ～ 1996 年间生产的紧凑型轿车，一共发展了四代。该车有 1.6 升 I4 汽油发动机、2 升 I4 汽油发动机、2.2 升 I5 涡轮增压汽油发动机、2.3 升 I5 汽油发动机、2.6 升 V6 汽油发动机、2.8 升 V6 汽油发动机、1.9 升 I4 柴油发动机等多种动力配置，匹配五速手动变速箱或者四速自动变速箱。

奥迪 50

车身参数	
长度	3510 毫米
宽度	1560 毫米
高度	1340 毫米
轴距	2335 毫米
整备质量	685 千克

　　奥迪 50（Audi 50）是德国奥迪汽车公司在 1974 ～ 1978 年间生产的小型轿车，是奥迪汽车公司为适应 20 世纪 70 年代初期能源危机而设计的车型，共生产约 18 万辆。该车有 1.1 升 I4 发动机和 1.3 升 I4 发动机两种动力配置，匹配四速手动变速箱。

奥迪 V8

车身参数			
长度	4861 毫米	轴距	2702 毫米
宽度	1814 毫米	整备质量	1710 千克
高度	1420 毫米		

　　奥迪 V8（Audi V8）是德国奥迪汽车公司在 1988 ～ 1993 年间生产的大型豪华轿车，是当时奥迪汽车公司的旗舰车型。该车是第一款采用 V8 发动机（有 3.6 升和 4.2 升两种排量）的奥迪汽车，配备了自动变速箱和 Quattro 四驱系统。奥迪 V8 还有长轴距版，车体长度增至 5190 毫米，轴距增至 3020 毫米，车体宽度和高度保持不变。

奥迪 A4

奥迪 A4（Audi A4）是德国奥迪汽车公司从 1994 年开始生产的 B 级轿车系列，2016 年推出第五代车型。

奥迪 A4 的前身为奥迪 80，第一代车型在车身尺寸上以第四代奥迪 80 为基准，轴距稍有加长，达到 2620 毫米，车内空间有所提升。外形方面，第一代车型线条流畅且犀利，侧面轮廓更加纤细，使整车看起来更加动感。第一代车型在当时获得了德国产品设计奖和美国雅典娜建筑博物馆设计奖两项大奖。第二代车型采用代号 B6 的大众 PL46 平台，为其提供了更优秀的底盘结构。除了前代车型中出现的 1.6 升自然吸气发动机、1.8 升自然吸气发动机、1.8 升涡轮增压发动机依然沿用外，第二代车型还将 2.8 升发动机更换为 3 升 V6 发动机。第三代车型同样基于 PL46 平台打造，但是奥迪公司将新开发的动态底盘系统引入了第三代车型，显著提升了车辆的操控性能。全新的第二代 3.2 升汽油直喷发动机替代了前代的 3 升 V6 发动机为顶配版本提供动力，并增加了 2 升直喷涡轮增压发动机。

第四代车型基于全新的 B8 平台打造，前轴向前移动了 154 毫米，发动机重心更为靠后，带来全车重心后移，使全车配重前后更加平衡，操控性得到了明显提升。此外通过采用全新的车身材料，使第四代车型的车身刚度提高，而重量却进一步降低。第五代车型基于 B9 平台打造，采用了革新设计的六边形进气格栅，有蜂窝式和合金多横幅式两种设计。第五代车型采用纵置式前置发动机，有 1.4 升、2 升、3 升三种排量。驱动方式为前轮驱动，某些型号配备了 Quattro 四驱系统。

车身参数（第五代）	
长度	4726 毫米
宽度	1842 毫米
高度	1427 毫米
轴距	2820 毫米
整备质量	1610 千克

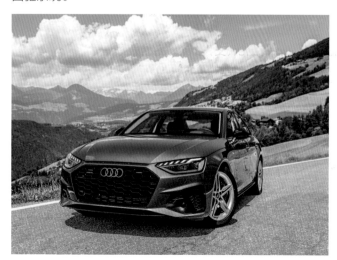

🏁 奥迪 A4 第五代侧前方视角

🏁 奥迪 A4 第五代内饰设计

奥迪 A6

车身参数（第五代）	
长度	4939 毫米
宽度	1886 毫米
高度	1457 毫米
轴距	2924 毫米
整备质量	1900 千克

🏁 奥迪 A6 第五代侧前方视角

🏁 奥迪 A6 第五代内饰设计

奥迪 A6（Audi A6）是德国奥迪汽车公司从 1994 年开始生产的 C 级轿车系列，2018 年推出第五代车型。

奥迪 A6 的前身为奥迪 100，第一代奥迪 A6 在外形上还带着浓重的奥迪 100 风格，但经过修改已经和奥迪 100 拉开了明显的差距。整车显得更加时尚大气，除了提供传统的三厢版和旅行版之外，还首次加入了高性能版奥迪 S6，其外形与奥迪 A6 无异，"西装暴徒"的绰号由此而起。第二代车型基于 C5 平台打造，以曲线为主导的圆润外形和方正的前代外形相比感觉已是两个时代的产物。第三代车型基于 C6 平台打造，在外形风格上一改前代的"四平八稳"，"大嘴"进气格栅搭配干脆利落的车身线条。第四代车型从以往稳重的商务形象向运动年轻化转变，多边形的前大灯组内集成了复杂的 LED 自适应照明系统，会根据不同的路况自动调整照射范围。

第五代车型将前脸上原本被前保险杠分开的散热和进气格栅合成一个完整的梯形格栅。这种奥迪家族最新成员的标志性前脸设计将复古、经典与现代、时尚有机地融为一体。第五代车型拥有先进、丰富的发动机配置，其中 2.8 FSI 和 3.0 TFSI 两款高效汽油发动机堪称奥迪全球发动机战略中的新星。3.0 TFSI 发动机是奥迪 V6 发动机的顶级版本，最大功率为 213 千瓦，峰值扭矩为 420 牛·米，使车辆的 0 ~ 100 千米 / 时加速时间在 6.6 秒以内。

奥迪 A8

奥迪 A8（Audi A8）是德国奥迪汽车公司从 1994 年开始生产的 D 级轿车系列，2017 年推出第四代车型。该车是奥迪的旗舰车型，是奥迪设计与技术的集大成者，市场定位是与梅赛德斯－奔驰 S 级、宝马 7 系竞争。

第一代奥迪 A8 是首款采用全铝车身的轿车，铝质材料的特性使得奥迪 A8 相比竞争对手拥有了更轻的重量，而安全性却没有降低。从第一代车型开始，奥迪 A8 便有了标准轴距版和长轴距版可选。方正的大灯、方正的进气格栅等细节组成了奥迪 A8 如砖块一样的方形外观。第二代车型一改第一代车型饱受诟病的平庸造型，此时公司的设计总监正是大名鼎鼎的彼得·希瑞尔，设计师遵循了彼得·希瑞尔创造的全新奥迪家族式风格，设计出饱满圆润而不失优雅的奥迪 A8。第三代车型延续了第二代车型的优势并加以改进，外观设计厚重而不失犀利，整合了 LED 日间行车灯的头灯，不再是过往的方正造型，并显露了一些过往在这个级别车型中所不具有的年轻化特质。

第四代车型基于 MLB Evo 平台打造，外观方面采用了奥迪全新家族式的六边形进气格栅设计，平直的线条令新一代车型整体风格更加年轻化，格栅内采用多幅镀铬饰条装饰，以示家族旗舰身份，发动机盖隆起的线条也强调了新一代车型的"肌肉感"。第四代车型还提供多达 12 种车漆可选，此外客户还可以通过奥迪的个性化服务来定制他们的新车。第四代车型是奥迪旗下首款搭载 48V 轻混动系统的车型，先期推出经过改造的 3.0 TFSI 汽油机以及 3.0 TDI 柴油机搭配电机组成的混合动力可选。传动方面，匹配八速自动变速箱以及 Quattro 四驱系统。

车身参数（第四代）	
长度	5172 毫米
宽度	1945 毫米
高度	1485 毫米
轴距	2998 毫米
整备质量	1930 千克

🏁 奥迪 A8 第四代侧前方视角

🏁 奥迪 A8 第四代头部视角

奥迪 A8 第四代尾部视角

奥迪 A8 第四代内饰设计

奥迪 A3

奥迪 A3（Audi A3）是德国奥迪汽车公司从 1996 年开始生产的轿车，2020 年推出第四代车型，有四门轿车、三门掀背车、五门掀背车三种车体。该车有 1 升 I3 涡轮增压汽油发动机、1.4 升 I4 汽油发动机、1.5 升 I4 涡轮增压汽油发动机、2 升 I4 涡轮增压汽油发动机、2.5 升 I5 涡轮增压汽油发动机、2 升 I4 涡轮增压柴油发动机等多种动力配置，匹配六速手动变速箱或者七速双离合变速箱。

车身参数（第四代）

长度	4495 毫米	轴距	2636 毫米
宽度	1816 毫米	整备质量	1355 千克
高度	1425 毫米		

奥迪 A2

车身参数

长度	3826 毫米	轴距	2405 毫米
宽度	1673 毫米	整备质量	895 千克
高度	1553 毫米		

奥迪 A2（Audi A2）是德国奥迪汽车公司在 1999 ～ 2005 年间生产的五门掀背车，采用前置前驱布局。该车有 1.4 升 I4 汽油发动机、1.6 升 I4 汽油发动机、1.2 升 I3 柴油发动机、1.4 升 I3 柴油发动机等多种动力配置，匹配五速手动变速箱或者五速自动变速箱。

奥迪 A5

　　奥迪 A5（Audi A5）是德国奥迪汽车公司从 2007 年开始生产的轿跑车，2016 年推出第二代车型。该车有两款不同调校的 2 升涡轮增压发动机，低功率版本的最大功率为 140 千瓦，高功率版本的最大功率为 185 千瓦。在主动安全配置方面，奥迪 A5 全系车型均配备基础的 ABS、EBD（电子制动力分配系统）等主动制动安全保护系统，为车辆在日常行车状态下的主动制动安全做出了保证。此外，ESP（车身电子稳定系统）、ASR（驱动轮防滑系统）等电子稳定程序为驾驶者操控车辆提供了充分的安全保护。测距式倒车雷达为全系标配，保证了倒车安全性。

车身参数（第二代）

长度	4673 毫米	轴距	2764 毫米
宽度	1846 毫米	整备质量	1530 千克
高度	1371 毫米		

奥迪 S5

　　奥迪 S5（Audi S5）是德国奥迪汽车公司从 2007 年开始生产的轿跑车，是奥迪 A5 的高性能版，2018 年推出第二代车型。该车装有一台最大功率为 260 千瓦、峰值扭矩为 700 牛·米的 3 升 V6 发动机，匹配八速自动变速箱，0 ~ 100 千米 / 时加速时间为 4.7 秒，最高车速为 250 千米 / 时。

车身参数（第二代）

长度	4673 毫米	轴距	2764 毫米
宽度	1843 毫米	整备质量	1690 千克
高度	1371 毫米		

奥迪 A1

车身参数（第二代）

长度	4029 毫米	轴距	2563 毫米
宽度	1740 毫米	整备质量	1165 千克
高度	1409 毫米		

　　奥迪 A1（Audi A1）是德国奥迪汽车公司从 2010 年开始生产的轿车，2018 年推出第二代车型，有三门掀背和五门掀背两种车体。该车有 1 升 I3 涡轮增压汽油发动机、1.5 升 I4 涡轮增压汽油发动机、2 升 I4 涡轮增压汽油发动机等多种动力配置，匹配五速手动变速箱、六速手动变速箱、六速双离合变速箱或者七速双离合变速箱。

奥迪 A7

奥迪 A7（Audi A7）是德国奥迪汽车公司从 2010 年开始生产的轿跑车，2018 年推出第二代车型。

奥迪 A7 的车身造型整体感很强，各元素之间相互呼应；表面处理简洁、硬朗；线条运用精准、流畅，每一处都展现出融合科技与时尚的美学特性。车身侧部的两条贯穿前后的特征线是奥迪 A7 的重要设计元素。一条特征线始于前大灯，穿过前翼子板、车门和后翼子板，轻轻地收于尾灯；另一条特征线贯穿车身裙部，并上挑与尾灯和尾部上沿衔接在一起。这两条均衡完美的弧线，以及侧窗下沿线上挑的造型，赋予车身运动、优雅和轻快的视觉感受。平缓延伸至尾部的车顶轮廓线使 C 柱与后备厢融合在一起，这条轮廓线到达尾部后几乎呈垂直状陡然向下，勾勒出干净利落的车尾线条。

奥迪 A7 有 2 升 I4 涡轮增压汽油发动机、2.9 升 V6 涡轮增压汽油发动机、3 升 V6 涡轮增压汽油发动机、4 升 V8 涡轮增压汽油发动机、2 升 I4 涡轮增压柴油发动机、3 升 V6 涡轮增压柴油发动机等多种动力配置。三款 V6 发动机采用多项奥迪整车高效技术，除自动启动 – 停止系统外，奥迪汽车公司创新的热能管理系统和能量回收系统也成为所有动力系统的标准装备。前驱车型按照惯例匹配模拟八速无级变速箱，四驱车型搭配的七速双离合变速箱强调运动性能，并经过深入改良，内部摩擦已大幅降低，高效特点十分突出。

车身参数（第二代）	
长度	4969 毫米
宽度	1926 毫米
高度	1422 毫米
轴距	2926 毫米
整备质量	1890 千克

奥迪 A7 第二代头部视角

奥迪 A7 第二代尾部视角

奥迪 A7 第二代侧面视角　　　　奥迪 A7 第二代内饰设计

凯迪拉克埃多拉多

车身参数（第十二代）	
长度	5136 毫米
宽度	1918 毫米
高度	1372 毫米
轴距	2743 毫米
整备质量	2300 千克

　　凯迪拉克埃多拉多（Cadillac Eldorado）是美国通用汽车公司凯迪拉克事业部在 1952 ~ 2002 年间生产的豪华轿车，一共发展了十二代，前七代采用前置后驱布局，后五代采用前置前驱布局。第一代车型搭载 5.4 升 V8 发动机。发动机排量最大的是 1967 ~ 1970 年间生产的第八代车型，配备了 7 升、7.7 升和 8.2 升三种排量的 V8 发动机。第十二代车型则先后使用了 4.9 升 V8 发动机和 4.6 升 V8 发动机，匹配四速自动变速箱。

凯迪拉克帝威

车身参数（第八代）	
长度	5263 毫米
宽度	1892 毫米
高度	1440 毫米
轴距	2929 毫米
整备质量	1700 千克

　　凯迪拉克帝威（Cadillac DeVille）是美国通用汽车公司凯迪拉克事业部在 1958 ~ 2005 年间生产的轿车，一共发展了八代，前五代采用前置后驱布局，后三代采用前置前驱布局。历代车型多使用 V8 发动机，排量从 4.1 升到 8.2 升不等。第五代和第六代车型还有 V6 发动机版本，排量分别为 4.1 升和 4.3 升。

凯迪拉克加来

车身参数（第二代）	
长度	5735 毫米
宽度	2027 毫米
高度	1384 毫米
轴距	3302 毫米
整备质量	2200 千克

　　凯迪拉克加来（Cadillac Calais）是美国通用汽车公司凯迪拉克事业部在 1965 ~ 1976 年间生产的前置后驱轿车。1965 ~ 1970 年间生产第一代车型，1971 ~ 1976 年间生产第二代车型。第一代车型的轴距为 3289 毫米，有 7 升 V8 发动机和 7.7 升 V8 发动机两种动力配置，匹配三速自动变速箱。第二代车型的轴距为 3302 毫米，有 7.7 升 V8 发动机和 8.2 升 V8 发动机两种动力配置，同样匹配三速自动变速箱。

凯迪拉克塞维利亚

车身参数（第五代）	
长度	5105 毫米
宽度	1905 毫米
高度	1415 毫米
轴距	2850 毫米
整备质量	1800 千克

　　凯迪拉克塞维利亚（Cadillac Seville）是美国通用汽车公司凯迪拉克事业部在 1975 ~ 2004 年间生产的轿车，一共发展了五代。第一代车型采用前置后驱布局，后四代车型采用前置前驱布局。第一代车型搭载一台 5.8 升 V8 发动机，有汽油和柴油两种版本，匹配三速自动变速箱。而发动机排量最大的是第二代车型中的 1980 年款和 1981 年款，搭载 6 升 V8 发动机，最大功率为 108 千瓦。第五代车型搭载 4.6 升 V8 发动机，匹配四速自动变速箱。

凯迪拉克弗雷特伍德 – 布鲁海姆

车身参数	
长度	5618 毫米
宽度	1913 毫米
高度	1453 毫米
轴距	3086 毫米
整备质量	1800 千克

　　凯迪拉克弗雷特伍德 – 布鲁海姆（Cadillac Fleetwood Brougham）是美国通用汽车公司凯迪拉克事业部在 1977 ~ 1986 年间生产的前置后驱轿车，有四门封闭车厢轿车和双门轿跑车两种车体。该车有 4.1 升 V6 汽油发动机、4.1 升 V8 汽油发动机、5 升 V8 汽油发动机、5.7 升 V8 柴油发动机、6 升 V8 汽油发动机和 7 升 V8 汽油发动机等多种动力配置，匹配三速自动变速箱或者四速自动变速箱。

凯迪拉克西马龙

车身参数	
长度	4516 毫米
宽度	1684 毫米
高度	1372 毫米
轴距	2570 毫米
整备质量	1262 千克

　　凯迪拉克西马龙（Cadillac Cimarron）是 20 世纪 80 年代美国通用汽车公司凯迪拉克事业部为了满足日益严格的汽车油耗法规而研制的紧凑型轿车，在 1981 ~ 1988 年间生产，共生产约 13 万辆。该车有 1.8 升 I4 发动机、2 升 I4 发动机和 2.8 升 V6 发动机等动力配置，匹配四速手动变速箱、五速手动变速箱或者三速自动变速箱。

凯迪拉克弗雷特伍德

车身参数（第二代）	
长度	5715 毫米
宽度	1981 毫米
高度	1450 毫米
轴距	3086 毫米
整备质量	2087 千克

　　凯迪拉克弗雷特伍德（Cadillac Fleetwood）是美国通用汽车公司凯迪拉克事业部在 1985 ~ 1996 年间生产的豪华轿车，一共发展了两代。第一代车型采用前置前驱布局，轴距为 2814 毫米，有 4.1 升 V8 汽油发动机、4.5 升 V8 汽油发动机、4.9 升 V8 汽油发动机和 4.3 升 V6 柴油发动机等动力配置，匹配四速自动变速箱。第二代车型采用前置后驱布局，轴距为 3086 毫米，搭载 5.8 升 V8 发动机，匹配四速自动变速箱。

凯迪拉克布鲁海姆

车身参数	
长度	5613 毫米
宽度	1913 毫米
高度	1440 毫米
轴距	3086 毫米
整备质量	2000 千克

　　凯迪拉克布鲁海姆（Cadillac Brougham）是美国通用汽车公司凯迪拉克事业部在 1986 ~ 1992 年间生产的前置后驱四门轿车，基于通用汽车 D 平台打造。该车装有一台 V8 发动机，有 5 升和 5.7 升两种排量，匹配四速自动变速箱。

凯迪拉克卡泰拉

车身参数

长度	4928 毫米
宽度	1786 毫米
高度	1430 毫米
轴距	2730 毫米
整备质量	1768 千克

　　凯迪拉克卡泰拉（Cadillac Catera）是美国通用汽车公司凯迪拉克事业部在 1996 ~ 2001 年间生产的前置后驱四门轿车，基于通用汽车 V 平台打造，共生产约 9.5 万台。该车装有一台 3 升 V6 发动机，匹配四速自动变速箱。

凯迪拉克 STS

车身参数

长度	4986 毫米
宽度	1844 毫米
高度	1463 毫米
轴距	2957 毫米
整备质量	1779 千克

　　凯迪拉克 STS（Cadillac STS）是美国凯迪拉克汽车公司在 2004 ~ 2011 年间生产的豪华高性能轿车，可选择搭载 188 千瓦的 3.6 升 V6 发动机，或者 235 千瓦的 4.6 升 V8 北极星发动机，以及 345 千瓦的 4.4 升 V8 机械增压发动机。除 3.6 升车型搭配五速手自一体变速箱外，其余车型均搭配六速手自一体变速箱。该车配备了"一键通"系统、智能遥控启动系统、定速巡航系统、智能照明系统等高科技设备。

凯迪拉克 CTS

车身参数（第三代）

长度	4966 毫米
宽度	1834 毫米
高度	1453 毫米
轴距	2911 毫米
整备质量	1640 千克

凯迪拉克 CTS（Cadillac CTS）是美国凯迪拉克汽车公司从 2002 年开始生产的豪华运动型轿车，2014 年推出第三代车型。

凯迪拉克 CTS 的外形设计极富美国风格，运用了许多凯迪拉克汽车的经典设计语言，楔形车身轮廓鲜明，线条硬朗，车头较短，拥有钻石般的质感，给人的整体感觉流畅、利落。座舱内折射出金属的光泽，触手可及的实木饰板，精致的珠宝式时尚钟表设计，共同营造出凯迪拉克 CTS 精致、豪华的座舱环境。在一体成型的中控台上部、仪表区上部和四门板上部，还采用了专业手工皮革包覆工艺，将先进的科技与专业技师的手工艺完美融合，提升整体内饰的高贵和细腻。中控台上，设有电动升降 8 英寸高清触摸显示屏。

凯迪拉克 CTS 在美国素有"驾驶者之车"的美誉，表明了它在操控和动力性能上的卓越。作为一款将动力性、操控性、舒适性充分结合的经典后驱轿车，凯迪拉克 CTS 体现了"艺术与科技"的完美融合。凯迪拉克公司的工程师们优化了长短臂式独立前悬架和多连杆式后独立悬架的几何学构造，同时提供三种调校模式：标配于 2.8 升舒适版上的 FE1 悬架，注重日常驾驶舒适性；标配于 2.8 升豪华版上的 FE2 悬架带来了更多的运动感；而标配于两款 3.6 升车型上的 FE3 悬架，则注重高性能的运动表现。这三种悬架系统能够满足不同消费者对乘坐舒适性和精准高性能操控的不同需求。

🏁 凯迪拉克 CTS 第三代侧前方视角

🏁 凯迪拉克 CTS 第三代侧面视角

🏁 凯迪拉克 CTS 第三代侧后方视角

🏁 凯迪拉克 CTS 第三代内饰设计

凯迪拉克 DTS

凯迪拉克 DTS（Cadillac DTS）是美国通用汽车公司凯迪拉克事业部在 2005 ～ 2011 年间生产的轿车，基于通用汽车 G 平台打造。该车装有一台最大功率为 218 千瓦、峰值扭矩为 390 牛·米的 4.6 升 V8 发动机，匹配四速自动变速箱。该车还有长轴距版 DTS-L，车体长度增至 5476 毫米，轴距增至 3139 毫米，车体宽度和高度保持不变。

车身参数

长度	5273 毫米	轴距	2936 毫米
宽度	1900 毫米	整备质量	1818 千克
高度	1463 毫米		

凯迪拉克 BLS

车身参数

长度	4680 毫米	轴距	2680 毫米
宽度	1750 毫米	整备质量	1465 千克
高度	1470 毫米		

凯迪拉克 BLS（Cadillac BLS）是美国通用汽车公司凯迪拉克事业部在 2005 ～ 2010 年间生产的紧凑型前置前驱轿车，基于通用汽车 Epsilon 平台打造。该车有 1.9 升 I4 发动机、2 升 I4 发动机和 2.8 升 V6 发动机等动力配置，匹配五速自动变速箱、六速自动变速箱、五速手动变速箱或者六速手动变速箱。

凯迪拉克 ELR

　　凯迪拉克 ELR（Cadillac ELR）是美国通用汽车公司凯迪拉克事业部在 2013 ~ 2016 年间生产的双门轿跑车，基于通用汽车 Delta Ⅱ 平台打造。该车采用来自沃蓝达的增程式混动系统，由电动机和一台 1.4 升 I4 发动机组成，电动机提供主要动力输出，汽油发动机为其充电。动力系统的综合功率输出达 152 千瓦，峰值扭矩为 400 牛·米，使凯迪拉克 ELR 的 0 ~ 100 千米/时加速时间在 8 秒左右，续航里程可达 550 千米。

车身参数

长度	4724 毫米	轴距	2695 毫米
宽度	1847 毫米	整备质量	1846 千克
高度	1420 毫米		

凯迪拉克 CT4

　　凯迪拉克 CT4（Cadillac CT4）是美国通用汽车公司凯迪拉克事业部从 2019 年开始生产的紧凑型轿车，基于通用汽车 Alpha 2 平台打造。该车标准版搭载 2 升 I4 涡轮增压发动机，高性能版 CT4-V 搭载 2.7 升 I4 涡轮增压发动机，顶级性能版本 CT4-V 黑翼（Blackwing）搭载 3 升 V6 涡轮增压发动机。变速箱为八速自动变速箱或者十速自动变速箱，CT4-V 黑翼还可选装六速手动变速箱。

车身参数

长度	4755 毫米	轴距	2776 毫米
宽度	1816 毫米	整备质量	1640 千克
高度	1422 毫米		

凯迪拉克 CT5

车身参数

长度	4923 毫米	轴距	2946 毫米
宽度	1882 毫米	整备质量	1660 千克
高度	1453 毫米		

　　凯迪拉克 CT5（Cadillac CT5）是美国通用汽车公司凯迪拉克事业部从 2019 年开始生产的豪华轿车，基于通用汽车 Alpha 2 平台打造。该车标准版搭载 2 升 I4 涡轮增压发动机，高性能版 CT5-V 搭载 3 升 V6 涡轮增压发动机，顶级性能版本 CT5-V 黑翼（Blackwing）搭载 6.2 升 V8 发动机。变速箱为十速自动变速箱，CT5-V 黑翼还可选装六速手动变速箱。

凯迪拉克 ATS

凯迪拉克 ATS（Cadillac ATS）是美国通用汽车公司凯迪拉克事业部在 2012 ～ 2019 年间生产的紧凑型豪华运动型轿车，主要竞争对手为宝马 3 系、梅赛德斯 - 奔驰 C 级以及奥迪 A4 等。

凯迪拉克 ATS 的外形设计颇具个性，没有大尺寸格栅等被过度使用的元素，甚至镀铬装饰都不算多，这在美国汽车里是很少见的，但这种设计反而给人留下了深刻的印象，看似中庸，细品却大有韵味。凯迪拉克的工程师通过铝质发动机缸盖、镁质发动机支架、轻质化天然纤维车门内饰板的应用大大减轻了凯迪拉克 ATS 的总重。后悬架系统大多采用的是钢质材料，但工程师加强了载重管理，采用了优化设计，成功减轻重量，而且使凯迪拉克 ATS 车身前后的配重比接近50 ：50，确保了最佳的动态行驶性能和稳定性。

凯迪拉克 ATS 是凯迪拉克汽车公司发力全球豪车市场的重要产品之一。基于全新轻量化后轮驱动平台、强劲的动力性能和出色的燃油经济性表现，凯迪拉克 ATS 运用全新方式诠释了凯迪拉克汽车将艺术与科技完美融合的理念。轻量化设计可以提高凯迪拉克 ATS 的灵敏性和操控性，同时优化传动系统的性能和效率。凯迪拉克 ATS 共有三款发动机可供选择，包括 2 升涡轮增压发动机、2.5 升 I4 自然吸气发动机以及 3.6 升 V6 自然吸气发动机。传动方面，匹配六速手动变速箱或者六速自动变速箱。

车身参数	
长度	4643 毫米
宽度	1806 毫米
高度	1420 毫米
轴距	2776 毫米
整备质量	1504 千克

🏁 **凯迪拉克 ATS 侧面视角**

🏁 **凯迪拉克 ATS 内饰设计**

凯迪拉克 XTS

车身参数（2012 ~ 2017 年）	
长度	5131 毫米
宽度	1852 毫米
高度	1501 毫米
轴距	2837 毫米
整备质量	1812 千克

🏁 凯迪拉克 XTS 侧后方视角

🏁 凯迪拉克 XTS 内饰设计

　　凯迪拉克 XTS（Cadillac XTS）是美国通用汽车公司凯迪拉克事业部在 2012 ~ 2019 年间生产的豪华轿车，基于通用全球中级豪华车平台打造，基本延续了概念车的设计风格，虽然硬朗的设计元素依然不少，但总体上时尚、年轻了很多。

　　凯迪拉克 XTS 的车身有不少镀铬装饰条，并且采用了大尺寸的镀铬铝合金轮毂设计。该车的内饰颇为豪华，中控台采用木质材料，凯迪拉克事业部的设计理念是尽量减少按键，避免内饰太过混乱。凯迪拉克 XTS 搭载了 CUE 车载信息娱乐系统，包括位于中控台上的 8 英寸显示屏、位于屏幕下方的控制面板以及方向盘上的控制按键等。该系统拥有电容式触摸屏控制、接近感应和自然语音识别等多种先进技术。此外，还有 12.3 英寸可自定义仪表盘，驾驶者可选择四种主题，以生动鲜明的图形显示各种车辆信息。

　　凯迪拉克 XTS 提供 2 升涡轮增压发动机和 3.6 升 V6 自然吸气发动机两种选择，后者最大功率可达 217 千瓦。全系车型都搭载六速手自一体变速箱，配合带有电子差速锁的四轮驱动系统。凯迪拉克 XTS 拥有多项领先科技，包括标准配备的全球响应最快的主动悬架系统——电磁感应主动悬架，以及一系列围绕驾驶安全的辅助科技。侧向盲区雷达监测系统可以帮助驾驶者"看到"后视镜盲区中的车辆，避免盲目变道引起危险。利用侧向盲区雷达监测系统的雷达传感器，当驾驶者倒车离开停车位时，如果后方道路上有来车，系统可以给予图标和声音提示，即使停车位有角度也同样有效。倒车影像辅助系统可以将后方影像呈现在显示屏上，并且具有动态指示线功能，使每一次倒车变得更轻松简单。

凯迪拉克 CT6

车身参数

长度	5182 毫米	**轴距**	3109 毫米
宽度	1880 毫米	**整备质量**	1663 千克
高度	1473 毫米		

凯迪拉克 CT6（Cadillac CT6）是美国通用汽车公司凯迪拉克事业部从 2016 年开始生产的大型豪华轿车，是凯迪拉克事业部在总裁约翰·德·尼琛领导下进行品牌更名策略后的第一款车型。

凯迪拉克 CT6 的外形借鉴了凯迪拉克 Elmiraj 概念车的一些设计理念，采用了更为扁宽、层次感较强的盾形格栅，前大灯造型非常犀利，加之凯迪拉克汽车经典的钻石切割设计元素的融入，使凯迪拉克 CT6 的前脸看上去非常动感。车身侧面，凯迪拉克 CT6 的车身线条舒展，两条腰线配合设计，视觉上更具运动气息。凯迪拉克 CT6 车身框架的 64% 都是用铝合金材料打造的，相比纯钢的车身要减轻 99 千克的质量。另外车底还加入了密闭设计的钢护板，从而提升车辆的静谧性。

凯迪拉克 CT6 配备 10.2 英寸大尺寸 CUE 人机交互屏幕，拥有 1028×720 高像素显示，而中央扶手上的控制台触摸板也可控制 CUE 的各项功能。此外，凯迪拉克 CT6 还有无线手机充电、具有 Wi-Fi 热点的安吉星车载 4G LTE 系统。该车还使用了流媒体视频后视镜，该后视镜采用了一个分辨率达到 1280×240 的 TFT-LCD 显示屏，外置后视摄像头对后方的情况进行拍摄并反馈到车内后视镜上，流媒体视频后视镜能够提升 3 倍的后方可视范围。

凯迪拉克 CT6 搭载的是凯迪拉克事业部新研发的 3 升双涡轮增压发动机，其最大功率为 294 千瓦，峰值扭矩为 543 牛·米，新发动机具备气缸钝化技术（能够使两个气缸按需停止工作），再与启停技术配合，凯迪拉克事业部称其燃油经济性有进一步的提高。另外，还提供 246 千瓦的 3.6 升 V6 自然吸气发动机以及 195 千瓦的 2 升 I4 涡轮增压发动机可选。传动方面，凯迪拉克 CT6 配备了凯迪拉克事业部新研发的八速自动变速箱。

🏁 **凯迪拉克 CT6 侧前方视角**

🏁 **凯迪拉克 CT6 侧后方视角**

🏁 **凯迪拉克 CT6 左侧视角**

🏁 **凯迪拉克 CT6 内饰设计**

林肯大陆

车身参数（第十代）

长度	5116 毫米	**轴距**	2995 毫米
宽度	1913 毫米	**整备质量**	1916 千克
高度	1486 毫米		

林肯大陆（Lincoln Continental）是美国林肯汽车公司从 1940 年开始生产的大型豪华轿车，2016 年推出第十代车型。

第一代林肯大陆搭载最大功率为 82 千瓦的 4.4 升 V12 发动机，后期版本将这台发动机的排量增至 4.8 升。由于该车在设计上有欧洲大陆的风格，所以被命名为林肯大陆。从第一代车型诞生之日起，林肯大陆就是美国上流社会热门的奢侈品之一。它曾经被著名建筑师弗兰克·劳埃德·赖特称为"世界上最美丽的汽车"。第二代车型采用了当年最高的生产标准，纯手工打造而成，搭载 6 升 V8 发动机，售价甚至一度超过了劳斯莱斯银云（劳斯莱斯汽车公司于1955 ~ 1966 年间推出的一款高级轿车，是这段时期劳斯莱斯汽车公司的核心车型，深受欧洲各国政要喜爱）。由于双门大型豪华轿车市场有限，从第三代车型开始，林肯大陆进入了美式四门大型豪华轿车的行列。第四代车型采用四门对开设计，美国第 35 任总统约翰·肯尼迪遇刺时乘坐的就是摘掉了防弹车篷的第四代林肯大陆。第五代车型于1970 年推出，先后服务了杰拉尔德·福特、吉米·卡特和罗纳德·里根三位美国总统。

第六代车型受石油危机和政策影响，尺寸、重量和发动机排量一起减小，并取消了敞篷版本。第七代车型在前代车型刚刚上市两年的时候就出现了，与其说是换代，不如说是精简与升级，因为林肯大陆从这一代开始只有四门硬顶版本了。第八代车型逐渐失去了林肯品牌旗舰的地位，成为只有 V6 发动机的前驱车。第九代车型重新采用了 V8 发动机，但由于销量走低，2002 年便正式停产。直到 2016 年秋季，第十代车型才正式亮相，但其设计被质疑抄袭。第十代车型搭载 2.7 升、3 升、3.7 升三种排量的 V6 发动机，匹配六速自动变速箱。

🏁 林肯大陆第一代车型

🏁 林肯大陆第二代车型

🏁 林肯大陆第八代车型

🏁 林肯大陆第十代车型

林肯 MKZ

车身参数（第二代）

长度	4930 毫米
宽度	1864 毫米
高度	1476 毫米
轴距	2850 毫米
整备质量	1684 千克

林肯 MKZ（Lincoln MKZ） 是美国林肯汽车公司从 2005 年开始生产的入门级豪华轿车，2013 年推出第二代车型。

林肯 MKZ 最初曾以林肯和风（Zephyr）的名义销售，2007 年由于林肯汽车公司改变汽车命名规则，像梅赛德斯-奔驰、雷克萨斯等品牌一样用字母命名，因此改名。第一代林肯 MKZ 采用流线造型，将轿跑姿态、灵动驾驭、潮流科技融为一体。第二代林肯 MKZ 采用了与第十代林肯大陆相同的家族式前脸设计，大面积镀铬网状格栅看上去颇为大气。

林肯 MKZ 第一代车型最初搭载 3 升 V6 发动机，2007 年改为 3.5 升 V6 发动机，2011 年又增加了搭载 2.5 升 I4 发动机的混合动力版本。第二代车型采用区分高低功率的 2 升 I4 涡轮增压发动机，其中尊悦版、尊享版、尊雅版三个配置的车型为低功率版，最大功率为 149 千瓦。最高配的尊耀版车型为高功率版，最大功率为 186 千瓦，变速箱为六速手自一体变速箱。全系车型标配了胎压监测、倒车影像、后泊车雷达、上坡辅助等功能。高配车型还配备了自适应巡航、盲区监测、车道偏离警告系统、车道保持辅助系统等。

🏁 林肯 MKZ 第二代侧前方视角

🏁 林肯 MKZ 第二代内饰设计

克莱斯勒 300C

车身参数（第二代）	
长度	5044 毫米
宽度	1908 毫米
高度	1483 毫米
轴距	3053 毫米
整备质量	1849 千克

克莱斯勒 300C 第二代侧前方视角

克莱斯勒 300C 第二代内饰设计

克莱斯勒 300C（Chrysler 300C）是美国克莱斯勒汽车公司从 2004 年开始生产的轿车，2011 年推出第二代车型。

克莱斯勒 300C 的外形辨识度极高，前脸线条大胆前卫，七横幅设计的进气格栅及克莱斯勒巨大飞翼标志，兼具豪华与运动感。日间行车灯科技感十足，使整车倍添神采。20 英寸铝合金轮毂，令整车外形看上去更显稳健扎实。该车的外形设计不仅考虑美观性，还兼顾实用性，嵌合式发动机盖设计使得前脸造型更具整体感。游艇风格的尾部造型，微翘的整体式尾翼，在带来视觉美感的同时，还提升了空气动力学性能。克莱斯勒 300C 采用意大利豪华真皮手工缝制内饰，原产自西班牙的高档纳帕全粒面真皮座椅，以及手工打磨实木嵌饰，无不呈现出可与高级跑车相媲美的豪华质感。

自第一台克莱斯勒 300C 问世以来，强劲动力一直是克莱斯勒 300C 系列车型的制胜利器。其首创的 HEMI V8 发动机，曾开创一个全新的高性能动力时代。而在涡轮增压发动机大行其道的今天，克莱斯勒汽车公司仍选择将自然吸气发动机的优势和潜能发挥到极致。克莱斯勒 300C 搭载连续三年蝉联"世界十佳发动机"的 3.6 升 V6 发动机，最大功率为 207 千瓦，峰值扭矩为 340 牛·米。克莱斯勒 300C 采用八速自动变速箱，除常规 D 挡模式外，还提供运动挡（S 挡）模式，可满足多样化的驾驶需求。

捷豹 XJ

捷豹 XJ（Jaguar XJ）是英国捷豹汽车公司从 1968 年开始生产的大型豪华轿车，自 1970 年以来，它一直是捷豹汽车公司的旗舰车型。

捷豹 XJ 采用了宽阔的腰线及短捷有力的车尾，比例紧凑，倾斜的前挡风玻璃和后窗玻璃为其增添了运动气息。该车的内饰做工出色，突出了驾乘舒适性。后排头部和腿部有充足的活动空间。大气的中控台设计展现出了浓重的英式风格，按键虽然烦琐却有很高的实用价值。

捷豹 XJ 主要有两种动力可选：第一种是 2 升 I4 涡轮增压汽油发动机，凭借多项创新技术的运用，在转速为 5500 转 / 分时可达到最大功率 177 千瓦，转速为 2000 ~ 4000 转 / 分时扭矩为 340 牛·米，0 ~ 100 千米 / 时加速时间为 7.5 秒，最高车速为 241 千米 / 时；第二种是 3 升 V6 机械增压汽油发动机，最大功率为 250 千瓦，峰值扭矩为 450 牛·米，0 ~ 100 千米 / 时加速时间为 5.9 秒，最高车速达 250 千米 / 时。变速箱为八速自动变速箱，并搭配了自动启停系统。借助坚固的轻量化铝质车身，捷豹 XJ 灵活性出色，操控性能卓越。加之车辆上配备的各种预判系统和技术，驾驶者能够对不同路况及道路上的其他车辆迅速做出反应。

车身参数	
长度	5123 毫米
宽度	1895 毫米
高度	1448 毫米
轴距	3033 毫米
整备质量	1796 千克

捷豹 XJ 侧前方视角

捷豹 XJ 内饰设计

捷豹 XF

车身参数（第二代）	
长度	4954 毫米
宽度	1880 毫米
高度	1457 毫米
轴距	2960 毫米
整备质量	1545 千克

捷豹 XF 在雪地中行驶

捷豹 XF 内饰设计

捷豹 XF（Jaguar XF） 是英国捷豹汽车公司从 2007 年开始生产的豪华轿车，2015 年推出第二代车型。

捷豹 XF 拥有大气的前脸、流畅的车身线条，豹头徽标镶嵌在进气格栅中间。精致的进气格栅像是一件精美的艺术品，从正面看，格栅的每个小网格都呈规则的菱形，而从侧面看，格栅的排列倾斜成鱼鳞状。这种正面与侧面的视觉对比，是捷豹设计师从几何角度出发，经过反复测量而完成的。捷豹 XF 的内部空间非常宽敞，并且采用符合人体工学的设计，可轻松容纳 5 名成年人。

捷豹 XF 搭载 2 升 I4 涡轮增压发动机或 3 升 V6 机械增压发动机，其中 2 升发动机最大功率为 177 千瓦，峰值扭矩为 340 牛·米；3 升发动机最大功率为 250 千瓦，峰值扭矩为 450 牛·米。全车系均配备八速手自一体变速箱。该车配有循序式换挡系统，通过方向盘上的换挡拨片为驾驶者提供了一触式手动换挡功能。驾驶者可以选择 21 种变速模式，以使节气门进程和换挡策略与实际路况和驾驶环境相适应。捷豹 XF 的整个车身都采用计算流体力学设计，风阻系数仅为 0.29。先进的符合空气动力学的设计可大大降低汽车风噪声，减少燃油消耗并增强高速驾驶时的稳定性。

捷豹 XE

捷豹 XE（Jaguar XE）是英国捷豹汽车公司从 2015 年开始生产的中型豪华轿车，采用了一系列在该细分市场中首次运用的创新科技。

捷豹 XE 将捷豹汽车极具标志性的优美弧线设计、充满自信的姿态、极具运动感的性能和前沿的技术革新进行了完美结合。整个车头看起来与捷豹 XF 以及捷豹 XJ 都很相似，包括大灯样式、传统的四边形格栅都给人一种熟悉的印象。同时其车身紧凑、动感，拥有相比一般三厢车更为流畅的车顶线条。该车的模块化车辆架构设计使其成为同级别车型中极少数使用高密度铝质单体壳式车身结构的车型，车身的 75% 都由轻型铝材制成。

捷豹 XE 的入门级车型搭载捷豹新一代英吉尼斯（Ingenium）系列的 2 升 I4 涡轮增压发动机，汽油版和柴油版均有。中档车型则搭载来自捷豹 F-Type 跑车上的两款不同动力调校的 3 升 V6 机械增压发动机。在捷豹 F-Type 跑车上，其发动机低功率版本最大功率为 250 千瓦，高功率版本达到 280 千瓦，搭载到捷豹 XE 上面之后其动力数据没有太大变化。捷豹 XE 的高性能车型搭载 5 升 V8 机械增压汽油发动机，最大功率为 368 千瓦，最高车速超过 300 千米 / 时，拥有强劲的性能表现，同时环保表现也不错，每千米二氧化碳排放量不到 100 克。

车身参数	
长度	4672 毫米
宽度	1850 毫米
高度	1416 毫米
轴距	2835 毫米
整备质量	1474 千克

🏁 捷豹 XE 侧前方视角　　　🏁 捷豹 XE 侧后方视角

捷豹 XE 头部视角

捷豹 XE 内饰设计

大众甲壳虫

大众甲壳虫（Volkswagen Beetle）是大众汽车公司在 1938 ~ 2003 年间生产的紧凑型轿车，正式名称为大众 1 型（Volkswagen Type 1）。该车采用如今已很少见的后置后驱布局，可省去车底沉重的传动轴，以及空出车头较大的空间作行李厢。不过，这也导致汽车发生碰撞时少了发动机作缓冲，大大增加了驾驶者和前排乘客的伤亡率。在大众甲壳虫的研发过程中，研发者相当注意汽车本身制作的水准和日后的维修问题，所以大众甲壳虫拥有相当坚实的车体结构，这是它能成为长寿车的原因之一。

车身参数

长度	4079 毫米	轴距	2400 毫米
宽度	1539 毫米	整备质量	800 千克
高度	1500 毫米		

大众 14A 型

车身参数

长度	4090 毫米	轴距	2410 毫米
宽度	1541 毫米	整备质量	950 千克
高度	1510 毫米		

大众 14A 型（Volkswagen Type 14A）是德国大众汽车公司在 1949 ~ 1953 年间生产的敞篷轿车，采用后置后驱布局。该车是在大众甲壳虫的基础上改装而来的，沿用了后者的动力配置，最大功率为 19 千瓦。

大众 3 型

　　大众 3 型（Volkswagen Type 3）是德国大众汽车公司在 1961～1973 年间生产的紧凑型轿车，总产量约 254 万辆。该车搭载 1.5 升或 1.6 升排量的水平对置四缸发动机，匹配四速手动变速箱或者三速自动变速箱。

车身参数

长度	4225 毫米	轴距	2400 毫米
宽度	1605 毫米	整备质量	880 千克
高度	1475 毫米		

大众 4 型

　　大众 4 型（Volkswagen Type 4）是德国大众汽车公司在 1968～1974 年间生产的中大型轿车，采用后置后驱布局。该车先后搭载了 1.7 升和 1.8 升两种排量的水平对置四缸发动机，匹配四速手动变速箱或者三速自动变速箱。

车身参数

长度	4553 毫米	轴距	2500 毫米
宽度	1675 毫米	整备质量	1020 千克
高度	1475 毫米		

大众 K70

车身参数

长度	4455 毫米	轴距	2690 毫米
宽度	1665 毫米	整备质量	1100 千克
高度	1455 毫米		

　　大众 K70（Volkswagen K70）是德国大众汽车公司在 1970～1975 年间生产的中型轿车，也是大众品牌第一款采用前轮驱动底盘结构和水冷四冲程发动机的轿车。从大众 K70 开始，大众汽车公司放弃了沿用三十余年的后置风冷发动机、后轮驱动底盘结构。大众 K70 装有一台最大功率为 55 千瓦的 1.6 升 I4 发动机，匹配四速手动变速箱。

大众帕萨特

大众帕萨特（Volkswagen Passat）是德国大众汽车公司生产的中型轿车，其名称来源于德语 Passat（或称 Passatwinde），意指由亚热带吹往赤道地区的热带信风。根据车型及生产地域的不同，该车也被称为冲击者（Dasher）、桑塔纳（Santana）、迈腾（Magotan）或者量子（Quantum）。

第一代车型于 1972 年推出，有三门掀背车和五门掀背车两种车体，它与早一年推出的奥迪 80 共用一个开发平台。此后，大众汽车公司陆续推出了第二代（1981 年）、第三代（1988 年）、第四代（1993 年）、第五代（1996 年）、第六代（2005 年）、第七代（2010 年）和第八代车型（2014 年）。历代车型的总产量已经超过 3000 万辆。该车在世界各国均有较好的口碑，获得了"欧洲最好汽车""英国最佳家庭汽车""葡萄牙最佳汽车""日本最佳进口车型""加拿大最佳家庭汽车"等荣誉。

目前正在销售的第八代车型采用全新开发的车身结构，超高强度钢比例达到 84%。搭配 HUD（平视显示）系统、RTA（驶出车位辅助）系统、Area View（全景影像）系统、PLA 3.0 智能泊车辅助系统、带走停功能的 ACC（自适应巡航）系统、Traffic Jam Assist（交通拥堵辅助）系统、Lane Assist（车道保持）系统、带行人识别功能的 Front Assist（前方保护）系统、Pre-Crash（预防式乘员保护）系统等，并具备盲区监测、智能疲劳检测功能。动力配置方面，有 1.4 升 I4 涡轮增压发动机、1.6 升 I4 涡轮增压发动机、1.8 升 I4 涡轮增压发动机、2 升 I4 涡轮增压发动机等。

车身参数（第八代）	
长度	4767 毫米
宽度	1832 毫米
高度	1456 毫米
轴距	2786 毫米
整备质量	1721 千克

🏁 大众帕萨特第八代侧前方视角

🏁 大众帕萨特第八代侧后方视角

⚑ 大众帕萨特第八代左侧视角　　　　　　⚑ 大众帕萨特第八代内饰设计

大众巴西利亚

车身参数	
长度	4015 毫米
宽度	1605 毫米
高度	1430 毫米
轴距	2400 毫米
整备质量	890 千克

　　大众巴西利亚（Volkswagen Brasília）是大众汽车巴西分公司在 1973 ~ 1982 年间生产的轿车，是第一款专门面向巴西市场的独立车型，也是 20 世纪 70 年代巴西市场上仅次于大众甲壳虫的第二大畅销车。该车装有一台最大功率为 40 千瓦的 1.6 升 I4 发动机，匹配四速手动变速箱。

大众高尔夫

车身参数（第八代）	
长度	4284 毫米
宽度	1789 毫米
高度	1456 毫米
轴距	2636 毫米
整备质量	1255 千克

　　大众高尔夫（Volkswagen Golf）是德国大众汽车公司从 1974 年开始生产并在全球范围内销售的紧凑型轿车，2019 年推出第八代车型。该车是大众汽车公司的畅销车型，累计销量超过 3000 万辆。每一代高尔夫的独特创新，引领着汽车界的时尚风潮。第八代车型有 1 升 I3 涡轮增压汽油发动机、1.4 升涡轮增压汽油发动机、1.5 升涡轮增压汽油发动机、2 升 I4 涡轮增压汽油发动机、2 升 I4 涡轮增压柴油发动机等多种动力配置。

大众 Polo

车身参数（第六代）	
长度	4053 毫米
宽度	1751 毫米
高度	1438 毫米
轴距	2548 毫米
整备质量	1105 千克

　　大众 Polo（Volkswagen Polo）是德国大众汽车公司从 1975 年开始生产的小型车，2017 年推出第六代车型，有两厢版、三厢版、轿跑版和休旅版。最早的大众 Polo 源自 1978 年生产的奥迪 50 的简装版本，Polo 的名称来自极地涡旋（大众汽车有以各类自然风为车型取名的传统），同时也借鉴马球运动。目前在售的第六代车型有 1 升 I3 发动机、1.4 升 I4 发动机、1.5 升 I4 发动机、1.6 升 I4 发动机、2 升 I4 发动机等动力配置，匹配五速手动变速箱、六速手动变速箱、六速自动变速箱或者七速自动变速箱。

大众德比

车身参数	
长度	3866 毫米
宽度	1599 毫米
高度	1352 毫米
轴距	2330 毫米
整备质量	745 千克

　　大众德比（Volkswagen Derby）是德国大众汽车公司在 1977 ~ 1981 年间生产的小型三厢轿车，基于第一代大众 Polo 打造而来。该车的整体造型和第一代大众 Polo 相差无几，只是在车身的后部，旧式掀盖被改为具有轿车风格的后备厢，容积有 515 升。动力方面，装有一台 I4 汽油发动机，有 0.9 升、1.1 升、1.3 升三种排量。变速箱为四速手动变速箱。

大众捷达

车身参数（第七代）	
长度	4702 毫米
宽度	1799 毫米
高度	1459 毫米
轴距	2686 毫米
整备质量	1310 千克

大众捷达（Volkswagen Jetta）是德国大众汽车公司从 1979 年开始生产的紧凑型轿车，2018 年推出第七代车型。一如大众公司以风名命名车型的传统，Jetta 一名来自大西洋的高速气流（Jet Stream）。根据车型及生产地域的不同，该车又被称作 Atlantic（大西洋）、City Jetta（都市捷达）、Fox（福克斯）、Vento（文托）、Bora（宝来）和 Sagitar（速腾）等。目前在售的第七代车型有1.2升 I3 涡轮增压发动机、1.4升 I4 涡轮增压发动机、1.6升 I4 发动机、2升 I4 涡轮增压发动机等动力配置。

大众高尔

车身参数（第三代）	
长度	3892 毫米
宽度	1893 毫米
高度	1474 毫米
轴距	2467 毫米
整备质量	998 千克

大众高尔（Volkswagen Gol）是德国大众汽车公司巴西分公司从 1980 年开始生产的小型轿车，2008 年推出第三代车型，主要在拉丁美洲销售。该车在巴西享有"国民车"的美誉，连续十余年保持巴西市场销量冠军的地位。目前在售的第三代车型有 1 升 I4 升发动机、1.6 升 I4 升发动机两种动力配置，匹配五速手动变速箱、五速自动变速箱或者六速自动变速箱。

大众科拉多

车身参数（1988 ~ 1992 年）	
长度	4049 毫米
宽度	1674 毫米
高度	1310 毫米
轴距	2471 毫米
整备质量	1210 千克

大众科拉多（Volkswagen Corrado）是德国大众汽车公司在 1988 ~ 1995 年间生产的三门轿跑车。该车有1.8 升 I4 发动机、2 升 I4 发动机、2.8 升 V6 发动机、2.9升 V6 发动机等多种动力配置，匹配五速手动变速箱或者四速自动变速箱。从 1993 年开始，车身尺寸略有变化，车体宽度改为 1689 毫米，轴距改为 2469 毫米。

大众新甲壳虫

车身参数	
长度	4129 毫米
宽度	1721 毫米
高度	1511 毫米
轴距	2515 毫米
整备质量	1250 千克

大众新甲壳虫（Volkswagen New Beetle）是德国大众汽车公司在 1997 ~ 2011 年间生产的紧凑型轿车。与甲壳虫后置发动机、后轮驱动不同，新甲壳虫采用前置发动机、前轮驱动或四轮驱动，发动机也由气冷式改为水冷式。新甲壳虫的外形设计源自大众汽车公司在美国加利福尼亚州的设计室所推出的甲壳虫概念车，量产版外形几乎和概念车完全相同。新甲壳虫有多种动力配置可供选择，包括少见的2.3 升 V5 发动机。

大众桑塔纳

车身参数（第四代）	
长度	4687 毫米
宽度	1700 毫米
高度	1450 毫米
轴距	2656 毫米
整备质量	1263 千克

大众桑塔纳（Volkswagen Santana）是德国大众汽车公司从 1983 年开始生产的轿车，其原型为第二代大众帕萨特。该车在欧美和日本都曾生产与销售过，但销售情况都不甚理想。而在巴西和中国，桑塔纳却赢得了很好的口碑。巴西的桑塔纳从 1984 年开始生产直至 2006 年停产，历经二十余年，有着不错的销售情况。1983 年上海引进桑塔纳，该车几乎成为一个时代中国的"国民车"，顶峰时在中国汽车市场的占有率超过 60%。

大众 Logus

车身参数	
长度	4276 毫米
宽度	1695 毫米
高度	1372 毫米
轴距	2525 毫米
整备质量	1025 千克

大众 Logus（Volkswagen Logus）是德国大众汽车公司在 1993 ~ 1997 年间生产的双门轿跑车，主要在巴西市场销售。该车由位于意大利都灵的吉亚设计中心负责外形设计，完全打破了当时大众汽车保守、老派的设计风格，更为圆润、更加时尚的造型设计让大众 Logus 变得年轻动感，而且空气动力学系数达到 0.32。内饰方面，大众 Logus 带有明显的第二代帕萨特的基因，但更为年轻化。动力方面，该车采用了 1.6 升、1.8 升等排量的自然吸气发动机。

大众 Pointer

车身参数	
长度	4076 毫米
宽度	1695 毫米
高度	1406 毫米
轴距	2525 毫米
整备质量	1000 千克

大众 Pointer（Volkswagen Pointer）是德国大众汽车公司巴西分公司在 1994 ~ 1997 年间生产的小型轿车，主要在南美洲市场销售。该车有两种动力配置，即 1.8 升发动机和 2 升发动机，最大功率分别为 65 千瓦和 88 千瓦。

大众路波

车身参数	
长度	3524 毫米
宽度	1640 毫米
高度	1457 毫米
轴距	2318 毫米
整备质量	975 千克

大众路波（Volkswagen Lupo）是德国大众汽车公司在 1998 ~ 2005 年间生产的小型轿车，采用前置前驱布局。该车有 1 升 I4 汽油发动机、1.4 升 I4 汽油发动机、1.6 升 I4 汽油发动机、1.2 升 I3 柴油发动机、1.4 升 I3 柴油发动机和 1.7 升 I4 柴油发动机等多种动力配置，匹配五速手动变速箱、六速手动变速箱、四速自动变速箱或者五速自动变速箱。

大众宝来

车身参数（第四代）	
长度	4663 毫米
宽度	1815 毫米
高度	1473 毫米
轴距	2688 毫米
整备质量	1235 千克

　　大众宝来（Volkswagen Bora）是中国一汽大众汽车公司自 2001 年起专为中国市场生产的一款紧凑型轿车。该车最初为北美市场版本的第四代大众捷达，后来在中国市场不断经历改款换代，现已与原来的捷达大相径庭。2018 年 4 月，一汽大众汽车公司于 MQP 平台下研发了第四代大众宝来，搭载 1.4 升和 1.5 升两种排量的 I4 汽油发动机。

大众福克斯

车身参数	
长度	3805 毫米
宽度	1640 毫米
高度	1545 毫米
轴距	2465 毫米
整备质量	978 千克

　　大众福克斯（Volkswagen Fox）是德国大众汽车公司巴西分公司从 2003 年开始生产的小型车，有三门掀背车、五门掀背车、迷你 SUV、迷你 MPV 等车体，主要在拉丁美洲销售。它填补了大众高尔夫和大众 Polo 之间的空白，取名为 Fox，就是标榜其有如狐狸般的灵敏。该车有 1 升 I4 汽油发动机、1.2 升 I3 汽油发动机、1.4 升 I4 汽油发动机、1.6 升 I4 汽油发动机、1.4 升 I3 柴油发动机等多种动力配置。

大众朗逸

车身参数（第三代）	
长度	4670 毫米
宽度	1806 毫米
高度	1474 毫米
轴距	2688 毫米
整备质量	1318 千克

　　大众朗逸（Volkswagen Lavida）是中国上汽大众汽车公司从 2008 年开始生产的紧凑型轿车，被誉为上汽大众汽车公司第一款自主设计研发的大众量产车，2018 年推出第三代车型。该车由上汽大众汽车公司基于 PQ34 平台独立设计研发而成，也是上汽大众汽车公司第一次以原厂委托设计代工（ODM）的方式为德国大众汽车公司研发车型。其使用了加长的第四代大众捷达的底盘技术，配合大众 Polo 的发动机动力配置，设计上迎合了中国消费者的用车需求。

大众辉腾

大众辉腾（Volkswagen Phaeton）是德国大众汽车公司在 2002 ~ 2016 年间生产的大型豪华轿车，一共发展了四代。大众辉腾的研发初衷是希望通过顶尖品质和手工工艺拉升大众品牌的定位，摆脱中低档平民车的固化形象。

大众辉腾的外形设计比较保守，前后造型和大众帕萨特一脉相承，共用了很多设计元素，与其他的大众汽车车型也有很多相似之处。五座椅是大众辉腾的标准装备，而四座椅（即带有两个独立的后座椅）则为选装。顶配车型的前排座椅采用 18 种调节方式的电动系统，具有记忆、空调和按摩等功能。工程师们对车辆后部也给予了特别的关注，后排靠外的两个乘客也可独立调节温度。各个独立温区的温度通过七个气流温度传感器来调节。

大众辉腾和宾利欧陆 GT 基于同一平台打造，采用与宾利欧陆飞驰类似的底盘机械结构，顶级车型配备先进的 6 升 W12 发动机，最大功率为 309 千瓦，峰值扭矩为 550 牛·米。顶级车型配备蒂普特罗尼克五速手/自动变速箱，通过方向盘上的手柄，标配的自动变速箱也可以手动操作。顶级车型还采用了四轮驱动技术，其优势主要体现在牵引力及道路行驶稳定性方面。尤其在负荷变化时，四轮驱动更是尽显卓越性能。除 6 升发动机外，大众辉腾还有搭载 3.2 升 V6 发动机和 4.2 升 V8 发动机的车型，各个车型均使用带可调减振的空气悬架系统。与传统的钢制悬架系统相比，它具有很多优势。

车身参数（第四代）	
长度	5059 毫米
宽度	1903 毫米
高度	1450 毫米
轴距	2881 毫米
整备质量	2184 千克

🏁 大众辉腾第四代右前方视角

🏁 大众辉腾第四代左前方视角

⚑ 大众辉腾第四代侧后方视角　　　　　　⚑ 大众辉腾第四代内饰设计

大众 Up

大众 Up（Volkswagen Up）是德国大众汽车公司从 2011 年开始生产的小型轿车，主要装配地是位于斯洛伐克首都布拉迪斯拉发的大众工厂。该车装有一台 1 升 I3 发动机，匹配五速手动变速箱、六速手动变速箱或者五速自动变速箱。

车身参数

长度	3540 毫米	轴距	2420 毫米
宽度	1641 毫米	整备质量	929 千克
高度	1489 毫米		

大众新桑塔纳

车身参数

长度	4473 毫米	轴距	2603 毫米
宽度	1706 毫米	整备质量	1100 千克
高度	1469 毫米		

大众新桑塔纳（Volkswagen New Santana）是上汽大众汽车公司从 2012 年开始生产的紧凑型三厢轿车，主要在中国市场销售。与桑塔纳相比，新桑塔纳在动力、设计以及配置等方面进行了全新设计，其车身尺寸比桑塔纳略小，但是轴距略微加长。动力方面，该车搭载 1.4 升、1.5 升和 1.6 升排量的 I4 汽油发动机。

大众凌渡

大众凌渡（Volkswagen Lamando） 是中国上汽大众汽车公司从 2014 年开始生产的轿跑车，采用前置前驱布局。该车搭载 1.4 升 I4 涡轮增压发动机、1.8 升 I4 涡轮增压发动机或者 2 升 I4 涡轮增压发动机，匹配五速手动变速箱或者七速双离合变速箱。

车身参数

长度	4598 毫米	轴距	2656 毫米
宽度	1826 毫米	整备质量	1300 千克
高度	1425 毫米		

大众辉昂

大众辉昂（Volkswagen Phideon） 是德国大众汽车公司从 2016 年开始生产的中大型豪华轿车，在外形设计上沿用了此前大众 C Coupe 概念车的设计思路。大众辉昂提供了多款汽、柴油发动机以及插电式混动系统，包括 2 升 I4 涡轮增压发动机和 3 升 V6 机械增压发动机，采用纵置结构，匹配七速自动变速箱。其中，3 升发动机最大功率为 220 千瓦，峰值扭矩为 440 牛·米，0 ~ 100 千米/时加速时间为 6.3 秒。大众辉昂标配了全时四驱系统，并提供空气悬架系统，有 5 种驾驶模式选择。

车身参数

长度	5074 毫米	轴距	3009 毫米
宽度	1893 毫米	整备质量	1815 千克
高度	1489 毫米		

大众 Arteon

车身参数

长度	4862 毫米	轴距	2837 毫米
宽度	1871 毫米	整备质量	1504 千克
高度	1450 毫米		

大众 Arteon（Volkswagen Arteon）是德国大众汽车公司从 2017 年开始生产的四门斜背车，基于大众 MQB 平台打造。该车有 1.5 升 I4 汽油发动机、2 升 I4 汽油发动机、2 升 I4 柴油发动机等动力配置，配有自适应巡航控制系统、主动转向辅助照明、主动式刹车与驾驶失能紧急辅助等驾驶辅助系统。后备厢容积为 563 ~ 1557 升，仪表板采用 12.3 英寸液晶屏幕。中国市场由中国一汽大众汽车公司生产的版本称为大众 CC，但与大众 Arteon 外形及配置稍有不同。

沃尔沃 S60

车身参数（第三代）

长度	4761 毫米	轴距	2872 毫米
宽度	1850 毫米	整备质量	1680 千克
高度	1431 毫米		

沃尔沃 S60（Volvo S60）是瑞典沃尔沃汽车公司从 2000 年开始生产的豪华轿车，2019 年推出第三代车型。

沃尔沃 S60 采用了双外观设计，分别是以亮银色风格为主的豪华版和以亮黑色风格为主的运动版，满足不同消费者的个性化需求。前脸采用家族式设计，"雷神之锤"前大灯采用全 LED 光源，两侧雾灯区增加了镀铬装饰。内凹直瀑式进气格栅搭配主体标志，再加上八字前保险杠，运动气息扑面而来。尾部的整体设计还是一贯的北欧风格。尾灯使用了全 LED 灯源，造型也是家族式设计，"维京战斧"尾灯视觉效果醒目。保险杠底部采用双边共两出的尾排布局，提高整体的运动气质。内饰方面，沃尔沃 S60 秉持着设计三大原则：比例、智能科技以及北欧汽车品牌对豪华的诠释。整车内饰多处采用环保材料，配合清洁驾驶舱技术，使车内空气更加清新。

沃尔沃 S60 燃油版本均装有一台 2 升 I4 涡轮增压发动机，分为 T3、T4、T5 三种调校。除了传统汽油动力车型外，还有两款搭载了混合动力的 T8 版本车型。T3 版车型搭载 Drive-E T3 涡轮增压汽油发动机，最大功率为 120 千瓦，峰值扭矩为 265 牛·米，0～100 千米/时加速时间为 8.9 秒。T4 版车型搭载 Drive-E T4 涡轮增压汽油发动机，最大功率为 140 千瓦，峰值扭矩为 300 牛·米，0～100 千米/时加速时间为 7.7 秒。T5 版车型搭载 Drive-E T5 涡轮增压汽油发动机，最大功率达到 184 千瓦，峰值扭矩 350 牛·米，0～100 千米/时加速时间为 6.5 秒。T8 E 驱混动车型搭载 Drive-E T8 双增压汽油发动机和电机组成的混动系统，系统综合最大功率为 287 千瓦，系统综合峰值扭矩为 640 牛·米，0～100 千米/时加速时间为 4.6 秒。各个车型标配八速手自一体变速箱，兼顾平顺性与燃油经济性。

沃尔沃 S60 侧前方视角

沃尔沃 S60 侧后方视角

沃尔沃 S60 后排座椅

沃尔沃 S60 内饰设计

沃尔沃 S90

车身参数

长度	4963 毫米
宽度	1890 毫米
高度	1443 毫米
轴距	2941 毫米
整备质量	1800 千克

沃尔沃 S90（Volvo S90）是瑞典沃尔沃汽车公司从 2016 年开始生产的豪华轿车，基于沃尔沃 SPA 平台打造，采用前置前驱 / 四驱布局。

沃尔沃 S90 的前脸采用了辨识度颇高的家族式设计元素，直瀑式中网的前格栅配合"雷神之锤"全智能 LED 大灯，科技感十足。简约流畅的平直车身线条，显露出一种内敛之美。侧面线条笔直有力，凸显沃尔沃 S90 的硬朗格调。轮毂构型则塑造出一丝运动气息，配合 C 字造型的北欧图腾式尾灯和充满立体雕塑感的车尾，让车辆的整体外观尽显自信、动感和领袖气质。内饰方面，真皮包裹、桃木及钢琴烤漆面板的中控台，整体排布颇有科技感，中央的大屏格外醒目。沃尔沃 S90 采用规整的装饰代替了复杂的设计，给人一种整洁之美。

沃尔沃 S90 提供三种动力配置。T4 智行豪华版搭载 Drive-E T4 涡轮增压汽油发动机，最大功率为 140 千瓦，峰值扭矩为 300 牛·米。T5 版车型搭载 Drive-E T5 涡轮增压汽油发动机，最大功率为 187 千瓦，峰值扭矩为 350 牛·米。T8 E 驱混动智雅版，其动力系统综合最大功率达到 299 千瓦，峰值扭矩为 640 牛·米，搭配八速自动变速箱，0 ～ 100 千米 / 时加速时间只需 4.9 秒。沃尔沃 S90 的领航辅助系统能够在拥堵路况下为驾驶者提供转向支持、车距保持和速度控制等辅助。

沃尔沃 S90 右前方视角

沃尔沃 S90 侧后方视角

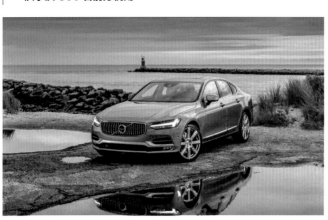

沃尔沃 S90 左前方视角

沃尔沃 S90 内饰设计

丰田皇冠

丰田皇冠（Toyota Crown）是日本丰田汽车公司从1955年开始生产的大型豪华轿车，2018年推出第十五代车型。

丰田皇冠第一代车型搭载1.5升I4发动机，采用了前轮双叉杆式悬架、轿车专用底盘等技术；第二代车型采用四灯式前大灯，初次采用两速全自动变速箱；第三代车型采用曲面玻璃设计，扩大了内部空间，盘式刹车的导入，使安全性能得到提高；第四代车型注重外观造型与空气阻力，具有独特的纺锤体造型，并首次采用电子燃料注入系统；第五代车型采用四速自动变速箱，以及可以感应车速的助力转向系统和后座电动座椅等与高级轿车相匹配的设备；第六代车型搭载2.8升I6发动机，配备了涡轮增压，在提高动力性的同时，节省了能源；第七代车型采用四轮独立悬架，ABS成为标准配置，初次在发动机上搭载了机械式增压装置；第八代车型采用电子控制空气悬架、牵引力控制等先进技术，并积极采用综合信息显示系统等先进装备；第九代车型初次配备五速自动变速箱、3升I6发动机，外形设计彰显全新气质与风格；第十代车型采用承载式车身，初次采用车身稳定控制系统（VSC）、智能可变气门正时系统（VVT-I）等新技术；

车身参数（第十五代）	
长度	4910 毫米
宽度	1800 毫米
高度	1455 毫米
轴距	2920 毫米
整备质量	1690 千克

🏁 丰田皇冠第一代车型　　　　🏁 丰田皇冠第四代车型

第十一代车型在传统的风格中融合了华丽的现代设计，首次配备 3 升 I6 直喷发动机；第十二代车型搭载 3 升 V6 发动机，双向 VVT-I、六速自动变速箱等装置的采用，使卓越的舒适性与运动性得以兼备；第十三代车型首次采用混合动力系统，搭载 3.5 升 V6 发动机和电动机组合的油电混合动力系统；第十四代车型采用新的大嘴式前脸设计，搭 载 2.5 升 V6 和 3.5 升 V6 两种汽油发动机；第十五代车型的中网采用了倒梯形的设计，外形更加运动和年轻化。

🏁 丰田皇冠第九代车型　　🏁 丰田皇冠第十五代车型

丰田科罗娜

丰田科罗娜（Toyota Corona）
是日本丰田汽车公司在 1957 ~ 2001 年
间生产的前置前驱紧凑型轿车，一共发
展了十一代。该车搭载 1.6 升、1.8 升、
2 升三种排量的 I4 汽油发动机，或者 2
升 I4 柴油发动机。变速箱为四速自动变
速箱或者五速手动变速箱。

车身参数（第十一代）

长度	4520 毫米	轴距	2580 毫米
宽度	1695 毫米	整备质量	1190 千克
高度	1410 毫米		

丰田国民 P10

车身参数

长度	3520 毫米	轴距	2130 毫米
宽度	1415 毫米	整备质量	580 千克
高度	1203 毫米		

丰田国民 P10（Toyota Publica P10）是日本丰田汽车公司在
1961 ~ 1966 年间生产的小型车，有双门轿车、三门旅行车、双门敞篷车、
双门皮卡四种车体。该车装有一台最大功率为 24 千瓦的 0.7 升水平对置两
缸发动机，匹配四速手动变速箱或者两速自动变速箱。

丰田国民 P20

丰田国民 P20（Toyota Publica P20）是日本丰田汽车公司在 1966 ～ 1969 年间生产的小型车，其车身尺寸和整备质量与丰田国民 P10 相同。该车装有一台最大功率为 33 千瓦的 0.8 升水平对置两缸发动机，匹配四速手动变速箱或者两速自动变速箱。

车身参数

长度	3520 毫米	轴距	2130 毫米
宽度	1415 毫米	整备质量	580 千克
高度	1203 毫米		

丰田世纪

丰田世纪（Toyota Century）是日本丰田汽车公司为了纪念公司创始人丰田喜一郎的父亲丰田佐吉诞辰 100 周年而研制的大型轿车，也是丰田旗下的顶级产品，有"日本劳斯莱斯"之称。该车于 1967 年开始生产，2018 年推出第三代车型。该车装有一台最大功率为 280 千瓦的 5 升 V8 发动机，以及一台 165 千瓦的电动机，匹配电子无级变速箱。

车身参数（第三代）

长度	5335 毫米	轴距	3090 毫米
宽度	1930 毫米	整备质量	2370 千克
高度	1505 毫米		

丰田 Mark II

车身参数（第九代）

长度	4735 毫米	轴距	2780 毫米
宽度	1760 毫米	整备质量	1530 千克
高度	1460 毫米		

丰田 Mark II（Toyota Mark II）是日本丰田汽车公司在 1968 ～ 2007 年间生产的轿车，一共发展了九代，前三代定位为紧凑型轿车，后六代定位为中型轿车。第九代车型搭载 2 升或 2.5 升排量的 I6 发动机，匹配五速手动变速箱、四速自动变速箱或者五速自动变速箱。

丰田卡罗拉

车身参数（第十二代）	
长度	4630 毫米
宽度	1780 毫米
高度	1435 毫米
轴距	2700 毫米
整备质量	1310 千克

丰田卡罗拉（Toyota Corolla）是日本丰田汽车公司于 1966 年推出的紧凑型轿车，1997 年起成为全球销量最多的汽车，2018 年推出第十二代车型。

第一代丰田卡罗拉在其刚进入市场时的口号是"市场最需要的汽车——把丰田技术的全部精华展现给世界"，它的许多技术在日本属于首次采用，或者在全世界范围内首次在家用轿车上使用。第二代车型于 1970 年进入市场，为日本汽车业的迅速发展起到了强劲的推动作用。1974 年上市的第三代车型有 5 种车体，搭配 1.2 升、1.3 升、1.4 升、1.6 升四种排量的 I4 发动机。1979 年上市的第四代车型增加了旅行车版本，同时加入了 1.8 升柴油发动机。1983 年上市的第五代车型所采用的设计理念是"让我们回到第一代的卡罗拉"，车体有 9 种之多。第六代车型于 1987 年上市，取消了三门跑车和五门跑车两种车体。

1991 年上市的第七代车型有 6 种车体和 6 种动力配置，其中汽油车全部采用 EFI 双顶置凸轮轴发动机，拥有更好的静谧性能。第八代车型于 1995 年上市，有 6 种车体和 5 种动力配置。2000 年上市的第九代车型分为两种车系，即家用轿车和旅行车，而双门跑车被停止生产。第十代车型于 2006 年在中国举行了全球首发仪式，这也是卡罗拉首次选在海外市场上市。第十一代车型于 2012 年上市，其中 D-4T 车型凭借其在油耗、动力与配置上的优势，再次对紧凑级市场带来冲击。第十二代车型有 1.2 升 I4 涡轮增压发动机、1.5 升 I3 发动机、1.6 升 I4 发动机、1.8 升 I4 发动机、2 升 I4 发动机等多种动力配置，并有搭载 2 升 I4 发动机的混合动力车型。

🏁 **丰田卡罗拉第一代车型**

🏁 **丰田卡罗拉第四代车型**

🏁 **丰田卡罗拉第十代车型**

🏁 **丰田卡罗拉第十二代车型**

丰田短跑家

车身参数（第八代）	
长度	4120 毫米
宽度	1690 毫米
高度	1380 毫米
轴距	2465 毫米
整备质量	1095 千克

丰田短跑家（Toyota Sprinter）是日本丰田汽车公司在 1968 ~ 2000 年间生产的紧凑型轿车，是丰田卡罗拉的姊妹车型，一共发展了八代。第八代车型搭载 1.3 升、1.4 升、1.5 升、1.6 升、1.8 升排量的 I4 汽油发动机，或者 1.9 升、2 升、2.2 升排量的 I4 柴油发动机，匹配五速手动变速箱、六速手动变速箱、三速自动变速箱或者四速自动变速箱。

丰田国民 P30/50

车身参数	
长度	3645 毫米
宽度	1450 毫米
高度	1380 毫米
轴距	2160 毫米
整备质量	635 千克

丰田国民 P30/50（Toyota Publica P30/50）是日本丰田汽车公司在 1969 ~ 1988 年间生产的小型车，有双门轿车、双门轿跑车、三门旅行车、双门皮卡四种车体。该车有 0.8 升 H2 发动机、1 升 I4 发动机、1.1 升 I4 发动机、1.2 升 I4 发动机、1.3 升 I4 发动机等多种动力配置，匹配四速手动变速箱、五速手动变速箱或者两速自动变速箱。

丰田卡力那

车身参数（第七代）	
长度	4450 毫米
宽度	1695 毫米
高度	1400 毫米
轴距	2580 毫米
整备质量	1100 千克

丰田卡力那（Toyota Carina）是日本丰田汽车公司在 1970 ~ 2001 年间生产的轿车，一共发展了七代。该车搭载 1.5 升、1.6 升、1.8 升、2 升排量的 I4 汽油发动机，或者 2 升、2.2 升排量的 I4 涡轮增压柴油发动机，匹配四速自动变速箱、五速手动变速箱或者六速手动变速箱。

丰田赛利卡

车身参数（第七代）	
长度	4335 毫米
宽度	1735 毫米
高度	1310 毫米
轴距	2600 毫米
整备质量	1090 千克

丰田赛利卡（Toyota Celica）是日本丰田汽车公司在 1970 ~ 2006 年间生产的轿跑车，一共发展了七代。Celica 原为西班牙语，意思是"天堂的、天空的、神的"。第七代车型搭载 1.8 升或 2 升排量的 I4 发动机，匹配四速自动变速箱、五速手动变速箱或者六速手动变速箱。

丰田小福星

车身参数（第五代）	
长度	3750 毫米
宽度	1625 毫米
高度	1400 毫米
轴距	2300 毫米
整备质量	810 千克

　　丰田小福星（Toyota Starlet）是日本丰田汽车公司在 1973 ~ 1999 年间生产的小型轿车，一共发展了五代，前两代采用前置后驱布局，后三代采用前置前驱布局。该车搭载 1.3 升或 1.5 升排量的 I4 发动机，匹配四速手动变速箱、五速手动变速箱、三速自动变速箱或者四速自动变速箱。

丰田追击者

车身参数（第六代）	
长度	4760 毫米
宽度	1760 毫米
高度	1400 毫米
轴距	2730 毫米
整备质量	1450 千克

　　丰田追击者（Toyota Chaser）是日本丰田汽车公司在 1977 ~ 2001 年间生产的轿车，一共发展了六代，第一代车型定位为紧凑型轿车，后五代车型定位为中型轿车。第六代车型搭载 2.4 升排量的 I4 发动机或者 2 升、2.5 升、3 升排量的 I6 发动机，匹配四速自动变速箱或者五速手动变速箱。

丰田雄鹰

车身参数（第五代）	
长度	4120 毫米
宽度	1646 毫米
高度	1351 毫米
轴距	2380 毫米
整备质量	820 千克

　　丰田雄鹰（Toyota Tercel）是日本丰田汽车公司在 1978 ~ 1999 年间生产的紧凑型轿车，一共发展了五代。第五代车型搭载 1.3 升、1.5 升排量的 I4 汽油发动机或者 1.5 升排量的 I4 涡轮增压柴油发动机，匹配四速手动变速箱、五速手动变速箱、三速自动变速箱或者四速自动变速箱。

丰田克雷斯塔

车身参数（第五代）	
长度	4760 毫米
宽度	1755 毫米
高度	1400 毫米
轴距	2730 毫米
整备质量	1480 千克

　　丰田克雷斯塔（Toyota Cresta）是日本丰田汽车公司在 1980 ~ 2001 年间生产的中型轿车，是丰田 Mark II 的姊妹车，一共发展了五代。第五代车型搭载 2 升、2.5 升、3 升排量的 I6 汽油发动机，或者 2.4 升排量的涡轮增压柴油发动机，匹配四速自动变速箱、五速自动变速箱或者五速手动变速箱。

丰田凯美瑞

车身参数（第十代）	
长度	4880 毫米
宽度	1840 毫米
高度	1450 毫米
轴距	2820 毫米
整备质量	1540 千克

　　丰田凯美瑞（Toyota Camry）是日本丰田汽车公司从 1982 年开始生产的中型轿车，2017 年推出第十代车型。其研发目的是为应对丰田卡罗拉更上一层的消费市场，因此与丰田卡罗拉相比有更气派的造型与更大的尺寸，也因而获得更宽敞的乘坐空间。第十代车型搭载 2 升、2.5 升排量的 I4 发动机，或者 3.5 升排量的 V6 发动机，匹配六速自动变速箱或者八速自动变速箱。

丰田塞拉

车身参数	
长度	3860 毫米
宽度	1650 毫米
高度	1265 毫米
轴距	2300 毫米
整备质量	930 千克

　　丰田塞拉（Toyota Sera）是日本丰田汽车公司在 1990 ～ 1995 年间生产的轿跑车，采用前置前驱布局。该车装有一台最大功率为 78 千瓦、峰值扭矩为 132 牛·米的 1.5 升 I4 汽油发动机，匹配四速自动变速箱或者五速手动变速箱。

丰田帕萨奥

车身参数（第二代）	
长度	4155 毫米
宽度	1660 毫米
高度	1295 毫米
轴距	2380 毫米
整备质量	910 千克

　　丰田帕萨奥（Toyota Paseo）是日本丰田汽车公司在 1991 ～ 1999 年间生产的轿跑车，一共发展了两代。第一代车型仅有双门硬顶一种车体，装有一台最大功率为 84.5 千瓦的 1.5 升 I4 发动机，匹配五速手动变速箱或者四速自动变速箱。第二代车型增加了双门敞篷车体，同时增加了 1.3 升排量的 I4 发动机，以及三速自动变速箱，动力配置更丰富。

丰田皇冠马杰斯塔

车身参数（第六代）	
长度	4970 毫米
宽度	1800 毫米
高度	1460 毫米
轴距	2925 毫米
整备质量	1810 千克

　　丰田皇冠马杰斯塔（Toyota Crown Majesta）是日本丰田汽车公司在 1991 ～ 2018 年间生产的前置后驱 / 四驱大型轿车，一共发展了六代。该车是基于丰田皇冠而研发的，定位高于雷克萨斯 LS，低于丰田世纪。第六代车型搭载 2.5 升 I4 发动机或 3.5 升 V6 发动机，匹配电子无级变速系统。

丰田阿瓦隆

车身参数（第五代）	
长度	4980 毫米
宽度	1850 毫米
高度	1440 毫米
轴距	2870 毫米
整备质量	1615 千克

　　丰田阿瓦隆（Toyota Avalon）是日本丰田汽车公司从 1994 年开始生产的大型轿车，2018 年推出第五代车型。该车最初仅在北美洲市场销售，2018 年第五代车型进入中国市场后被称为"亚洲龙"。第五代车型搭载 2 升、2.5 升排量的 I4 汽油发动机，或者 3.5 升排量的 V6 汽油发动机。此外，还有搭载 2.5 升 I4 汽油发动机和电动机的混合动力车型。2 升车型匹配直驱式无级变速箱，2.5 升和 3.5 升车型匹配八速自动变速箱，混合动力车型匹配电子无级变速箱。

丰田普锐斯

车身参数（第四代）	
长度	4570 毫米
宽度	1760 毫米
高度	1470 毫米
轴距	2700 毫米
整备质量	1365 千克

　　丰田普锐斯（Toyota Prius）是日本丰田汽车公司从 1997 年开始生产的紧凑型轿车，2015 年推出第四代车型。该车是世界上第一款大规模生产的混合动力汽车，上市以后陆续销往四十多个国家和地区，其最大的市场是日本和北美洲。第四代车型搭载一台 1.8 升 I4 汽油发动机和两台电动机，匹配电子无级变速系统。

丰田爱文奇思

车身参数（第三代）	
长度	4695 毫米
宽度	1810 毫米
高度	1480 毫米
轴距	2700 毫米
整备质量	1440 千克

　　丰田爱文奇思（Toyota Avensis）是日本丰田汽车公司在 1997 ~ 2018 年间生产的大型车，一共发展了三代。第一代车型和第二代车型均有四门轿车、五门掀背车和五门旅行车三种车体。第三代车型取消了五门掀背车，有 1.6 升 I4 汽油发动机、1.8 升 I4 汽油发动机、2 升 I4 汽油发动机、2 升 I4 涡轮增压柴油发动机等多种动力配置。

丰田威姿

车身参数（第三代）	
长度	3885 毫米
宽度	1695 毫米
高度	1490 毫米
轴距	2410 毫米
整备质量	970 千克

　　丰田威姿（Toyota Vitz）是日本丰田汽车公司在 1999 ~ 2019 年间生产的小型轿车，一共发展了三代。该车在欧洲市场称为丰田雅力士（Yaris），第一代车型在北美洲市场又称为丰田回声（Echo）。该车有多种动力配置，包括 1 升排量的 I3 汽油发动机，1.3 升、1.5 升、1.8 升 I4 汽油发动机，以及 1.4 升 I4 涡轮增压柴油发动机。

丰田布雷维斯

车身参数（后驱车型）	
长度	4550 毫米
宽度	1720 毫米
高度	1460 毫米
轴距	2780 毫米
整备质量	1520 千克

　　丰田布雷维斯（Toyota Brevis）是日本丰田汽车公司在 2001 ~ 2007 年间生产的前置后驱 / 四驱轿车，仅在日本市场销售。该车搭载 2.5 升或 3 升 I6 汽油发动机，匹配五速自动变速箱。四驱车型的车身高度增至 1475 毫米，匹配四速自动变速箱。

丰田威罗刹

车身参数	
长度	4705 毫米
宽度	1760 毫米
高度	1450 毫米
轴距	2780 毫米
整备质量	1380 千克

　　丰田威罗刹（Toyota Verossa）是日本丰田汽车公司在 2001 ~ 2004 年间生产的中型轿车，采用前置后驱 / 四驱布局。该车采用充满活力的意大利风格设计，车头设计较为激进，前后轮拱上方的腰线衬托了丰田威罗刹动感的造型，车尾设计则较为圆润。该车有 2 升 I6 发动机、2.5 升 I6 发动机、2.5 升 I6 涡轮增压发动机等动力配置。其中，2.5 升 I6 涡轮增压发动机的最大功率为 206 千瓦。

丰田普瑞米欧

车身参数	
长度	4565 毫米
宽度	1695 毫米
高度	1475 毫米
轴距	2750 毫米
整备质量	1200 千克

　　丰田普瑞米欧（Toyota Premio）是日本丰田汽车公司在 2001 ~ 2021 年间生产的紧凑型轿车，一共发展了两代，在中国市场的名称为亚洲狮（Allion）。第二代车型搭载 1.5 升、1.8 升、2 升 I4 发动机，匹配无级变速箱。

丰田矩阵

车身参数（第二代）	
长度	4366 毫米
宽度	1755 毫米
高度	1549 毫米
轴距	2600 毫米
整备质量	1215 千克

　　丰田矩阵（Toyota Matrix）是日本丰田汽车公司在 2002 ~ 2014 年间生产的五门掀背车，一共发展了两代，主要在北美洲市场销售。第二代车型搭载 1.8 升或 2.4 升 I4 发动机，匹配四速自动变速箱、五速自动变速箱或者五速手动变速箱。

丰田 Mark X

车身参数（第二代）	
长度	4770 毫米
宽度	1795 毫米
高度	1435 毫米
轴距	2850 毫米
整备质量	1510 千克

　　丰田 Mark X（Toyota Mark X）是日本丰田汽车公司在 2004 ~ 2019 年间生产的中型轿车，一共发展了两代。该车基于丰田 N 平台打造，在中国市场以丰田锐志的名称发行。第二代车型搭载 2.5 升或 3.5 升 V6 发动机，匹配六速手动变速箱或者六速自动变速箱。

丰田 Belta

车身参数	
长度	4300 毫米
宽度	1690 毫米
高度	1460 毫米
轴距	2550 毫米
整备质量	990 千克

　　丰田 Belta（Toyota Belta）是日本丰田汽车公司在 2005 ~ 2016 年间生产的前置前驱 / 四驱轿车，在北美洲和澳大利亚市场称为 Yaris（雅力士），在中国市场称为 Vios（威驰）。该车在不同市场有不同的动力配置，包括 1 升 I3 发动机、1.3 升 I4 发动机、1.5 升 I4 发动机、1.6 升 I4 发动机等。变速箱为五速手动变速箱或者四速自动变速箱。

丰田 Aygo

车身参数（第二代）	
长度	3455 毫米
宽度	1615 毫米
高度	1460 毫米
轴距	2340 毫米
整备质量	890 千克

　　丰田 Aygo（Toyota Aygo）是日本丰田汽车公司从 2005 年开始生产的小型车，2014 年推出第二代车型，均采用前置前驱布局。第一代车型有三门掀背车、五门掀背车两种车体，搭载 1 升 I3 汽油发动机或 1.4 升 I4 汽油发动机，匹配五速手动变速箱。第二代车型取消了 1.4 升 I4 汽油发动机。

丰田 Auris

车身参数（第三代）	
长度	4630 毫米
宽度	1780 毫米
高度	1435 毫米
轴距	2700 毫米
整备质量	1310 千克

　　丰田 Auris（Toyota Auris）是日本丰田汽车公司从 2006 年开始生产的紧凑型两厢轿车，2018 年推出第三代车型。第三代车型搭载 1.2 升、1.5 升、1.6 升、1.8 升、2 升等多种排量的 I4 汽油发动机，匹配六速手动变速箱。此外，还有搭载 1.8 升、2 升 I4 汽油发动机的油电混合动力车型，匹配电子无级变速系统。

丰田 Etios

车身参数（三厢版）	
长度	4265 毫米
宽度	1695 毫米
高度	1510 毫米
轴距	2550 毫米
整备质量	890 千克

　　丰田 Etios（Toyota Etios）是日本丰田汽车公司从 2010 年开始生产的轿车，主要在印度、巴西、印度尼西亚、南非、阿根廷等国家销售。该车有 1.2 升 I4 汽油发动机、1.3 升 I4 汽油发动机、1.5 升 I4 汽油发动机、1.4 升 I4 涡轮增压柴油发动机等动力配置，匹配五速手动变速箱、六速手动变速箱或者四速自动变速箱。

丰田 Mirai

车身参数（第二代）	
长度	4975 毫米
宽度	1885 毫米
高度	1470 毫米
轴距	2920 毫米
整备质量	1920 千克

　　丰田 Mirai（Toyota Mirai）是日本丰田汽车公司从 2014 年开始生产的中型轿车，是全球首款商业出售的氢气燃料电池汽车。该车于 2014 年 12 月 15 日开始在日本销售，2020 年推出第二代车型。丰田 Mirai 采用丰田燃料电池系统（Toyota Fuel Cell System，TFCS），同时具有燃料电池技术和混合动力技术，也包括丰田专利开发的零组件，包括燃料电池（Fuel Cell，FC）、FC 升压转换器以及高压氢气箱。TFCS 比内燃机具有更好的能源效率，第二代车型在燃料全满的情况下续航距离可达 647 千米。

雷克萨斯 ES

车身参数（第七代）	
长度	4960 毫米
宽度	1865 毫米
高度	1445 毫米
轴距	2870 毫米
整备质量	1655 千克

　　雷克萨斯 ES（Lexus ES）是日本雷克萨斯汽车公司从 1989 年开始生产的豪华轿车，到 2021 年已经发展了七代。前五代车型是以丰田凯美瑞作为开发平台，第六代和第七代车型以尺寸更大的丰田阿瓦隆为基础进行设计。目前在售的第七代车型采用雷克萨斯全新家族式设计，锋锐动感的纺锤形格栅与醒目的 L 形 LED 日间行车灯共同勾勒出大气却不失动感的车头布局。ES 250 搭载 2.5 升双顶置凸轮轴发动机，ES 350 搭载 3.5 升双顶置凸轮轴发动机，ES 300H 则配备了雷克萨斯第二代油电混合动力系统，2.5 升阿特金森循环发动机与电动机协同合作，可产生 149 千瓦最大功率以及 213 牛·米峰值扭矩。

雷克萨斯 LS

车身参数（第五代）	
长度	5235 毫米
宽度	1900 毫米
高度	1450 毫米
轴距	3125 毫米
整备质量	2135 千克

　　雷克萨斯 LS（Lexus LS）是日本雷克萨斯汽车公司从 1989 年开始生产的豪华轿车，到 2021 年已经发展了五代。前四代车型的外观设计较为成熟内敛，第五代车型则采用了雷克萨斯 LF-FC 概念车上许多年轻化的设计。动力方面，第五代车型采用排量更小的 3.5 升 V6 双涡轮增压发动机，最大功率为 305 千瓦，峰值扭矩为 600 牛·米。变速箱为十速自动变速箱，后驱版车型的 0～100 千米/时加速时间为 4.5 秒。

雷克萨斯 GS

车身参数（第四代）

长度	4850 毫米
宽度	1840 毫米
高度	1455 毫米
轴距	2850 毫米
整备质量	1721 千克

　　雷克萨斯 GS（Lexus GS）是日本雷克萨斯汽车公司 1991 年开始生产的豪华轿车，2011 年推出第四代车型。该车有 2 升 I4 发动机、2.5 升 I4 发动机、2.5 升 V6 发动机、3.5 升 V6 发动机、5 升 V8 发动机等多种动力配置，匹配六速手自一体电子控制自动变速系统，能够实现更快速的换挡操作、更及时的离合器锁止控制和降挡补油功能。与此同时，为驾驶者带来标准、经济、运动及运动增强四种驾驶模式，配合换挡拨片等运动配置，实现多元化个性驾驶感受。

雷克萨斯 RC

车身参数

长度	4695 毫米
宽度	1840 毫米
高度	1395 毫米
轴距	2730 毫米
整备质量	1695 千克

　　雷克萨斯 RC（Lexus RC）是日本雷克萨斯汽车公司从 2014 年开始生产的中型豪华轿跑车，不同车型有不同的动力配置，RC 200T 和 RC 300 搭载 2 升 I4 涡轮增压汽油发动机，RC 300H 搭载 2.5 升 I4 汽油发动机和电动机，RC 350 搭载 3.5 升 V6 汽油发动机，RC F 搭载 5 升 V8 汽油发动机。纯汽油车型匹配八速自动变速箱，混合动力车型则采用无级自动变速箱。

雷克萨斯 LC

车身参数

长度	4760 毫米
宽度	1920 毫米
高度	1345 毫米
轴距	2870 毫米
整备质量	1931 千克

　　雷克萨斯 LC（Lexus LC） 是日本雷克萨斯汽车公司从 2017 年开始生产的前置后驱轿跑车，延续了雷克萨斯研发 LFA 跑车时所积累的技术。

　　从外观设计来看，雷克萨斯 LC 与欧系汽车的简洁风格截然不同，讲究东方风格的雅致和韵律。刀锋式的 C 柱线条，彰显性感的流动身线。以战斗机发动机为灵感的后尾灯设计，锋芒毕现。部分车型配备主动式尾翼，增加下压力，在高速和弯道行驶中更具稳定性。

　　雷克萨斯 LC 有两种动力配置，一种是 5 升 V8 汽油发动机，另一种是 3.5 升 V6 汽油发动机和 132 千瓦电动机的组合。汽油车型匹配十速自动变速箱。混合动力车型匹配四速自动变速箱，可模拟十挡变速，让发动机始终保持在高效功率输出的转速区间，并提高发动机和电动机的综合功率。雷克萨斯 LC 配备了预碰撞安全系统，该系统会实时探测并分析前方车辆，当系统判断有可能发生碰撞时，则会发出警报声，如果此时驾驶者施加制动，该系统会提供额外的制动力辅助刹车；若系统最终判断碰撞概率较高或碰撞不可避免，则主动制动以降低碰撞风险，极大限度地减轻撞击所造成的损伤。

🏁 雷克萨斯 LC 侧前方视角

🏁 雷克萨斯 LC 内饰设计

英菲尼迪 Q70

车身参数

长度	4945 毫米
宽度	1845 毫米
高度	1509 毫米
轴距	2900 毫米
整备质量	1758 千克

🏁 **英菲尼迪 Q70 侧前方视角**

🏁 **英菲尼迪 Q70 内饰设计**

英菲尼迪 Q70（Infiniti Q70）是日本英菲尼迪汽车公司在 2013 ~ 2019 年间生产的豪华轿车，采用前置后驱 / 四驱布局。

英菲尼迪 Q70 采用家族式前脸设计，整体造型雍容沉稳。双拱形的前进气格栅以及水波纹的造型，颇具灵动气息。全系标配的 LED 大灯比传统的卤素灯要明亮不少，而且夜间视觉效果也显得更加高级。英菲尼迪汽车公司旗下的大部分车型都有着非常流畅的侧面设计，英菲尼迪 Q70 也不例外，扁平修长的线条、圆滑外扩的轮拱使得它颇有轿跑的风情。Q70 的尾灯扁平犀利，中央的镀铬装饰条较粗壮，整个尾部极具高级感。Q70 采用了全黑的内饰配色，环绕式的中控台设计，配上银色装饰板和深色实木装饰，充满老派的豪华感。

英菲尼迪 Q70 搭载 VQ 系列的 V6 自然吸气发动机，排量有 2.5 升和 3.5 升两种，其中 2.5 升发动机的最大功率为 160 千瓦，峰值扭矩为 253 牛·米。变速箱采用七速手自一体变速箱，带有自适应学习程序，能够感知驾驶者的操作习惯，并依此调整换挡动作，让不同驾驶习惯的驾驶者都能获得称心如意的动力输出和换挡平顺性。

讴歌 RLX

车身参数 (2018 ~ 2020 年)

长度	5032 毫米
宽度	1890 毫米
高度	1465 毫米
轴距	2850 毫米
整备质量	1800 千克

讴歌 RLX (Acura RLX) 是日本讴歌汽车公司在 2012 ~ 2020 年间生产的豪华轿车，采用前置前驱 / 四驱布局。

与讴歌公司其他车型一样，讴歌 RLX 有一个五边形钻石中网，中间有一个巨大的品牌标志。黑色前裙与雾灯区域两侧的镀铬装饰有效提升了整体质感，丰富了运动化元素，符合时下主流审美。雾灯内部采用了 LED 光源，无论是视觉效果还是光照范围均有出色表现。车身侧面的轮廓流畅自然，前翼子板律动的曲线与后方笔直的腰线相搭，营造出动感的同时又不失严肃，巧妙地将沉稳与时尚相结合。厚重的尾部则能彰显其大气、商务的一面，不规则的后备厢盖勾勒出与前中网相似的五边形钻石样式，起到了前后呼应的效果。两侧尾灯以镀铬装饰条相连，增加了视角宽度。

讴歌 RLX 有两种内饰风格可选，米白色为主调的强调家用的时尚感，而炫黑色为主调的则主推商务风。该车配备高效和厚实的声学挡风玻璃，使噪声和振动都进一步降低。前座安全带由行车电脑控制收紧力度，正常行车时会提供较小的张力，提升舒适性；而发生碰击时，则会自动收紧以提供良好的保护。中置的液晶显示屏一分为二，位于中控台顶端的为导航屏，而位于其下方的触摸式液显屏，是操作全车舒适性和便利性可控项的中枢。

讴歌 RLX 普通版本搭载纯汽油动力，采用 3.5 升 V6 发动机，最大功率为 231 千瓦，峰值扭矩为 369 牛·米。混动版本在普通版本的基础上增加了三台电动机，最大功率为 276 千瓦，峰值扭矩为 609 牛·米。变速箱方面，普通版本早期采用六速自动变速箱，后期改用十速自动变速箱；混动版本则采用七速双离合变速箱，0 ~ 100 千米 / 时加速时间为 4.9 秒。安全配置方面，配备了车道保持辅助、自适应巡航控制、碰撞缓解制动、正向碰撞警告、车道偏离、车道保持辅助、盲区辅助等。

🏁 讴歌 RLX 侧前方视角

🏁 讴歌 RLX 头部视角

🏁 讴歌 RLX 侧后方视角

🏁 讴歌 RLX 内饰设计

日产天籁

车身参数（第三代）	
长度	4859 毫米
宽度	1829 毫米
高度	1471 毫米
轴距	2776 毫米
整备质量	1430 千克

　　日产天籁（Nissan Teana）是日本日产汽车公司从 2003 年开始生产的中型轿车，2013 年推出第三代车型。该车的名字来源于美洲土语，意为"黎明"，寓意着日产汽车公司新一代大中型轿车的曙光初现。该车最大的特点之一是具有现代生活品位的内饰，车内大面积采用木纹饰板。在仪表板、座椅和门扶手上则大量使用了小山羊皮。大尺寸仪表盘、弧形设计的座椅和后座之间的操控台也增添了豪华性。设计师中岛敬甚至认为，日产天籁正是从内饰着手，着力打造"现代生活"的理念。

本田雅阁

车身参数（第十代）	
长度	4882 毫米
宽度	1862 毫米
高度	1451 毫米
轴距	2830 毫米
整备质量	1420 千克

　　本田雅阁（Honda Accord）是日本本田汽车公司从 1976 年开始生产的中型轿车，2017 年推出第十代车型。第十代车型搭载 1.5 升或 2 升 I4 涡轮增压发动机，匹配六速手动变速箱或者十速自动变速箱。此外，还有搭载一台 2 升 I4 汽油发动机和两台电动机的混合动力车型，匹配电子无级变速系统。

本田思域

车身参数（第十一代）	
长度	4674 毫米
宽度	1801 毫米
高度	1415 毫米
轴距	2736 毫米
整备质量	1305 千克

　　本田思域（Honda Civic）是日本本田汽车公司从 1972 年开始生产的紧凑型轿车，2021 年推出第十一代车型。从诞生起，思域就代表着本田汽车公司不断挑战、不断突破的精神。近半个世纪以来，该车在全球收获了 2500 多万用户的认可和信赖。目前在售的第十一代车型采用前置前驱布局，搭载 1.5 升 I4 涡轮增压发动机、2 升 I4 自然吸气发动机，匹配六速手动变速箱或者无级变速箱。

福特领航员

车身参数	
长度	4445 毫米
宽度	1765 毫米
高度	1590 毫米
轴距	2750 毫米
整备质量	1500 千克

　　福特领航员（Ford Pilot）是美国福特汽车英国分公司在 1947 ~ 1951 年间生产的中大型车，有四门轿车、四门旅行车、双门皮卡、双门轿跑车等车体。该车搭载 2.2 升或 3.6 升 V8 汽油发动机，匹配三速手动变速箱。

福特骑哨

车身参数	
长度	4500 毫米
宽度	1720 毫米
高度	1570 毫米
轴距	2690 毫米
整备质量	1180 千克

　　福特骑哨（Ford Vedette）是美国福特汽车公司在1948 ~ 1954 年间生产的大型车，有四门掀背车、四门轿车、四门敞篷车、五门旅行车、双门轿跑车、双门敞篷车等多种车体。该车搭载 2.2 升、3.9 升 V8 发动机，匹配三速手动变速箱。

福特西风

车身参数（第四代）	
长度	4699 毫米
宽度	1810 毫米
高度	1486 毫米
轴距	2921 毫米
整备质量	1232 千克

　　福特西风（Ford Zephyr）是美国福特汽车公司在1950 ~ 1972 年间生产的轿车，一共发展了四代。第四代车型有 2 升 V4 汽油发动机和 2.5 升 V6 汽油发动机两种动力配置，匹配四速手动变速箱或者三速自动变速箱。

福特领事

车身参数	
长度	4166 毫米
宽度	1626 毫米
高度	1500 毫米
轴距	2540 毫米
整备质量	1225 千克

　　福特领事（Ford Consul）是美国福特汽车公司英国分公司在1951 ~ 1962 年、1972 ~ 1975 年间生产的家用车，有双门轿车、四门轿车、四门旅行车、双门敞篷车、双门轿跑车、五门旅行车等车体。该车装有一台最大功率为 35 千瓦的 1.5 升 I4 发动机，匹配三速手动变速箱。

福特克雷斯特莱恩

车身参数	
长度	5024 毫米
宽度	1859 毫米
高度	1510 毫米
轴距	2921 毫米
整备质量	1360 千克

　　福特克雷斯特莱恩（Ford Crestline）是美国福特汽车公司在 1952 ~ 1954 年间生产的大型轿车，采用前置后驱布局。该车有两种动力配置，一种是最大功率为 81 千瓦的 3.7 升 I6 发动机，另一种是最大功率为 96 千瓦的 3.9 升 V8 发动机。

福特主线

车身参数	
长度	5024 毫米
宽度	1859 毫米
高度	1577 毫米
轴距	2921 毫米
整备质量	1380 千克

　　福特主线（Ford Mainline）是美国福特汽车公司在1952 ~ 1956 年间生产的大型车，有双门轿车、四门轿车、双门轿跑车、双门旅行车等车体。该车有多种动力配置，包括最大功率为 75 千瓦的 3.5 升 I6 发动机、最大功率为 81 千瓦的 3.6 升 I6 发动机、最大功率为 96 千瓦的 3.9 升 V8 发动机等。

福特流行

车身参数（103E）	
长度	3848 毫米
宽度	1435 毫米
高度	1638 毫米
轴距	2286 毫米
整备质量	737 千克

　　福特流行（Ford Popular）是美国福特汽车公司英国分公司在 1953 ~ 1962 年间生产的轿车，包括1953 ~ 1959 年生产的福特流行 103E 和 1959 ~ 1962 年生产的福特流行 100E。该车装有一台最大功率为 22 千瓦的 1.2 升 I4 发动机，匹配三速手动变速箱。

福特雷鸟

车身参数（第十一代）	
长度	4732 毫米
宽度	1829 毫米
高度	1323 毫米
轴距	2720 毫米
整备质量	1850 千克

　　福特雷鸟（Ford Thunderbird）是美国福特汽车公司在 1954 ~ 1997 年、2001 ~ 2005 年间生产的前置后驱轿跑车，一共发展了十一代。不同于福特旗下野性十足的野马跑车，雷鸟自诞生以来始终保持着优雅、豪华的家族特征。该车先后历经多次变革，从两门到四门，再到敞篷、硬顶，以及中型车、大型车。在几十年的不断进化中，每一代车型都对上一代有所继承，并且其设计还不断引领时代潮流。

福特费尔莱恩

车身参数（第一代）	
长度	5040 毫米
宽度	1930 毫米
高度	1400 毫米
轴距	2930 毫米
整备质量	1397 千克

　　福特费尔莱恩（Ford Fairlane）是美国福特汽车公司在 1955 ~ 1970 年间生产的中大型轿车，采用前置后驱布局，一共发展了七代。第一代车型有 3.7 升 I6 发动机、4.5 升 V8 发动机、4.8 升 V8 发动机、5.1 升 V8 发动机等多种动力配置，匹配三速自动变速箱。

福特德尔里奥

车身参数	
长度	5148 毫米
宽度	1950 毫米
高度	1520 毫米
轴距	2946 毫米
整备质量	1700 千克

　　福特德尔里奥（Ford Del Rio）是美国福特汽车公司在 1957 ～ 1958 年间生产的双门旅行车，采用前置后驱布局。该车有 3.7 升 I6 发动机、5.4 升 V8 发动机、5.8 升 V8 发动机等多种动力配置，匹配三速自动变速箱。

福特银河

车身参数（第四代）	
长度	5433 毫米
宽度	2017 毫米
高度	1344 毫米
轴距	3073 毫米
整备质量	1732 千克

　　福特银河（Ford Galaxie）是美国福特汽车公司在 1958 ～ 1983 年间生产的大型车，一共发展了四代，有双门轿车、四门轿车、四门旅行车、双门敞篷车等车体。第四代车型有多种动力配置，包括 3.9 升 I6 发动机，以及 4.9 升、5.8 升、6.4 升、6.6 升、7 升、7.5 升 V8 发动机。

福特猎鹰

车身参数（第一代）	
长度	4597 毫米
宽度	1781 毫米
高度	1382 毫米
轴距	2781 毫米
整备质量	1400 千克

　　福特猎鹰（Ford Falcon）是美国福特汽车公司在 1959 ～ 1970 年间生产的紧凑型车，一共发展了三代。第一代车型搭载 2.4 升、2.8 升 I6 发动机，或者 4.3 升 V8 发动机。变速箱为三速手动变速箱、四速手动变速箱或者两速自动变速箱。

福特科尔蒂纳

车身参数（第五代）	
长度	4341 毫米
宽度	1707 毫米
高度	1321 毫米
轴距	2578 毫米
整备质量	1130 千克

　　福特科尔蒂纳（Ford Cortina）是美国福特汽车公司英国分公司在 1962 ～ 1982 年间生产的大型车，一共发展了五代。第五代车型有多种动力配置，搭载 1.3 升、1.6 升、2 升 I4 发动机，3.3 升、4.1 升 I6 发动机，或者 2.3 升、3 升 V6 发动机，匹配四速手动变速箱、五速手动变速箱或者三速自动变速箱。

福特 LTD

车身参数（第四代）	
长度	4991 毫米
宽度	1803 毫米
高度	1367 毫米
轴距	2682 毫米
整备质量	1361 千克

　　福特 LTD（Ford LTD）是美国福特汽车公司在 1965 ~ 1983 年间生产的中大型车，一共发展了四代。第四代车型采用前置后驱布局，有多种动力配置，包括 2.3 升 I4 发动机、3.3 升 I6 发动机、3.8 升 V6 发动机或者 4.9 升 V8 发动机。变速箱为四速手动变速箱、三速自动变速箱或者四速自动变速箱。

福特托里诺

车身参数（第三代）	
长度	5174 毫米
宽度	2014 毫米
高度	1395 毫米
轴距	2896 毫米
整备质量	1528 千克

　　福特托里诺（Ford Torino）是美国福特汽车公司在 1968 ~ 1976 年间生产的中型车，一共发展了三代。第三代车型有多种动力配置，包括 4.1 升 V6 汽油发动机，或者 4.9 升、5.8 升、6.6 升、7 升 V8 汽油发动机。变速箱为三速手动变速箱、四速手动变速箱或者三速自动变速箱。

福特卡普里

车身参数（第三代）	
长度	4262 毫米
宽度	1702 毫米
高度	1295 毫米
轴距	2565 毫米
整备质量	1010 千克

　　福特卡普里（Ford Capri）是美国福特汽车公司在 1968 ~ 1986 年间生产的轿跑车，一共发展了三代。第三代车型有多种动力配置，包括 1.3 升、1.6 升、2 升 I4 发动机，以及 2 升、2.3 升、2.8 升、3 升 V6 发动机。变速箱为四速手动变速箱。

福特护卫

车身参数（第六代）	
长度	4293 毫米
宽度	1691 毫米
高度	1398 毫米
轴距	2525 毫米
整备质量	989 千克

　　福特护卫（Ford Escort）是美国福特汽车公司欧洲分公司在 1968 ~ 2002 年间生产的小型车，一共发展了六代。第六代车型有三门掀背车、五门掀背车、四门轿车、五门旅行车、三门厢式货车、双门敞篷车六种车体，有 1.3 升 I4 汽油发动机、1.4 升 I4 汽油发动机、1.6 升 I4 汽油发动机、1.8 升 I4 汽油发动机、2 升 I4 汽油发动机、1.8 升 I4 涡轮增压柴油发动机等多种动力配置。

福特科塞尔

车身参数（第二代）	
长度	4470 毫米
宽度	1660 毫米
高度	1350 毫米
轴距	2440 毫米
整备质量	862 千克

　　福特科塞尔（Ford Corcel）是美国福特汽车公司巴西分公司在 1968 ~ 1986 年间生产的轿车，一共发展了两代。第一代车型在 1968 ~ 1977 年间生产，采用前置前驱布局，有双门轿跑车、四门轿车和三门旅行车三种车体，搭载 1.3 升、1.4 升两种排量的 I4 汽油发动机。第二代车型在 1977 ~ 1986 年间生产，采用前置前驱 / 四驱布局，有双门掀背车和三门旅行车两种车体，搭载 1.4 升、1.6 升、1.8 升三种排量的 I4 汽油发动机，匹配四速手动变速箱或者五速手动变速箱。

福特平托

车身参数	
长度	4100 毫米
宽度	1760 毫米
高度	1300 毫米
轴距	2390 毫米
整备质量	914 千克

　　福特平托（Ford Pinto）是美国福特汽车公司在 1970 ~ 1980 年间生产的小型车，采用前置后驱布局，有双门轿车、双门旅行车、三门掀背车等车体。该车有多种动力配置，包括 1.6 升、2 升、2.3 升 I4 发动机，以及 2.8 升 V6 发动机。变速箱为四速手动变速箱或者三速自动变速箱。

福特格拉纳达

车身参数（第一代）	
长度	4572 毫米
宽度	1791 毫米
高度	1369 毫米
轴距	2718 毫米
整备质量	1190 千克

　　福特格拉纳达（Ford Granada）是美国福特汽车公司欧洲分公司在 1972 ~ 1994 年间生产的前置后驱轿车，一共发展了三代。第一代车型有多种动力配置，包括 1.7 升、2 升 V4 发动机，2 升 I4 发动机，2 升、2.3 升、2.5 升、2.6 升、2.8 升、3 升 V6 发动机，5 升 V8 发动机等。变速箱为四速手动变速箱。

福特精英

车身参数	
长度	5489 毫米
宽度	1994 毫米
高度	1349 毫米
轴距	2896 毫米
整备质量	1854 千克

　　福特精英（Ford Elite）是美国福特汽车公司在 1974 ~ 1976 年间生产的双门轿跑车，采用前置后驱布局。该车装有一台 V8 发动机，有 5.8 升、6.6 升、7.5 升三种排量，匹配三速自动变速箱。

福特嘉年华

车身参数（第七代）	
长度	4040 毫米
宽度	1734 毫米
高度	1483 毫米
轴距	2493 毫米
整备质量	1113 千克

　　福特嘉年华（Ford Fiesta）是美国福特汽车公司从1976 年开始生产的小型车，到 2021 年已经发展到第七代。第七代车型有 1 升 I3 涡轮增压汽油发动机、1.1 升 I3 汽油发动机、1.5 升 I3 涡轮增压汽油发动机、1.5 升 I4 涡轮增压柴油发动机等动力配置，匹配五速手动变速箱、六速手动变速箱或者五速自动变速箱。

福特费尔蒙特

车身参数	
长度	4920 毫米
宽度	1800 毫米
高度	1326 毫米
轴距	2680 毫米
整备质量	1246 千克

　　福特费尔蒙特（Ford Fairmont）是美国福特汽车公司在 1977 ～ 1983 年间生产的紧凑型车，有四门轿车、双门轿车、双门轿跑车、五门旅行车等车体。该车有多种动力配置，包括 2.3 升 I4 发动机、3.3 升 I6 发动机、4.2 升 V8发动机、5 升 V8 发动机等。变速箱为三速手动变速箱、四速手动变速箱或者三速自动变速箱。

福特德雷

车身参数	
长度	4498 毫米
宽度	1676 毫米
高度	1325 毫米
轴距	2440 毫米
整备质量	1110 千克

　　福特德雷（Ford Del Rey）是美国福特汽车公司在1981 ～ 1991 年间生产的中型车，有四门轿车、双门轿跑车和三门旅行车三种车体。该车搭载 1.6 升、1.8 升 I4 发动机，匹配五速手动变速箱或者三速自动变速箱。

福特猎户座

车身参数（第一代）	
长度	4213 毫米
宽度	1640 毫米
高度	1385 毫米
轴距	2400 毫米
整备质量	1100 千克

　　福特猎户座（Ford Orion）是美国福特汽车公司欧洲分公司在 1983 ～ 1993 年间生产的小型车，一共发展了三代。第一代车型搭载 1.3 升、1.6 升、1.8 升 I4 发动机，匹配四速手动变速箱、五速手动变速箱或者三速自动变速箱。

福特金牛座

车身参数（第七代）	
长度	4996 毫米
宽度	1878 毫米
高度	1503 毫米
轴距	2949 毫米
整备质量	1380 千克

福特金牛座（Ford Taurus）是美国福特汽车公司从1985 年开始生产的中大型轿车，前身为福特 LTD。在 20世纪 80 ～ 90 年代，福特金牛座是少数有能力与日本车企较量并取得胜利的美国车型。目前在售的第七代福特金牛座于 2016 年上市，有 1.5 升 I4 发动机、2 升 I4 发动机、2.7 升 V6 发动机三种动力配置，匹配六速自动变速箱或者八速自动变速箱。

福特天蝎座

车身参数（第二代）	
长度	4825 毫米
宽度	1760 毫米
高度	1388 毫米
轴距	2770 毫米
整备质量	1577 千克

福特天蝎座（Ford Scorpio）是美国福特汽车公司在1985 ～ 1998 年间生产的大型豪华轿车，一共发展了两代，有四门轿车、五门掀背车、五门旅行车等车体。第二代车型有多种动力配置，包括 2 升 I4 汽油发动机、2.3 升 I4 汽油发动机、2.9 升 V6 汽油发动机和 2.5 升 I4 柴油发动机。变速箱为五速手动变速箱或者四速自动变速箱。

福特普罗布

车身参数（第二代）	
长度	4544 毫米
宽度	1773 毫米
高度	1311 毫米
轴距	2614 毫米
整备质量	1313 千克

福特普罗布（Ford Probe）是美国福特汽车公司在1988 ～ 1997 年间生产的前置前驱轿跑车，一共发展了两代。第二代车型搭载 2 升 I4 发动机、2.5 升 V6 发动机，匹配四速自动变速箱或者五速手动变速箱。

福特蒙迪欧

车身参数（第四代）	
长度	4869 毫米
宽度	1852 毫米
高度	1476 毫米
轴距	2850 毫米
整备质量	1507 千克

福特蒙迪欧（Ford Mondeo）是美国福特汽车公司从1993 年开始生产的中型轿车，到 2021 年已经发展到第四代，其名称是从拉丁文的"世界"（Mundus）演变而来的。第一代和第四代均为全球车型，第二代和第三代则主打欧洲市场。第四代车型有 1 升 I3 汽油发动机、1.5 升 I4 汽油发动机、2 升 I4 汽油发动机、1.5 升 I4 柴油发动机、1.6 升 I4 柴油发动机、2 升 I4 柴油发动机等动力配置。此外，还有搭载 2升 I4 汽油发动机和电动机的混合动力车型。

福特彪马

车身参数	
长度	3984 毫米
宽度	1837 毫米
高度	1315 毫米
轴距	2446 毫米
整备质量	1035 千克

　　福特彪马（Ford Puma）是美国福特汽车公司在1997 ~ 2002 年间生产的轿跑车，采用前置前驱布局。该车最初搭载 1.4 升 I4 发动机，2000 年改为 1.6 升 I4 发动机或 1.7 升 I4 发动机。变速箱为五速手动变速箱。

福特福克斯

车身参数（第四代）	
长度	4647 毫米
宽度	1825 毫米
高度	1483 毫米
轴距	2700 毫米
整备质量	1239 千克

　　福特福克斯（Ford Focus）是美国福特汽车公司从1998 年开始生产的紧凑型轿车，2018 年推出第四代车型，有三门掀背车、五门掀背车、四门轿车和双门轿跑车等车体。第四代车型有 1 升 I3 涡轮增压汽油发动机、1.5 升 I3 涡轮增压汽油发动机、2.3 升 I4 涡轮增压汽油发动机、1.5 升 I4涡轮增压柴油发动机、2 升 I4 涡轮增压柴油发动机等多种动力配置，匹配六速手动变速箱、七速自动变速箱或者八速自动变速箱。

福特美洲狮

车身参数	
长度	4699 毫米
宽度	1769 毫米
高度	1308 毫米
轴距	2704 毫米
整备质量	1315 千克

　　福特美洲狮（Ford Cougar）是美国福特汽车公司欧洲分公司在 1998 ~ 2002 年间生产的轿跑车，采用前置前驱布局。该车搭载 2 升 I4 发动机或 2.5 升 V6 发动机，匹配五速手动变速箱或者四速自动变速箱。

别克林荫大道

车身参数（第三代）	
长度	5175 毫米
宽度	1899 毫米
高度	1480 毫米
轴距	3009 毫米
整备质量	1891 千克

　　别克林荫大道（Buick Park Avenue）是美国通用汽车公司别克事业部在 1990 ~ 2005 年间生产的大型豪华轿车，一共发展了两代。上海通用汽车有限公司在2007 ~ 2012 年间引进生产，作为第三代车型。第三代车型采用前置后驱布局，搭载 2.8 升、3 升、3.6 升三种排量的 V6 发动机，匹配五速自动变速箱（2007 ~ 2009 年）或者六速自动变速箱（2010 ~ 2012 年）。

别克凯越

车身参数（第二代）	
长度	4468 毫米
宽度	1765 毫米
高度	1469 毫米
轴距	2611 毫米
整备质量	1070 千克

　　别克凯越（Buick Excelle）是美国通用汽车公司别克事业部从 2003 年开始生产的紧凑型轿车，2018 年推出第二代车型。该车定位于入门级的家用车，有四门轿车、五门旅行车两种车体。第二代车型采用高强度轻量化的车身设计，高强钢比例高达 65%。该车装有一台最大功率为 79 千瓦、峰值扭矩为 133 牛·米的 1.3 升 I4 汽油发动机，匹配智能无级变速箱。

特斯拉 S 型

车身参数	
长度	4976 毫米
宽度	1963 毫米
高度	1435 毫米
轴距	2959 毫米
整备质量	2069 千克

　　特斯拉 S 型（Tesla Model S）是美国特斯拉汽车公司从 2012 年开始生产的纯电动全尺寸四门轿车，续航里程超过 650 千米。该车分为多种档次的型号，基础款 70D 的 0 ～ 100 千米 / 时加速时间为 5.4 秒，性能款 P85D 的 0 ～ 100 千米 / 时加速时间为 3.3 秒，性能款 P90D 的 0 ～ 100 千米 / 时加速时间为 3 秒，高性能款 P100D 的 0 ～ 100 千米 / 时加速时间为 2.7 秒，最高性能款 Plaid+ 的 0 ～ 100 千米 / 时加速时间为惊人的 2.1 秒。

特斯拉 3 型

车身参数	
长度	4694 毫米
宽度	1849 毫米
高度	1443 毫米
轴距	2875 毫米
整备质量	1836 千克

　　特斯拉 3 型（Tesla Model 3）是美国特斯拉汽车公司从 2017 年开始生产的纯电动紧凑型四门轿车，续航里程超过 670 千米。该车的金属车身结构由铝及钢件组成，保证各部位的支撑强度。高性能版配备双电机、全轮驱动、19 英寸轮毂，其碳纤维扰流板可提升高速行驶时的稳定性，使其 0 ～ 100 千米 / 时加速时间达到 3.3 秒。

标致 301

车身参数	
长度	4442 毫米
宽度	1748 毫米
高度	1446 毫米
轴距	2655 毫米
整备质量	1055 千克

　　标致 301（Peugeot 301）是法国标致汽车公司从 2012 年开始生产的紧凑型轿车，采用前置前驱布局。该车有 1.2 升 I3 汽油发动机、1.6 升 I4 汽油发动机和 1.6 升 I4 柴油发动机三种动力配置，匹配五速手动变速箱、四速自动变速箱或者六速自动变速箱。

标致 308

车身参数（第三代）	
长度	4367 毫米
宽度	1852 毫米
高度	1440 毫米
轴距	2675 毫米
整备质量	1400 千克

标致 308（Peugeot 308）是法国标致汽车公司从 2007 年开始生产的紧凑型轿车，2021 年推出第三代车型。第三代车型采用标致最新的设计语言，造型颇为运动时尚。通过积极的方式转变为全新的完整造型，一改之前保守的欧洲车形象。该车有三种动力配置，包括 1.2 升 I3 涡轮增压汽油发动机、1.5 升 I4 柴油发动机，以及 1.6 升 I4 汽油发动机和电动机组成的混合动力系统。变速箱为六速手动变速箱或者八速自动变速箱。

标致 408

车身参数（第二代）	
长度	4750 毫米
宽度	1820 毫米
高度	1488 毫米
轴距	2730 毫米
整备质量	1420 千克

标致 408（Peugeot 408）是法国标致汽车公司从 2010 年开始生产的紧凑型轿车，2014 年推出第二代车型。第二代车型装有一台 1.6 升 I4 涡轮增压汽油发动机，匹配六速自动变速箱，0 ~ 100 千米 / 时加速时间为 8.2 秒。

标致 508

车身参数（第二代）	
长度	4750 毫米
宽度	1859 毫米
高度	1403 毫米
轴距	2795 毫米
整备质量	1490 千克

标致 508（Peugeot 508）是法国标致汽车公司从 2010 年开始生产的中型轿车，2018 年推出第二代车型。第二代车型外观大气，前脸尖锐的前大灯、宽泛的进气格栅等设计使其极具现代感。该车有 1.5 升 I4 柴油发动机、1.6 升 I4 汽油发动机和 2 升 I4 柴油发动机等动力配置，匹配六速手动变速箱或者八速自动变速箱。

现代雅科仕

车身参数（第二代）	
长度	5160 毫米
宽度	1900 毫米
高度	1495 毫米
轴距	3045 毫米
整备质量	1875 千克

现代雅科仕（Hyundai Equus）是韩国现代汽车公司设计和制造的豪华轿车，1999 年推出第一代车型，2009 年推出第二代车型，2016 年停产。该车有三种动力可选，入门车型搭载 3.8 升 V6 发动机，中端车型搭载 4.6 升 V8 发动机，高配车型搭载 5 升 V8 发动机。变速箱方面，各个车型最初采用六速自动变速箱，2012 年改为八速自动变速箱。

现代名图

车身参数	
长度	4780 毫米
宽度	1815 毫米
高度	1460 毫米
轴距	2770 毫米
整备质量	1305 千克

　　现代名图（Hyundai Mistra）是中韩合资企业北京现代汽车有限公司从 2013 年开始生产的前置前驱中型轿车，2020 年推出第二代车型。第二代车型采用了北京现代最新的家族式设计风格，通过丰富的曲面和简洁的线条，打造出时尚、优雅沉稳的整体形象。该车搭载 1.8 升 I4 汽油发动机、1.5 升 I4 涡轮增压汽油发动机，匹配七速双离合变速箱。

起亚 K5

车身参数（第五代）	
长度	4905 毫米
宽度	1860 毫米
高度	1445 毫米
轴距	2850 毫米
整备质量	1410 千克

　　起亚 K5（Kia K5）是韩国起亚汽车公司从 2000 年开始生产的中型轿车，2019 年推出第五代车型。该车有多种动力配置，包括 1.5 升 I4 涡轮增压汽油发动机、1.6 升 I4 涡轮增压汽油发动机、2 升 I4 涡轮增压汽油发动机、2 升 I4 汽油发动机、2.5 升 I4 汽油发动机、2.5 升 I4 涡轮增压汽油发动机等。此外，还有搭载 2 升 I4 汽油发动机和电动机的混合动力车型。变速箱为六速自动变速箱、八速自动变速箱、七速双离合变速箱或者八速双离合变速箱。

起亚 K9

车身参数（第二代）			
长度	5120 毫米	轴距	3105 毫米
宽度	1915 毫米	整备质量	1915 千克
高度	1490 毫米		

　　起亚 K9（Kia K9）是韩国起亚汽车公司从 2012 年开始生产的大型轿车，2018 年推出第二代车型。第一代车型采用前置后驱布局，第二代车型加入了四驱车型。第二代车型有三种动力配置，最大功率为 245 千瓦的 3.8 升 V6 发动机，最大功率为 283 千瓦的 4.6 升 V8 发动机，最大功率为 316 千瓦的 5 升 V8 发动机。变速箱为八速自动变速箱。

第 3 章

跑车

　　跑车（Sports Car）是一种以高性能为特征的汽车种类，早在 20 世纪初，跑车就已出现在未来主义艺术作品中。美国是第一个将汽车普及的国家，最早的跑车也出现在美国。跑车很多时候都是一家汽车品牌旗下性能最佳的车款，因此，一家汽车工厂出产的跑车经常被用来检验这家汽车工厂的技术研发水平。

法拉利 125 S

法拉利 125 S（Ferrari 125 S）是意大利法拉利汽车公司在 1947 年生产的前置后驱跑车，是法拉利汽车公司历史上的第一款车型，仅生产了 2 辆。该车的前脸采用极简设计，15 英寸的轮毂造型典雅。车上装有一台 1.5 升 V12 发动机，最大功率为 87 千瓦，最高转速达到 7000 转 / 分。变速箱为五速手动变速箱，能将发动机的高转速发挥到极致。

车身参数

长度	4500 毫米	轴距	2420 毫米
宽度	1550 毫米	整备质量	650 千克
高度	1500 毫米		

法拉利 195 S

车身参数

长度	3988 毫米	轴距	2250 毫米
宽度	1524 毫米	整备质量	720 千克
高度	1219 毫米		

法拉利 195 S（Ferrari 195 S）是意大利法拉利汽车公司在 1950 年生产的前中置后驱跑车，仅生产了 4 辆。该车搭载法拉利汽车公司进一步发展的 V12 发动机，排量达到 2.3 升，最大功率为 125 千瓦。功率增加的同时，供油也更平顺及稳定。变速箱为五速手动变速箱。

法拉利 335 S

　　法拉利 335 S（Ferrari 335 S）是意大利法拉利汽车公司在 1957～1958 年间生产的前中置后驱跑车，仅生产了 4 辆。该车搭载 4 升 V12 发动机，最大功率为 287 千瓦。变速箱为四速手动变速箱，最高车速为 300 千米 / 时。

车身参数

长度	4300 毫米	**轴距**	2350 毫米
宽度	1680 毫米	**整备质量**	880 千克
高度	1143 毫米		

法拉利 250 GTO

　　法拉利 250 GTO（Ferrari 250 GTO）是意大利法拉利汽车公司在 1962～1964 年间生产的跑车，仅生产了 36 辆，代表了 20 世纪 60 年代初法拉利汽车公司的综合技术水平。该车装有一台 3 升 V12 发动机，最大功率为 221 千瓦，峰值扭矩为 294 牛·米。变速箱为五速手动变速箱，0～100 千米 / 时加速时间为 5.8 秒。

车身参数

长度	4325 毫米	**轴距**	2400 毫米
宽度	1600 毫米	**整备质量**	880 千克
高度	1210 毫米		

法拉利特斯塔罗萨

车身参数

长度	4485 毫米	**轴距**	2550 毫米
宽度	1976 毫米	**整备质量**	1708 千克
高度	1130 毫米		

　　法拉利特斯塔罗萨（Ferrari Testarossa）是意大利法拉利汽车公司在 1984～1996 年间生产的跑车，采用后中置后驱布局。该车装有一台 4.9 升 V12 发动机，最大功率为 287 千瓦，峰值扭矩为 490 牛·米。变速箱为五速手动变速箱，0～100 千米 / 时加速时间为 5.2 秒，最高车速为 290 千米 / 时。

法拉利恩佐

法拉利恩佐（Ferrari Enzo）是意大利法拉利汽车公司在 2002 ~ 2004 年间生产的中置后驱超级跑车，总产量为 400 辆。该车发布时的售价达到 60 万美元 / 辆，如今二手车的价格已经超过 150 万美元 / 辆。

法拉利恩佐的车体大量采用先进的复合材料，部分由碳纤维夹板以及蜂窝状铝材制成，不仅保证了车壳的轻量化，而且有利于外形的塑造。车头的进气口以及中央凸起的部分完全是 F1 赛车车鼻的翻版。车顶非常紧凑，平滑向后微缩，以达到出色的空气动力学要求。车尾没有采用尾翼，使整车看起来更加紧凑。蝶翼式的车门与车顶以及前挡泥板相连开合。法拉利恩佐的驾驶室多数表面是由碳纤维制造的，车辆控制键都集成在方向盘上面，这个特点也是从 F1 赛车的方向盘上学来的。该车座椅非常贴身，并富有支撑力。

法拉利恩佐采用了大量 F1 赛车的技术，并配备 F1 赛车的顺序换挡变速箱和超大的碳纤维陶瓷刹车片。该车装有一台 6 升 V12 自然吸气发动机，夹角为 65 度。该发动机（开发代号 F140）是一台参考了大量 F1 技术后完全重新设计的发动机，压缩比为 11.2 ：1，最大功率为 485 千瓦，峰值扭矩为 657 牛·米。法拉利恩佐 0 ~ 100 千米 / 时加速时间为 3.65 秒，最高车速超过 350 千米 / 时。

车身参数

长度	4702 毫米
宽度	2035 毫米
高度	1147 毫米
轴距	2650 毫米
整备质量	1480 千克

🏁 法拉利恩佐的驾驶位　　　　　　🏁 车门打开后的法拉利恩佐

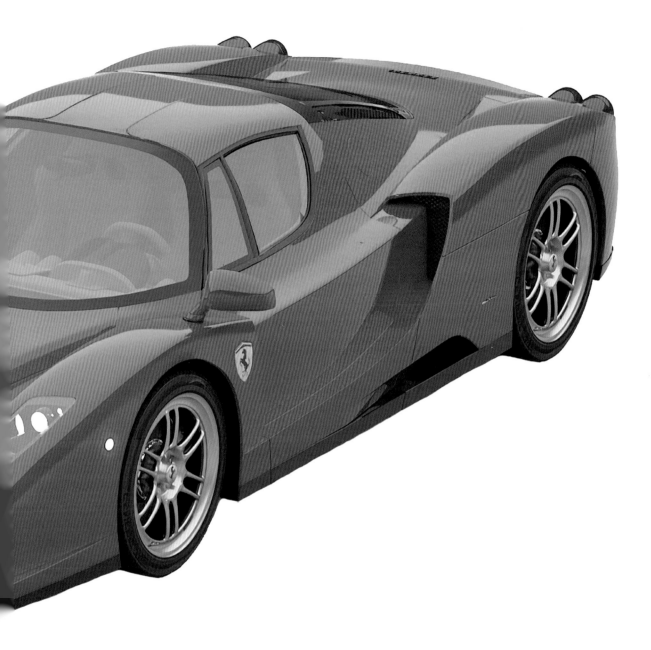

🏁　法拉利恩佐侧前方视角　　　　　　　　🏁　法拉利恩佐侧后方视角

法拉利 575M 马拉内罗

法拉利 575M 马拉内罗（Ferrari 575M Maranello）是意大利法拉利汽车公司在 2002～2006 年间生产的前置后驱跑车，总产量为 2056 辆，官方指导价为 320 万元人民币/辆。

法拉利 575M 马拉内罗是法拉利 550 的继任者，上市后成为法拉利汽车公司前置发动机车型的新旗舰。它沿袭了法拉利 550 的流线型设计，在原有基础上，设计者马拉内罗对部分细节进行了改进：发动机进气口和水箱形状有所改变；加入流体力学和空气动力学人身保护系统；前视灯体加入惰性气体氙，升级为黄、蓝、银三彩气源灯，并配以灰白合金轮圈和自动清洗器；车轮也利用空气动力学的前沿技术进行了改良。内饰部分，最引人注目的是仪表板的变化，大型转速表被放在了车前中部。新型方向盘用皮革和铝材装饰，中间控制通道显得新颖有趣，有些开关被重新布置，六向调节座椅也是新的。

法拉利 575M 马拉内罗的"575"代表发动机排量从法拉利 550 的 5.5 升增加到 5.75 升。65 度夹角 V12 发动机保留了原法拉利 550 动力装置的双顶置凸轮和全铝结构，加大了缸径和冲程。曲轴、活塞和气缸采用了全新的设计，新控制单元有更强的爆震感应能力，因此压缩比从 10.8：1 增加到 11：1。转速为 7250 转/分时，功率为 379 千瓦；扭矩也有所升高，峰值在 5250 转/分时为 589 牛·米，直线转速为 7750 转/分。

车身参数

长度	4550 毫米
宽度	2500 毫米
高度	1935 毫米
轴距	1277 毫米
整备质量	1853 千克

▶ 法拉利 575M 马拉内罗侧后方视角

▶ 法拉利 575M 马拉内罗的驾驶位

法拉利 F430

车身参数

长度	4511 毫米
宽度	1923 毫米
高度	1214 毫米
轴距	2601 毫米
整备质量	1517 千克

🏁 **法拉利 F430 侧前方视角**

🏁 **法拉利 F430 内饰设计**

法拉利 F430（Ferrari F430）是意大利法拉利汽车公司在 2004 ~ 2009 年间生产的中置后驱跑车，官方指导价为 360.8 万 ~ 445.8 万元人民币 / 辆。

法拉利 F430 的车身前端有两个独特的进气口，将空气引导至宽大的散热器，使大功率发动机得以冷却。两个进气口在较低边缘处通过一个扰流器连接在一起，将空气引导至扁平的车身底部。由于使用了双氙灯技术，法拉利 F430 的垂直重叠式前照灯极其简约紧凑。当车灯打开时，由于侧灯巧妙地融合在前照灯的外缘处，其独特形状使车身轮廓极其醒目，即使在夜里，也能立即将该车辨认出来。前轮正前方的大型通气孔引导空气排出散热器并沿车身侧面流动。

法拉利 F430 由新型 4.3 升 V8 发动机驱动，该发动机使用法拉利汽车公司传统的设计方法，具有一根平面型曲轴（曲柄之间的角度为 180 度），最大功率为 375 千瓦，0 ~ 100 千米 / 时加速时间为 3.6 秒，最高车速为 320 千米 / 时。法拉利 F430 与众不同的一个技术特征是电子差速器。这种解决方案已经多年应用在 F1 单座赛车上，并且得到持续开发和改进，可以在极高的转向加速度下有效地将巨大的扭矩传递到赛道上。电子差速器是法拉利 F430 的标准装备——这是量产车辆首次配备这种先进的系统，以达到优异的道路操控性能。电子差速器能保证转向时获得最大的抓地力量，消除了车轮空转。

法拉利 612 斯卡列蒂

法拉利 612 斯卡列蒂（Ferrari 612 Scaglietti）是意大利法拉利汽车公司在 2004 ~ 2011 年间生产的前置后驱跑车，总产量为 3025 辆，官方指导价为 569.8 万元人民币 / 辆。

法拉利 612 斯卡列蒂的前脸骨感十足，两侧高高隆起的鼻翼增加了车身前冲的气势，棱角分明的折线划过两翼的正中，通过前灯组与散热格栅边缘相接，形成一个明显的 U 形。橄榄形的前灯组镶嵌在两翼的前方，正中的凸起折线与前脸完全融为一体；宽大的散热格栅位于保险杠正中。车身侧面的线条极具冲击力，车门至前翼子板之间深深地凹入体内，而车尾部又夸张地将"肌肉"凸出体外，不仅立体感很强，而且符合空气动力学原理。

法拉利 612 斯卡列蒂是法拉利汽车公司车型阵营中为数不多的前置后驱并且可以乘坐 4 人的 V12 跑车，继承了法拉利汽车公司悠久的 2+2 座跑车传统。该车装有一台 5.7 升 V12 发动机，当转速为 7250 转 / 分时，最大功率为 397 千瓦。发动机由博世莫特朗尼克 ME7 电子控制单元进行控制，设计师对动态操纵性进行了细致入微的研究，使车辆的回应格外迅捷和平顺，从而轻松应对各种驾驶条件。

车身参数

长度	4902 毫米
宽度	1957 毫米
高度	1344 毫米
轴距	2950 毫米
整备质量	1850 千克

🏁 法拉利 612 斯卡列蒂侧后方视角

🏁 法拉利 612 斯卡列蒂内饰设计

法拉利 599 GTB 费奥拉诺

车身参数

长度	4665 毫米
宽度	1962 毫米
高度	1336 毫米
轴距	2750 毫米
整备质量	1793 千克

🏁 法拉利 599 GTB 费奥拉诺侧前方视角

🏁 法拉利 599 GTB 费奥拉诺内饰设计

　　法拉利 599 GTB 费奥拉诺（Ferrari 599 GTB Fiorano）是意大利法拉利汽车公司在 2006 ~ 2012 年间生产的前置后驱跑车，官方指导价为 492.8 万元人民币 / 辆。

　　法拉利 599 GTB 费奥拉诺的车身表面力量感十足。醒目的前部进气口两侧是两个刻意安排的排气口。发动机盖上面有一道凸起，暗示着隐藏在它下方的是动力强大的 V12 发动机，它的旁边是两个热空气扩散器，为发动机盖平添了一丝轻快的韵味。井字形水箱护罩上镶着跃马标志，并进行了镀铬处理。前轮拱板上的通风口一直延伸到门柱后方，描绘出上升的线条和强健的造型效果。后轮拱板从车身侧面略微向外突出，如同运动员身上隆起的肌肉，凸显了力量感。

　　法拉利 599 GTB 费奥拉诺的 6 升 V12 发动机是在法拉利恩佐发动机的基础上开发而来的，最大功率为 456 千瓦，峰值扭矩为 608 牛·米，极限转速为 8400 转 / 分。该车配备了 F1-SuperFast 变速箱，其换挡时间只有 100 毫秒；F1-Trac 系统，可以对牵引力进行优化控制。这两项装备都是第一次应用在公路版跑车上。法拉利 599 GTB 费奥拉诺的 0 ~ 100 千米 / 时加速时间为 3.7 秒，最高车速超过 330 千米 / 时。

法拉利加利福尼亚

法拉利加利福尼亚（Ferrari California）是意大利法拉利汽车公司在 2008 ~ 2017 年间生产的中置后驱跑车，官方指导价为 308.8 万 ~ 352.8 万元人民币 / 辆。该车装有一台 3.8 升 V8 双涡轮增压发动机，最大功率为 412 千瓦，峰值扭矩为 755 牛·米，0 ~ 100 千米 / 时加速时间为 3.6 秒，最高车速可达 315 千米 / 时。

车身参数

长度	4563 毫米	轴距	2670 毫米
宽度	1902 毫米	整备质量	1735 千克
高度	1308 毫米		

法拉利 458 意大利

车身参数

长度	4527 毫米	轴距	2650 毫米
宽度	1937 毫米	整备质量	1565 千克
高度	1213 毫米		

法拉利 458 意大利（Ferrari 458 Italia）是意大利法拉利汽车公司在 2009 ~ 2015 年间生产的中置后驱跑车，官方指导价为 388 万 ~ 558.8 万元人民币 / 辆。该车的整体造型完全颠覆了过去法拉利跑车给人的既有印象，充满了未来感。车内搭载了法拉利汽车公司发动机团队全新开发的 4.5 升 90 度夹角 V8 发动机，是法拉利汽车公司首款缸内直喷中置 V8 发动机，最大功率为 419 千瓦，峰值扭矩为 540 牛·米。

法拉利 FF

法拉利 FF（Ferrari FF）是意大利法拉利汽车公司在 2011 ~ 2016 年间生产的前置四驱跑车，总产量为 2291 辆，官方指导价为 530.8 万元人民币 / 辆。该车是法拉利汽车公司历史上第一款四轮驱动跑车，搭载法拉利汽车公司新研发的 6.3 升 V12 发动机，匹配七速双离合变速箱，0 ~ 100 千米 / 时加速时间为 3.7 秒，耗时比法拉利 612 斯卡列蒂缩短了 0.4 秒。

车身参数

长度	4907 毫米	轴距	2990 毫米
宽度	1953 毫米	整备质量	1880 千克
高度	1379 毫米		

法拉利 F12 伯林尼塔

法拉利 F12 伯林尼塔（Ferrari F12 Berlinetta）是意大利法拉利汽车公司在 2012 ~ 2017 年间生产的前置后驱跑车，官方指导价为 530.8 万元人民币 / 辆。该车搭载 6.3 升 V12 发动机和七速双离合变速箱，0 ~ 100 千米 / 时加速时间为 3.1 秒，0 ~ 200 千米 / 时加速时间为 8.5 秒，0 ~ 300 千米 / 时加速时间为 21 秒。该车曾在费奥拉诺赛道创造了法拉利跑车所有公路跑车中的最佳成绩，单圈时间仅为 1 分 23 秒。

车身参数

长度	4618 毫米	轴距	2720 毫米
宽度	1942 毫米	整备质量	1791 千克
高度	1273 毫米		

法拉利 488

车身参数

长度	4568 毫米	轴距	2650 毫米
宽度	1952 毫米	整备质量	1470 千克
高度	1213 毫米		

法拉利 488（Ferrari 488）是意大利法拉利汽车公司在 2015 ~ 2019 年间生产的中置后驱跑车，官方指导价为 408 万 ~ 449.9 万元人民币 / 辆。该车搭载 3.9 升 V8 双涡轮增压发动机，根据调校不同，低功率版的最大功率为 493 千瓦，高功率版的最大功率可达 530 千瓦，匹配七速双离合变速箱。极快的换挡速度和惊人的扭矩，可以让法拉利 488 的 0 ~ 100 千米 / 时加速时间缩短至 3 秒以内。

法拉利拉法

　　法拉利拉法（Ferrari LaFerrari）是意大利法拉利汽车公司在2013～2018年间生产的中置后驱超级跑车，为法拉利恩佐的继任者。该车一共生产了710辆，官方指导价为2250万元人民币／辆。

　　法拉利拉法的车身架构在设计初期就给法拉利汽车公司设计团队带来了挑战。当时的目标是在采用体积庞大的混合动力系统的前提下，实现理想的重量分布（59%的重量分布在后部）以及紧凑的轴距。最终结果正是所有重量集中于车辆前后轴之间并尽可能地降低车身重心（降低了35毫米），从而保证了前所未有的空气动力效率以及紧凑而舒适的尺寸。驾驶舱的布局在这方面起到了非常重要的作用。固定式座椅经过特别定制，而踏板区和方向盘均可调节。驾驶位置类似于单座赛车。底盘采用了四种以上不同类别的碳纤维，全部手工层压处理并由赛车部门采用与F1赛车相同的设计和生产工艺高压铸造。法拉利拉法配备全新设计的方向盘，集成了各种主要功能，换挡拨片更长、更符合人体工程学原理。

　　法拉利拉法拥有超凡的性能表现、空气动力效率以及操控性，为超级跑车树立了新的标杆。该车采用被称为HY-KERS的混合动力系统，一台6.3升V12自然吸气发动机可输出588千瓦的最大功率，电动机独立输出功率120千瓦，联合输出功率高达708千瓦。该车配备动态车辆控制系统，这是该系统首次与主动式空气动力学设计和HY-KERS系统同时整合在一款公路跑车上。法拉利拉法的0～100千米／时加速时间少于3秒，而0～300千米／时加速时间仅需15秒，最高车速超过350千米／时。

车身参数	
长度	4702 毫米
宽度	1992 毫米
高度	1116 毫米
轴距	2650 毫米
整备质量	1585 千克

⚑ 法拉利拉法侧前方视角　　　　　　　　⚑ 法拉利拉法侧后方视角

车门开启后的法拉利拉法　　🏁 法拉利拉法的驾驶位

法拉利 GTC4 罗丝欧

法拉利 GTC4 罗丝欧（Ferrari GTC4 Lusso）是意大利法拉利汽车公司在 2016 ~ 2020 年间生产的前置四驱跑车，官方指导价为 314.5 万 ~ 473.2 万元人民币 / 辆。该车的名称是向法拉利 330 GTC 等经典法拉利 2+2 跑车致敬，当中的数字 4 代表了四座设计。法拉利 GTC4 罗丝欧是法拉利 FF 的替代车型，不仅外观设计有所改进，还在配置以及动力方面进行了升级。该车仍然搭载 6.3 升 V12 发动机，不过经过调校之后，最大功率提升至 507 千瓦，峰值扭矩达到 697 牛·米。变速箱为七速双离合变速箱，0 ~ 100 千米 / 时加速时间为 3.4 秒。

车身参数

长度	4922 毫米	轴距	2990 毫米
宽度	1980 毫米	整备质量	1790 千克
高度	1383 毫米		

法拉利 812 超高速

车身参数

长度	4657 毫米	轴距	2720 毫米
宽度	1971 毫米	整备质量	1744 千克
高度	1276 毫米		

法拉利 812 超高速（Ferrari 812 Superfast）是意大利法拉利汽车公司从 2017 年开始生产的前置后驱跑车，官方指导价为 485.9 万 ~ 530 万元人民币 / 辆。该车是法拉利 F12 伯林尼塔的后继车型，外观方面采用了新的设计语言。车内装有一台 6.5 升 V12 自然吸气发动机，最大功率为 588 千瓦，峰值扭矩为 718 牛·米。变速箱为七速双离合变速箱，0 ~ 100 千米 / 时加速时间为 2.9 秒。该车是法拉利旗下首款配备电动助力转向系统的车型，并搭载了 5.0 版的侧滑角控制系统以及虚拟短轴距系统。

法拉利波托菲诺

法拉利波托菲诺（Ferrari Portofino）是意大利法拉利汽车公司从 2017 年开始生产的前置后驱跑车，官方指导价为 263.8 万元人民币 / 辆。该车是法拉利加利福尼亚的继任者，沿用了后者的基本车身架构，但底盘得到了优化。法拉利波托菲诺装有一台 3.9 升 V8 双涡轮增压发动机，最大功率为 450 千瓦，峰值扭矩为 760 牛·米。变速箱为八速双离合器变速箱，0 ~ 100 千米 / 时加速时间少于 3.5 秒。

车身参数

长度	4586 毫米	轴距	2670 毫米
宽度	1938 毫米	整备质量	1664 千克
高度	1318 毫米		

法拉利 F8 特里布托

法拉利 F8 特里布托（Ferrari F8 Tributo）是意大利法拉利汽车公司从 2019 年开始生产的后中置后驱跑车，官方指导价为 298.8 万 ~ 341.8 万元人民币 / 辆。该车是法拉利 488 的后继车型，车内搭载的 3.9 升 V8 发动机是从特殊版本的法拉利 488 传承而来的，质量减轻了 18 千克左右，转速上升更快，可在 8000 转 / 分的转速下输出 522 千瓦的最大功率，在 3250 转 / 分的转速下可提供 770 牛·米的峰值扭矩。变速箱为七速双离合变速箱，0 ~ 100 千米 / 时加速时间为 2.9 秒。

车身参数

长度	4611 毫米	轴距	2650 毫米
宽度	1979 毫米	整备质量	1435 千克
高度	1206 毫米		

法拉利 SF90 斯达德尔

车身参数

长度	4710 毫米	轴距	2650 毫米
宽度	1972 毫米	整备质量	1600 千克
高度	1186 毫米		

法拉利 SF90 斯达德尔（Ferrari SF90 Stradale）是意大利法拉利汽车公司从 2019 年开始生产的中置四驱跑车，官方指导价为 398.8 万元人民币 / 辆。该车是法拉利公司旗下首款插电式混合动力跑车，得益于强劲的 V8 发动机以及三台电动机，0 ~ 100 千米 / 时加速时间少于 2.5 秒，0 ~ 200 千米 / 时加速时间仅需 6.7 秒。传动方面，搭载最新的八速双离合变速箱，齿比设计比法拉利以往的七速双离合变速箱更合理，质量也减轻了 7 千克。

法拉利蒙扎 SP

法拉利蒙扎 SP（Ferrari Monza SP）是意大利法拉利汽车公司从 2019 年开始生产的前置后驱跑车，分为单座款（蒙扎 SP1）和双座款（蒙扎 SP2），售价约 250 万美元（约 1700 万元人民币）/ 辆。

法拉利设计中心的设计师赋予法拉利蒙扎 SP 纯粹的造型风格以及优雅简洁的车身轮廓，完全还原设计稿中每一处线条。车辆摒弃了新款法拉利赛车的犀利张扬的造型，转而采用更为简洁流畅的线条。与 F1 赛车极其相似的是，法拉利蒙扎 SP 没有挡风玻璃，而是采用虚拟挡风板的设计，通过两个栅栏，给导流通道的中央通道和外部通道造成气压变化，从而减小了围绕在驾驶者的低速气流外围的流场波动，这也能让驾驶者不会因为迎面而来的强大气流面临生命危险。从内饰上，可以看出法拉利蒙扎 SP 是一辆极具赛道风格的超级跑车，内饰大量采用碳纤维材质，皮质座椅的设计比较古朴。

法拉利蒙扎 SP 搭载的 6.5 升 V12 发动机是基于法拉利 812 超高速的发动机打造的，最大输出功率可达 596 千瓦，峰值扭矩为 718 牛·米。在采用优化进气管的流线动力设计，同时配合车身出色的轻量化以后，法拉利蒙扎 SP 的 0 ~ 100 千米 / 时加速时间仅需 2.9 秒，最高车速超过 300 千米 / 时。

车身参数（蒙扎 SP2）	
长度	4657 毫米
宽度	1996 毫米
高度	1155 毫米
轴距	2720 毫米
整备质量	1520 千克

法拉利蒙扎 SP1 头部视角

法拉利蒙扎 SP2 内饰设计

法拉利罗马

车身参数

长度	4656 毫米
宽度	1974 毫米
高度	1301 毫米
轴距	2670 毫米
整备质量	1570 千克

🏁 法拉利罗马侧后方视角

🏁 法拉利罗马内饰设计

　　法拉利罗马（Ferrari Roma）是意大利法拉利汽车公司从 2020 年开始生产的前中置后驱跑车，官方指导价为 238 万元人民币 / 辆。

　　法拉利罗马的前脸采用弧形镂空式进气格栅，整体造型和普通汽车有明显不同，下方不规则的造型加上起伏不平的发动机盖造型，非常像一张咧开的大嘴，夸张且激进。点阵式的设计配上两侧 LED 日间行车灯，把发动机盖上的凸起衬托得更加明显，提升了车辆的层次感，在散发魅力的同时还保持着属于高端汽车的优雅。车身侧面则是另一种风格，法拉利罗马用低趴的车身降低了风阻系数，增强了整体的运动感。20 英寸的铝合金轮毂和厚实的脚踏板，体现了极致的运动气息。内饰方面，法拉利罗马把豪华感和奢侈感展现得淋漓尽致，不仅拥有大尺寸的液晶触控显示屏和全液晶仪表盘，方向盘和挡把区域也采用真皮、烤漆面板等包裹覆盖。

　　法拉利罗马装有一台 3.9 升双涡轮增压发动机，最大功率为 456 千瓦，峰值扭矩为 760 牛·米。变速箱为八速双离合变速箱，0 ～ 100 千米 / 时加速时间为 3.4 秒，0 ～ 200 千米 / 时加速时间为 9.3 秒，最高车速达 320 千米 / 时。功能配置方面，法拉利罗马有着符合自身价值的豪华配置，车载冰箱、防爆轮胎、电动天窗、被动行人保护、车道偏离预警系统、车道保持辅助系统等应有尽有。

兰博基尼缪拉

车身参数	
长度	4360 毫米
宽度	1760 毫米
高度	1050 毫米
轴距	2500 毫米
整备质量	1298 千克

兰博基尼缪拉（Lamborghini Miura）是意大利兰博基尼汽车公司在1966～1973年间生产的跑车，总产量为764辆。该车装有一台4升V12发动机，最大功率为283千瓦，峰值扭矩为400牛·米。变速箱为五速手动变速箱，0～100千米/时加速时间为6.7秒，最高车速为276千米/时。

兰博基尼蝙蝠

车身参数	
长度	4610 毫米
宽度	2057 毫米
高度	1135 毫米
轴距	2665 毫米
整备质量	1860 千克

兰博基尼蝙蝠（Lamborghini Murcielago）是意大利兰博基尼汽车公司在2001～2010年间生产的中置四驱跑车，自2001年上市后便成为法拉利汽车公司在超级跑车领域的劲敌。该车作为兰博基尼品牌的旗舰车型，帮助兰博基尼汽车公司创造了连续数年的业绩突破。该车采用中置6.5升V12发动机（早期为6.2升V12发动机），最大功率为471千瓦，峰值扭矩为650牛·米，0～100千米/时加速时间为3.4秒，最高车速达340千米/时。

兰博基尼盖拉多

车身参数	
长度	4300 毫米
宽度	1900 毫米
高度	1184 毫米
轴距	2560 毫米
整备质量	1733 千克

兰博基尼盖拉多（Lamborghini Gallardo）是意大利兰博基尼汽车公司在2003～2013年间生产的中置后驱/四驱跑车，官方指导价为298万～490万元人民币/辆。该车所使用的发动机全部来自奥迪公司，最初搭载最大功率363千瓦的5升V10发动机，经过不同调校，最大功率可达385千瓦。而在2007年新款推出时，奥迪公司为其更换了5.2升V10发动机，根据调校不同，最大功率为406～413千瓦，峰值扭矩为539牛·米。该车的0～100千米/时加速时间为3.4秒。

兰博基尼雷文顿

车身参数	
长度	4700 毫米
宽度	2058 毫米
高度	1135 毫米
轴距	2665 毫米
整备质量	1665 千克

兰博基尼雷文顿（Lamborghini Reventon）是意大利兰博基尼汽车公司在2007～2009年间生产的中置四驱跑车，仅生产36辆（含1辆硬顶原型车和15辆敞篷版），官方指导价为1500万元人民币/辆。该车的车身依照F-22战斗机的风格进行设计，车内搭载了原本属于兰博基尼蝙蝠LP640的6.5升V12发动机，经过调校之后，动力小幅上升，最大功率为478千瓦，峰值扭矩为660牛·米。变速箱为兰博基尼自行研发的E-Gear变速箱，0～100千米/时加速时间为3.3秒。

兰博基尼埃文塔多

车身参数	
长度	4780 毫米
宽度	2030 毫米
高度	1136 毫米
轴距	2700 毫米
整备质量	1770 千克

　　兰博基尼埃文塔多（Lamborghini Aventador）是意大利兰博基尼汽车公司从 2011 年开始生产的中置四驱跑车，装有一台 6.5 升 V12 发动机。这台全新发动机由圣阿加塔－博洛涅塞的专业技师手工装配，每一台都要经过专门调校，最大功率为 515 千瓦，峰值扭矩为 690 牛·米。除了全新发动机外，兰博基尼埃文塔多还配备了新式七速单离合变速箱，使该车的 0 ～ 100 千米 / 时加速时间提升至 2.8 秒。

兰博基尼第六元素

车身参数	
长度	4580 毫米
宽度	2045 毫米
高度	1135 毫米
轴距	2560 毫米
整备质量	999 千克

　　兰博基尼第六元素（Lamborghini Sesto Elemento）是意大利兰博基尼汽车公司在 2011 ～ 2012 年间生产的中置四驱跑车，仅生产了 20 辆，官方指导价为 250 万欧元（约 2150 万元人民币）/ 辆。其车身由碳纤维与特殊塑料的混合物打造，底盘几乎完全使用碳纤维材料。该车搭载 5.2 升 V10 发动机，最大功率为 419 千瓦，峰值扭矩为 540 牛·米。变速箱为六速自动变速箱，0 ～ 100 千米 / 时加速时间为 2.5 秒。

兰博基尼飓风

车身参数	
长度	4459 毫米
宽度	1924 毫米
高度	1165 毫米
轴距	2620 毫米
整备质量	1422 千克

　　兰博基尼飓风（Lamborghini Huracan）是意大利兰博基尼汽车公司从 2014 年开始生产的中置后驱 / 四驱跑车。该车采用一系列轻量化设计，装有一台 5.2 升 V10 发动机，最大功率为 449 千瓦，峰值扭矩为 540 牛·米。变速箱为七速双离合变速箱，0 ～ 100 千米 / 时加速时间为 3.2 秒，0 ～ 200 千米 / 时加速时间仅需 9.9 秒。兰博基尼飓风标配陶瓷刹车系统，还可选装电磁阻尼减振系统和兰博基尼动态转向系统，并提供三种驾驶模式选择。

兰博基尼毒药

车身参数	
长度	5020 毫米
宽度	2075 毫米
高度	1165 毫米
轴距	2700 毫米
整备质量	1490 千克

　　兰博基尼毒药（Lamborghini Veneno）是意大利兰博基尼汽车公司在 2013 ～ 2014 年间生产的中置四驱跑车，仅生产了 14 辆（5 辆硬顶版和 9 辆敞篷版），官方指导价为 300 万欧元（约 2500 万元人民币）/ 辆。该车的设计兼顾空气动力学性能和稳定性，具有良好的道路适应性。车内装有一台 6.5 升 V12 自然吸气发动机，最大功率 552 千瓦，峰值扭矩 690 牛·米，配合七速变速箱和全时四轮驱动系统，0 ～ 100 千米 / 时加速时间为 2.8 秒。

兰博基尼百年纪念

车身参数

长度	4924 毫米	轴距	2700 毫米
宽度	2062 毫米	整备质量	1570 千克
高度	1143 毫米		

　　兰博基尼百年纪念（Lamborghini Centenario）是意大利兰博基尼汽车公司在 2016 ~ 2017 年间生产的中置四驱跑车，总产量为 40 辆（硬顶版和敞篷版各 20 辆），官方指导价为 240 万美元（约 1650 万元人民币）/ 辆。该车搭载的是源自兰博基尼埃文塔多的 6.5 升 V12 自然吸气发动机，经过调校之后，最大功率达到 566 千瓦。该车的 0 ~ 100 千米 / 时加速时间为 2.8 秒，最高车速可达 350 千米 / 时。

兰博基尼 Sian FKP 37

车身参数

长度	4980 毫米	轴距	2700 毫米
宽度	2101 毫米	整备质量	1620 千克
高度	1133 毫米		

　　兰博基尼 Sian FKP 37（Lamborghini Sian FKP 37）是意大利兰博基尼汽车公司从 2020 年开始生产的跑车，限量生产 63 辆（以纪念兰博基尼成立时的 1963 年），官方指导价为 360 万美元（约 2500 万元人民币）/ 辆。其名称是为了纪念德国大众集团传奇掌门人费迪南德·卡尔·皮耶希，FKP 是他名字的首字母，37 则是他的出生时间（1937 年）。该车搭载 6.5 升 V12 自然吸气发动机，最大功率为 594 千瓦，0 ~ 100 千米 / 时加速时间为 2.8 秒。

布加迪威龙

车身参数

长度	4462 毫米	**轴距**	2710 毫米
宽度	1998 毫米	**整备质量**	1990 千克
高度	1159 毫米		

　　布加迪威龙（Bugatti Veyron）是法国布加迪汽车公司（现为德国大众集团旗下品牌）在 2005 ～ 2015 年间生产的中置四驱超级跑车，共生产了 450 辆，官方指导价为 2500 万～ 4300 万元人民币／辆。

　　布加迪威龙采用了 F1 赛车和航空航天等高科技领域的先进技术，其车体由高强度铝合金加碳纤维制造，每辆车造价都超过 500 万元人民币，具有重量轻、强度高的优点。即便如此，车长不到 4.5 米的布加迪威龙的车重依然超过了 1900 千克。该车的车轮由米其林集团为其量身定制，前后车轮使用了胎幅不同的轮胎，在减少摩擦阻力的同时也保证了以后轮驱动为主的稳定性。

　　布加迪威龙搭载德国大众汽车公司专门研发的 W16 发动机，可视为将两台 V8 发动机共用一根曲轴的产物。该发动机配备了 4 个涡轮增压器，排量达到 8 升，最大功率为 883 千瓦，在 1000 转／分的极低转速即可输出 730 牛·米的扭矩，在 2200 转／分时就可以迸发出 1250 牛·米的峰值扭矩，并会一直持续到 5500 转／分。布加迪威龙采用 DSG 双离合器变速箱，这种变速箱采用两片离合器，当处于某个挡位时，另一片离合器自动与下一个挡位相连接，最大限度地缩短了换挡时间。该车还配备了四轮驱动系统，它通过电磁感应来控制扭力在前后各个车轮之间的分配，从而使得驾驶更加轻松，操控更加灵敏。得益于此，布加迪威龙的 0 ～ 100 千米／时加速时间仅需 2.5 秒，0 ～ 200 千米／时加速时间仅需 7.3 秒，0 ～ 300 千米／时加速时间仅需 16.7 秒，0 ～ 400 千米／时加速时间仅需 55.6 秒，最高车速达到 407 千米／时。

　布加迪威龙侧前方视角

　布加迪威龙侧后方视角

　布加迪威龙内饰设计

　布加迪威龙头部视角

布加迪凯龙

布加迪凯龙（Bugatti Chiron）是法国布加迪汽车公司从 2016 年开始生产的中置四驱超级跑车，高性能车型的官方指导价为 390 万美元（约 2725 万元人民币）/ 辆。

布加迪跑车最重要的元素就是马蹄形的格栅，布加迪凯龙也保持了相同的设计，饱满圆润的车身充满了力量感。与布加迪威龙相比，布加迪凯龙 C 形的侧面线条设计更加大胆，从前翼子板开始把整个侧窗包含在内，立体感很强。侧进气口与 C 形线条融为一体，其作用是给发动机降温。为了更好地散热，大量的空气流经发动机以及刹车盘后从车尾流出，因而车尾采用了大面积的镂空设计。

布加迪凯龙搭载了从布加迪威龙便开始使用的 8 升 W16 四涡轮增压发动机，但进行了大幅度的改进升级，加入了直接燃料喷射，并且其中两个涡轮增压器改由电子控制来降低延迟。布加迪凯龙的 0 ~ 100 千米 / 时加速时间为 2.4 秒，0 ~ 200 千米 / 时加速时间为 6.1 秒，0 ~ 300 千米 / 时加速时间为 13.1 秒。基于安全原因，布加迪凯龙的最高车速被电子装置限制在 420 千米 / 时，理论最高车速约 463 千米 / 时。正常道路油耗大约 20 升 /100 千米，但在最高车速行驶时布加迪凯龙的 100 升油箱将在 8 分钟内耗尽，换算油耗为 190 升 /100 千米。

车身参数	
长度	4544 毫米
宽度	2038 毫米
高度	1212 毫米
轴距	2711 毫米
整备质量	1996 千克

🏁 布加迪凯龙侧前方视角

🏁 布加迪凯龙内饰设计

布加迪迪沃

车身参数

长度	4641 毫米
宽度	2018 毫米
高度	1212 毫米
轴距	2711 毫米
整备质量	1961 千克

🏁 布加迪迪沃侧前方视角

🏁 布加迪迪沃内饰设计

布加迪迪沃（Bugatti Divo）是法国布加迪汽车公司在 2019 ~ 2021 年间生产的中置四驱超级跑车，限量生产 40 辆，官方指导价为 4000 万元人民币 / 辆。

布加迪迪沃的外形比布加迪凯龙更加低矮且激进，出色的空气动力学设计和轻量化套件使其有着更加灵巧的操控表现。此外，更加犀利且细长的前灯带、致敬此前布加迪公司经典车型的碳纤维车顶设计都增添了其专属的辨识度。尾部进行了加宽处理，能够获得更大的下压力。考虑到定制化的程度，可以说没有两辆布加迪迪沃是完全相同的。车主可以选择车身、中线、车顶、发动机盖的颜色，以及轮毂、进气口和空气动力学元素的装饰。内饰方面，也有众多的装饰材料可供选择，还可以添加定制的装饰。

布加迪汽车公司素来专注于直道和最高时速上的表现，例如布加迪威龙和布加迪凯龙，虽然"动力无穷"，但是由于自身重量过大，在弯道上操控并不是很灵敏，而布加迪迪沃改变了这一局面。该车的研发目标就是转向敏捷，还有绝佳的转向手感。布加迪迪沃的悬架和底盘经过精心调校，与布加迪凯龙相比轻了 35 千克。其调校更多的是为了在赛道上雕琢，而不是试图打破陆地速度记录。该车搭载 W16 涡轮增压发动机，搭配四驱系统和双离合变速箱，最大功率可达 1103 千瓦，0 ~ 100 千米 / 时加速时间为 2.4 秒。

帕加尼风之子

　　帕加尼风之子（Pagani Zonda）是意大利帕加尼汽车公司在 1999 ~ 2017 年间生产的中置后驱超级跑车，官方指导价为 2900 万元人民币 / 辆。该车搭载梅赛德斯 - 奔驰 M120 型 6 升 V12 发动机，以及梅赛德斯 - 奔驰 M297 型 6.9 ~ 7.3 升 V12 发动机。其中，高性能车型帕加尼风之子 R 搭载 6 升 V12 发动机和六速序列式变速箱，最大功率为 552 千瓦，峰值扭矩为 710 牛·米。该车的 0 ~ 100 千米 / 时加速时间为 2.7 秒，最高时速为 355 千米。

车身参数

长度	4395 毫米	轴距	2730 毫米
宽度	2055 毫米	整备质量	1210 千克
高度	1151 毫米		

帕加尼风神

车身参数

长度	4605 毫米	轴距	2795 毫米
宽度	2036 毫米	整备质量	1350 千克
高度	1169 毫米		

　　帕加尼风神（Pagani Huayra）是意大利帕加尼汽车公司从 2012 年开始生产的中置后驱超级跑车，官方指导价为 2900 万元人民币 / 辆。该车搭载一台特别定制的梅赛德斯 - 奔驰 M158 型 6 升 V12 双涡轮增压发动机，在 5800 转 / 分时可输出 537 千瓦的最大功率，在 2250 ~ 4500 转 / 分时可产生 1000 牛·米扭矩。帕加尼风神使用七速单离合序列式半自动变速箱，0 ~ 100 千米 / 时加速时间约 2.8 秒，最高车速为 383 千米 / 时。

柯尼赛格 CC8S

　　柯尼赛格 CC8S（Koenigsegg CC8S）是瑞典柯尼赛格汽车公司在 2002 ～ 2003 年间生产的中置后驱超级跑车，仅生产了 6 辆。该车装有一台经过改良的 4.7 升福特 V8 发动机，配有巨大的中冷器和燃油喷射器，最大功率为 482 千瓦。变速箱为六速手动变速箱，0 ～ 100 千米 / 时加速时间为 3.5 秒，最高车速达 390 千米 / 时。

车身参数

长度	4191 毫米	轴距	2659 毫米
宽度	1989 毫米	整备质量	1175 千克
高度	1069 毫米		

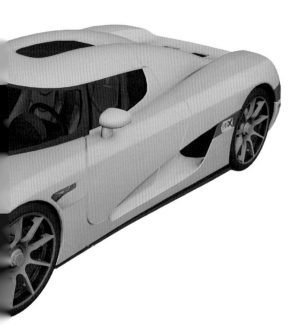

柯尼赛格 CCR

　　柯尼赛格 CCR（Koenigsegg CCR）是瑞典柯尼赛格汽车公司在 2004 ～ 2006 年间生产的中置后驱超级跑车，仅生产了 14 辆。该车装有一台福特 4.7 升 V8 双机械增压发动机，最大功率为 593 千瓦，峰值扭矩为 679 牛·米。变速箱为六速手动变速箱，0 ～ 100 千米 / 时加速时间为 3.2 秒。柯尼赛格 CCR 曾经创造 388 千米 / 时的速度纪录，打破了迈凯伦 F1 在 1993 年创造的 372 千米 / 时的速度纪录。

车身参数

长度	4191 毫米	轴距	2659 毫米
宽度	1989 毫米	整备质量	1180 千克
高度	1069 毫米		

柯尼赛格 CCX

车身参数

长度	4293 毫米	轴距	2660 毫米
宽度	1996 毫米	整备质量	1456 千克
高度	1120 毫米		

　　柯尼赛格 CCX（Koenigsegg CCX）是瑞典柯尼赛格汽车公司在 2006 ～ 2010 年间生产的中置后驱超级跑车，仅生产了 29 辆，官方指导价为 2300 万元人民币 / 辆。该车是在柯尼赛格 CCR 的基础上改进而来的，车身和内饰变化较大，且采用了新的前保险杠设计。车内装有一台 V8 铸铝发动机和六速手动变速箱，在 5700 转 / 分时可产生 920 牛·米的峰值扭矩，0 ～ 100 千米 / 时加速时间为 3.2 秒。

柯尼赛格 Agera R

柯尼赛格 Agera R（Koenigsegg Agera R）是瑞典柯尼赛格汽车公司在 2011 ~ 2014 年间生产的中置后驱超级跑车，限量生产 6 辆，官方指导价为 2650 万元人民币 / 辆。

　　柯尼赛格 Agera R 由柯尼赛格 Agera 发展而来，但具有独特的视觉外观和技术性能，其中升级的亮点包括增大的发动机功率与转速限制、全新的航空排气等。柯尼赛格 Agera R 配备特殊的米其林轮胎和定制的变速箱。车尾配中置发动机，自带尾翼。全车采用大量的空气动力学原理和钛合金复合材料、航空材料打造，车顶可以拆卸。

　　柯尼赛格 Agera R 装有一台 5 升 V8 双涡轮增压发动机，在使用 E85 型燃料情况下最大功率达到 838 千瓦，峰值扭矩为 1200 牛·米。如果使用普通型 95 号汽油燃料，最大功率为 706 千瓦，峰值扭矩为 1100 牛·米。该车的 0 ~ 100 千米 / 时加速时间为 2.8 秒，0 ~ 300 千米 / 时加速时间仅需 21.19 秒，理论上的最高车速可达 443 千米 / 时，不过全部的 Agera 车型的最高车速均限制在 375 千米 / 时以下。对于一部超级跑车来说，柯尼赛格 Agera R 的油耗很低，油耗仅为 14.7 升 /100 千米。

车身参数	
长度	4293 毫米
宽度	1996 毫米
高度	1120 毫米
轴距	2662 毫米
整备质量	1435 千克

🏁 柯尼赛格 Agera R 侧前方视角　　　　🏁 柯尼赛格 Agera R 内饰设计

柯尼赛格 One:1

车身参数

长度	4500 毫米
宽度	2060 毫米
高度	1150 毫米
轴距	2662 毫米
整备质量	1360 千克

🏁 柯尼赛格 One:1 侧前方视角

🏁 柯尼赛格 One:1 内饰设计

柯尼赛格 One：1（Koenigsegg One：1）是瑞典柯尼赛格汽车公司在 2014 ~ 2016 年间生产的中置后驱超级跑车，限量生产 6 辆，官方指导价为 1100 万元人民币 / 辆，实际售价远高于此。

柯尼赛格 One：1 是基于柯尼赛格 Agera R 平台重新打造，其命名象征着车辆的整备质量和动力是 1：1 的比例。该车采用轻量化设计，外形极富运动感。柯尼赛格 One：1 采用银色车身辅以黑色线条装饰，加入了非常多的空气动力学套件，尾部还配备了大尺寸的主动式扰流板。此外，柯尼赛格 One：1 配备了前 19 英寸、后 20 英寸的碳纤维轮毂，搭配米其林轮胎，能够在高速时为车辆提供充足的下压力。

柯尼赛格 One：1 搭载 5 升 V8 双涡轮增压发动机，最大功率达到 1030 千瓦，峰值扭矩为 1371 牛·米。变速箱为七速双离合变速箱，并配备了换挡拨片。此外，柯尼赛格汽车公司还为该车升级了后悬架，加入碳纤维组件并采用了主动减振器。据官方测试，该车的 0 ~ 400 千米 / 时加速时间为 20 秒，最高车速为 450 千米 / 时，使其从 2014 年起取代布加迪威龙成为世界上车速最快的量产车。柯尼赛格 One：1 在 400 千米 / 时速度下的刹车时间在 10 秒内，在 100 千米 / 时速度下的刹车距离仅为 28 米。

柯尼赛格统治者

柯尼赛格统治者（Koenigsegg Regera）是瑞典柯尼赛格汽车公司从 2016 年开始生产的中置后驱超级跑车，官方指导价为 1400 万元人民币 / 辆。

柯尼赛格统治者的外形设计可以看作是优雅复古风格与最新空气动力学技术的完美结合。车身有非常多的空气动力学设计。与柯尼赛格 One：1 不同的是，柯尼赛格统治者并未简单粗暴地加入风刀、大尾翼之类的零件，外形十分规整。车尾设有大型的碳纤维扩散器，可以增强车辆的下压力。内饰方面，柯尼赛格统治者使用了全液晶仪表盘及 9 英寸中控屏幕，其车载互联系统也支持苹果 CarPlay。此外，还有柯尼赛格惯用的冰蓝色氛围灯。

柯尼赛格统治者装有一台 5 升 V8 双涡轮增压发动机，最大功率为 820 千瓦，峰值扭矩为 1250 牛·米。该车还装有 3 台由牛津大学下属的亚萨公司提供的电动机，其中两台亚萨 750 电动机位于后桥左右半轴，直接驱动车轮；另一台亚萨 400 电动机位于发动机前端，与发动机曲轴相连，用于补充发动机的动力输出、发电、启动发动机以及倒车。由于对轻量化和高效率的极致追求，柯尼赛格统治者直接取消了变速箱，V8 发动机通过一个液压多片离合器直接与固定速比为 2.85 的主减速器相连。也就是说，这台发动机只有一个挡位可用。得益于此，柯尼赛格统治者的最大输出功率达到了 1119 千瓦。

车身参数

长度	4560 毫米
宽度	2050 毫米
高度	1110 毫米
轴距	2662 毫米
整备质量	1470 千克

柯尼赛格统治者侧前方视角

柯尼赛格统治者内饰设计

柯尼赛格杰斯科

车身参数

长度	4610 毫米
宽度	2030 毫米
高度	1210 毫米
轴距	2700 毫米
整备质量	1420 千克

🏁 柯尼赛格杰斯科头部视角

🏁 柯尼赛格杰斯科内饰设计

　　柯尼赛格杰斯科（Koenigsegg Jesko）是瑞典柯尼赛格汽车公司从 2020 年开始生产的中置后驱超级跑车，官方指导价为 235 万欧元（约 1875 万元人民币）/ 辆。

　　柯尼赛格杰斯科采用全新的整体式车身，设计时考虑了过往车辆的使用经验，同时也考虑到了未来客户的需求。车身为碳纤维和铝夹层结构，搭配了全新的分流器、扩散器以及可拆卸的车顶，并采用了迪尼玛纤维。新的双轮廓后翼尽可能地向后放置，以实现最大的下压力和更大的控制力。柯尼赛格杰斯科拥有两种车轮设计，一种是锻造铝，另一种是碳纤维。该车的电动座椅可以由客户选择皮革或阿尔坎塔拉（Alcantara，意大利制造的一种复合纤维）制成，并提供多种颜色和对比度选择。

　　柯尼赛格杰斯科的发动机是在柯尼赛格 Agera 使用的 5 升 V8 双涡轮增压发动机的基础上改进而来的，使用普通汽油时最大功率为 955 千瓦，使用 E85 生物燃料时最大功率为 1195 千瓦。该车配备了自适应主动后转向系统，可提高响应速度并在高速和低速时增强感应。利用诸如速度、油门和刹车位置、转向和滑动角度等参数的操作，可以将后轮向任一方向转动 3 度，以更快地转弯并增加稳定性。在低速时，系统会反向转动后轮，这使柯尼赛格杰斯科的转弯速度更快，有效地缩短了车辆的转弯半径。在高速行驶时，后轮与前轮一起转动，这实际上是轴距的加长。这样可以改善道路上的转弯性能，并提高道路的稳定性。

阿斯顿·马丁 One-77

车身参数

长度	4601 毫米
宽度	2204 毫米
高度	1222 毫米
轴距	2791 毫米
整备质量	1630 千克

阿斯顿·马丁 One-77（Aston Martin One-77）是英国阿斯顿·马丁汽车公司在 2009 ～ 2012 年间生产的前置后驱跑车，限量生产 77 辆，官方指导价为 4700 万元人民币 / 辆。

阿斯顿·马丁 One-77 提供左舵版和右舵版，以满足不同国家的需要，但是座位被限制在两个。其车身覆盖件由手工加工的铝板组成，而其一体化的车身结构则由碳纤维制造。阿斯顿·马丁 One-77 采用了全新的整体化进气格栅，使前脸更具个性。同时，尾部也采用了全新的设计，后备厢盖微微上扬，凸显出动感与强劲的跑车特质，并与前脸的新设计相得益彰。内饰方面，阿斯顿·马丁 One-77 使用了全新的奢华内饰，中控台上使用了纯玻璃质地的挡位切换按钮，体现了阿斯顿·马丁公司精湛的手工技艺。

阿斯顿·马丁 One-77 采用碳纤维一体式底盘结构、复合陶瓷刹车系统以及可调的悬架系统。该车装有一台 7.3 升 V12 自然吸气发动机，最大功率为 559 千瓦，峰值扭矩为 750 牛·米。变速箱为六速手自一体变速箱，由一个电动液压系统控制。该车的 0 ～ 100 千米 / 时加速时间为 3.5 秒，最高车速达到 354 千米 / 时。

🏁 阿斯顿·马丁 One-77 尾部视角

🏁 阿斯顿·马丁 One-77 侧前方视角

🏁 阿斯顿·马丁 One-77 左侧视角

🏁 阿斯顿·马丁 One-77 内饰设计

阿斯顿·马丁火神

车身参数	
长度	4807 毫米
宽度	2063 毫米
高度	1235 毫米
轴距	2810 毫米
整备质量	1350 千克

　　阿斯顿·马丁火神（Aston Martin Vulcan）是英国阿斯顿·马丁汽车公司在 2015 ~ 2016 年间生产的前置后驱跑车，仅生产了 24 辆，官方指导价为 230 万 ~ 340 万美元（1600 万 ~ 2370 万元人民币）/ 辆。该车的悬架设计非常紧凑，除了提升操控的同时，可能更有利于空气动力布局。车内装有一台 7 升 V12 自然吸气发动机，最大功率为 611 千瓦，峰值扭矩为 780 牛·米。与发动机匹配的是六速序列式变速箱、赛用限滑差速器以及镁合金扭矩管包裹的碳纤维传动轴，0 ~ 100 千米 / 时加速时间为 3 秒，最大车速为 322 千米 / 时。

阿斯顿·马丁 DB11

车身参数（DB11 V12）	
长度	4739 毫米
宽度	2060 毫米
高度	1279 毫米
轴距	2808 毫米
整备质量	1875 千克

　　阿斯顿·马丁 DB11（Aston Martin DB11）是英国阿斯顿·马丁汽车公司从 2016 年开始生产的前置后驱跑车，官方指导价为 226.8 万 ~ 306.8 万元人民币 / 辆。该车是阿斯顿·马丁汽车公司和梅赛德斯 - 奔驰汽车公司合作的首款产品，传承了阿斯顿·马丁汽车公司经典的造型设计。不同车型的动力配置有所不同，所有车型共有两款发动机，一款是来自梅赛德斯 -AMG 的 4 升 V8 双涡轮增压发动机，另一款则是阿斯顿·马丁公司的 5.2 升 V12 双涡轮增压发动机，均匹配 ZF 八速自动变速箱，V12 车型的 0 ~ 100 千米 / 时加速时间为 3.7 秒，最大车速为 335 千米 / 时。

阿斯顿·马丁 DBS 超级轻量版

车身参数	
长度	4715 毫米
宽度	2145 毫米
高度	1280 毫米
轴距	2805 毫米
整备质量	1693 千克

　　阿斯顿·马丁 DBS 超级轻量版（Aston Martin DBS Superleggera）是英国阿斯顿·马丁汽车公司从 2018 年开始生产的前置后驱跑车，官方指导价为 373.8 万 ~ 500.7 万元人民币 / 辆。顾名思义，阿斯顿·马丁 DBS 超级轻量版拥有很多轻量化设计，比如全铝车架和碳纤维覆盖件，使得它要比阿斯顿·马丁 DB11 轻 182 千克。在外形上，该车延续了阿斯顿·马丁 DB11 的大部分设计语言。动力方面，配备 5.2 升 V12 双涡轮增压发动机和按键式八速自动变速箱，最大功率为 533 千瓦，峰值扭矩为 900 牛·米。该车 0 ~ 100 千米 / 时加速时间为 3.4 秒，最大车速为 340 千米 / 时。

迈凯伦 F1

车身参数	
长度	4287 毫米
宽度	1820 毫米
高度	1140 毫米
轴距	2718 毫米
整备质量	1138 千克

　　迈凯伦 F1（McLaren F1）是英国迈凯伦汽车公司在 1992 ~ 1998 年间生产的中置后驱超级跑车，总产量为 106 辆。受到一级方程式赛车的启发，迈凯伦 F1 采用了三座位布局。该车装有一台德国宝马汽车公司研发的 V12 发动机。与当时的其他 V12 发动机不同，它配备了 12 个节气门，这意味着空气几乎立即进入气缸，从而提高了发动机响应速度。另外，气缸间距也仅相距 3 毫米，从而实现了超紧凑的设计。迈凯伦 F1 曾经是世界上车速最快的量产车，最高车速达到 386.5 千米 / 时，这一纪录直到 2005 年才被打破。该车 0 ~ 100 千米 / 时加速时间为 3.2 秒。

迈凯伦 P1

车身参数

长度	4588 毫米	**轴距**	2670 毫米
宽度	1946 毫米	**整备质量**	1547 千克
高度	1188 毫米		

迈凯伦 P1（McLaren P1）是英国迈凯伦汽车公司在 2013 ~ 2015 年间生产的中置后驱超级跑车，一共生产了 375 辆，官方指导价为 1260 万元人民币 / 辆。该车的设计理念源自迈凯轮 F1，大量采用空气动力学设计，风阻系数仅为 0.34。迈凯轮 P1 装有一台 3.8 升 V8 双涡轮增压发动机，最大功率为 542 千瓦，峰值扭矩为 720 牛·米。该车使用后轮驱动并配备七速双离合变速箱，0 ~ 100 千米 / 时加速时间为 2.8 秒。

🏁 迈凯伦 P1 开启车门

🏁 迈凯伦 P1 内饰设计

迈凯伦 570S

车身参数

长度	4529 毫米
宽度	1915 毫米
高度	1201 毫米
轴距	2670 毫米
整备质量	1356 千克

迈凯伦 570S（McLaren 570S）是英国迈凯伦汽车公司从 2015 年开始生产的中置后驱跑车，官方指导价为 243.6 万~270.8 万元人民币 / 辆。

迈凯伦 570S 采用"蝴蝶门"设计，以碳纤维材料制造。复杂而精细的车门不仅令人进出非常便捷，而且能引导空气经车侧进气口进入散热器。车身两侧的巨大的导流口，从后翼子板、车门一直伸至前翼子板上。全 LED 光源大灯总成的弯月造型与迈凯伦品牌标志如出一辙，这是迈凯伦汽车公司的家族设计语言，辨识度很高。车尾线条圆润饱满，散发着强烈的力量感。迈凯伦 570S 的内饰设计比较简洁，悬浮式中控台的多功能按键区采用分层式设计，并且可控制车辆大部分舒适性功能。专为赛车打造的轻量化筒形座椅可以将驾驶者牢牢固定在座椅上。整个中控台包覆真皮，储物空间也得到大幅扩展。

迈凯伦 570S 装有一台 3.8 升 V8 双涡轮增压发动机，最大功率为 419 千瓦，在七速双离合变速箱的配合下，0~100 千米 / 时加速时间仅需 3.2 秒，0~200 千米 / 时加速时间仅需 9.5 秒，最大车速达 328 千米 / 时。

🏁 夕阳下的迈凯伦 570S

🏁 迈凯伦 570S 侧前方视角

🏁 迈凯伦 570S 侧后方视角

🏁 迈凯伦 570S 内饰设计

迈凯伦 720S

迈凯伦 720S（McLaren 720S） 是英国迈凯伦汽车公司从 2017 年开始生产的中置后驱跑车，官方指导价为 339.8 万 ~ 378.8 万元人民币 / 辆。迈凯伦 720S 能够根据路况和环境来调整底盘高度、悬架硬度，以及轮胎与地面的接触面积。该车装有一台 4 升 V8 双涡轮增压发动机，最大功率为 530 千瓦，峰值扭矩为 770 牛·米。变速箱为七速双离合变速箱，0 ~ 100 千米 / 时加速时间为 2.9 秒，最大车速为 341 千米 / 时。

车身参数

长度	4544 毫米	轴距	2670 毫米
宽度	1930 毫米	整备质量	1437 千克
高度	1196 毫米		

保时捷 911

车身参数（第一代）

长度	4290 毫米	轴距	2211 ~ 2268 毫米
宽度	1700 ~ 1780 毫米	整备质量	1080 ~ 1335 千克
高度	1300 ~ 1310 毫米		

保时捷 911（Porsche 911） 是德国保时捷汽车公司从 1964 年开始生产的跑车，因其独特的风格与极佳的耐用性而享誉世界。该车是全世界发行时间最久的跑车，无论它如何进化，启发于大众甲壳虫的外观设计和后置发动机设计一直被保留。在 1998 年推出 996 型之前，保时捷 911 的发动机都是空冷式，1994 ~ 1998 年间生产的 993 型是最后一款空冷式保时捷跑车。此后，保时捷 911 开始采用水冷式发动机。第一代车型的变速箱为五速手动变速箱或四速半自动变速箱，0 ~ 100 千米 / 时加速时间为 5.4 秒（3.2 升发动机车型），最大车速为 240 千米 / 时（3.2 升发动机车型）。

保时捷卡雷拉 GT

保时捷卡雷拉 GT（Porsche Carrera GT）是德国保时捷汽车公司在 2003 ~ 2007 年间生产的中置后驱跑车，共生产了 1270 辆，官方指导价为 645 万元人民币 / 辆。该车拥有许多来自勒芒耐力赛冠军赛车保时捷 911 GT1 的设计灵感，车内装有一台 5.7 升 V10 发动机，最大功率为 450 千瓦，0 ~ 100 千米 / 时加速时间为 3.9 秒，0 ~ 200 千米 / 时加速时间为 9.9 秒，最大车速为 330 千米 / 时。

车身参数

长度	4613 毫米	轴距	2730 毫米
宽度	1921 毫米	整备质量	1380 千克
高度	1166 毫米		

保时捷 918 斯派德

保时捷 918 斯派德（Porsche 918 Spyder）是德国保时捷汽车公司在 2013 ~ 2015 年间生产的中置四驱跑车，共生产了 918 辆，官方指导价为 1338.8 万 ~ 1463.5 万元人民币 / 辆。该车装有一台 4.6 升 V8 自然吸气发动机，最大功率为 447 千瓦，峰值扭矩为 540 牛·米。此外，前后轴各自搭载一个电动马达作为辅助动力输出，最大功率分别为 95 千瓦与 113 千瓦。该车的 0 ~ 100 千米 / 时加速时间为 2.8 秒，最大车速为 343 千米 / 时。

车身参数

长度	4613 毫米	轴距	2730 毫米
宽度	1940 毫米	整备质量	1634 千克
高度	1167 毫米		

玛莎拉蒂 MC12

车身参数

长度	5143 毫米	轴距	2800 毫米
宽度	2096 毫米	整备质量	1497 千克
高度	1205 毫米		

玛莎拉蒂 MC12（Maserati MC12）是意大利玛莎拉蒂汽车公司在 2004 ~ 2005 年间生产的中置后驱跑车，仅生产了 50 辆，官方指导价为 258 万美元（约 1800 万元人民币）/ 辆。其车身完全由碳纤维构成，底盘则是由碳纤维和诺梅克斯（Nomex）组成的蜂窝夹层结构。该车装有一台 6 升 V12 自然吸气发动机，最大功率为 462 千瓦，峰值扭矩为 652 牛·米，0 ~ 100 千米 / 时加速时间为 3.8 秒，最大车速超过 330 千米 / 时。

梅赛德斯－奔驰 SL 级

车身参数（第六代）

长度	4612 毫米
宽度	1877 毫米
高度	1315 毫米
轴距	2585 毫米
整备质量	1675 千克

梅赛德斯－奔驰 SL 级（Mercedes-Benz SL Class）是德国梅赛德斯－奔驰汽车公司从 1954 年开始生产的前置后驱双门跑车，2012 年推出第六代车型，官方指导价为 99.38 万～199.8 万元人民币／辆。SL 是英文 Super Light 的缩写，意为超轻量化。

梅赛德斯－奔驰 SL 级的车头颀长而低伏，宽而扁的发动机盖上，有三道醒目的筋线。前进气格栅有一条粗壮的横向镀铬装饰，三叉星标志镶在其中。车身侧面，前翼子板上的出风口有很好的装饰效果。发动机舱盖上有两个进气口，右侧是真进气口，左侧仅作为装饰性工具。梅赛德斯－奔驰 SL 级拥有非常舒适的侧部加强型整体式座椅，具备电动调节和座椅加热功能。

梅赛德斯－奔驰 SL 级有多种动力可选，包括 3 升 V6 双涡轮增压发动机、3 升 I6 涡轮增压发动机、3.5 升 V6 发动机、4 升 V8 双涡轮增压发动机、4.7 升 V8 双涡轮增压发动机、5.5 升 V8 双涡轮增压发动机、6 升 V12 双涡轮增压发动机等。其中，SL 500 搭载 4.7 升 V8 双涡轮增压发动机和九速自动变速箱，最大功率为 335 千瓦，峰值扭矩为 700 牛·米，0～100 千米／时加速时间为 5.4 秒。梅赛德斯－奔驰 SL 级装有主动悬架控制系统，可以把启动和制动时的车身晃动降到最低。

梅赛德斯－奔驰 SL 级第六代侧后方视角

梅赛德斯－奔驰 SL 级第六代侧前方视角

梅赛德斯－奔驰 SL 级第六代尾部视角

梅赛德斯－奔驰 SL 级第六代内饰设计

梅赛德斯 – 奔驰 SLR 迈凯伦

车身参数

长度	4656 毫米
宽度	1908.5 毫米
高度	1261 毫米
轴距	2700 毫米
整备质量	1743 千克

　　梅赛德斯 – 奔驰 SLR 迈凯伦（Mercedes-Benz SLR McLaren）是德国梅赛德斯 – 奔驰汽车公司和英国迈凯伦汽车公司联合制造的中置后驱跑车，在 2003 ~ 2010 年间共生产了 2157 辆，官方指导价为 800 万元人民币 / 辆。

　　梅赛德斯 – 奔驰 SLR 迈凯伦采用了航空和 F1 赛车领域的很多技术，其中最引人注目的就是碳纤维打造的车身、车门以及发动机罩，这种轻量化材料具有非同寻常的能量吸收能力，可以确保最高标准的乘客安全保护。箭形车头设计源于曾经夺冠的 F1 赛车，其前端包含了梅赛德斯 – 奔驰三叉星标志，并使得保险杠的整体外观显得更加厚实。该车拥有可电动调节的座位、GPS（全球定位系统）、博世音响、电动方向盘调节、左右分区的自动空调，以及前面、侧面、头部和膝部安全气囊等。车内大量采用黑色和红色的高级真皮，均由手工缝制而成。

　　梅赛德斯 – 奔驰 SLR 迈凯伦搭载的是梅赛德斯 -AMG 设计制造的 5.4 升 V8 涡轮增压发动机，在 6500 转 / 分时的最大功率为 460 千瓦，而达到 3250 转 / 分时可以提供 780 牛·米的峰值扭矩。该车配备五速自动变速箱，0 ~ 100 千米 / 时加速时间为 3.8 秒，0 ~ 200 千米 / 时加速时间仅需 10.6 秒，最大车速可达 334 千米 / 时。

车门开启后的梅赛德斯 – 奔驰 SLR 迈凯伦

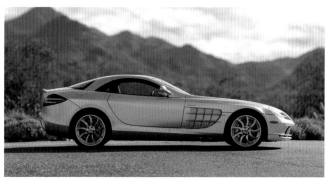

梅赛德斯 – 奔驰 SLR 迈凯伦右侧视角

梅赛德斯 – 奔驰 SLR 迈凯伦侧后方视角

梅赛德斯 – 奔驰 SLR 迈凯伦内饰设计

梅赛德斯－奔驰 SLK 级

车身参数（第三代）	
长度	4135 毫米
宽度	1816 毫米
高度	1300 毫米
轴距	2484 毫米
整备质量	1435 千克

　　梅赛德斯－奔驰 SLK 级（Mercedes-Benz SLK Class）是德国梅赛德斯－奔驰汽车公司在 1996 ~ 2020 年间生产的跑车，一共发展了三代。第一代车型与梅赛德斯－奔驰 C 级轿车基于相同平台打造，两者共享了动力系统和大部分底盘组件，但轴距被缩短。第二代车型的车身尺寸全面加大，并配备经过升级的电动折叠硬顶。第三代车型延续了前两代车型的整体风格，但在内饰设计上完全颠覆了前两代车型的既有风格，转而向梅赛德斯－奔驰 SLS AMG 看齐。

梅赛德斯－奔驰 SLS AMG

车身参数	
长度	4638 毫米
宽度	1939 毫米
高度	1252 毫米
轴距	2680 毫米
整备质量	1619 千克

　　梅赛德斯－奔驰 SLS AMG（Mercedes-Benz SLS AMG）是德国梅赛德斯－奔驰汽车公司在 2010 ~ 2014 年间生产的前中置后驱跑车，官方指导价为 308 万 ~ 380 万元人民币 / 辆。该车装有一台梅赛德斯 -AMG 研制的 6.2 升 V8 自然吸气发动机，最大功率为 420 千瓦，峰值扭矩为 650 牛·米。变速箱为格特拉克 DCT 七速双离合变速箱，与其他高性能双离合变速箱一样，采用前后纵列式布局。该车的 0 ~ 100 千米 / 时加速时间为 3.8 秒，最大车速为 317 千米 / 时。

宝马 507

车身参数	
长度	4380 毫米
宽度	1650 毫米
高度	1257 毫米
轴距	2480 毫米
整备质量	1330 千克

　　宝马 507（BMW 507）是德国宝马汽车公司在 1956 ~ 1960 年间生产的敞篷跑车，共生产了 252 辆。该车的车身采用轻量化的合金材料制造，并配备了造型独特的模压钢轮毂。车内装有一台最大功率为 110 千瓦的 3.2 升 V8 发动机，匹配四速手动变速箱，0 ~ 100 千米 / 时加速时间为 11.1 秒。

宝马 Z1

车身参数	
长度	3921 毫米
宽度	1690 毫米
高度	1227 毫米
轴距	2447 毫米
整备质量	1250 千克

　　宝马 Z1（BMW Z1）是德国宝马汽车公司在 1989 ~ 1991 年间生产的前置后驱敞篷跑车，共生产约 8000 辆。宝马 Z1 装有一台 2.5 升 I6 发动机，最大功率为 125 千瓦，峰值扭矩为 222 牛·米。变速箱为五速手动变速箱，0 ~ 100 千米 / 时加速时间为 8 秒，最大车速为 225 千米 / 时。对于宝马汽车公司来说，该车具有承前启后的意义，它取代了风靡 30 年之久的宝马 507 跑车，同时又为 Z3、Z4 系列跑车指明了方向。

宝马 Z3

车身参数	
长度	4025 毫米
宽度	1692 毫米
高度	1293 毫米
轴距	2446 毫米
整备质量	1160 千克

　　宝马 Z3（BMW Z3）是德国宝马汽车公司在 1995 ~ 2002 年间生产的前置后驱敞篷跑车，也是宝马汽车公司历史上首款在美国生产的车型。该车有多种动力配置，包括 1.8 升 I4 发动机、1.9 升 I4 发动机、2 升 I6 发动机、2.2 升 I6 发动机、2.3 升 I6 发动机、2.5 升 I6 发动机、2.8 升 I6 发动机、3 升 I6 发动机、3.2 升 I6 发动机等。变速箱为五速手动变速箱、四速自动变速箱或者五速自动变速箱，0 ~ 100 千米 / 时加速时间为 6.9 秒，最大车速为 240 千米 / 时。

宝马 Z4

车身参数（第三代）	
长度	4324 毫米
宽度	1864 毫米
高度	1304 毫米
轴距	2470 毫米
整备质量	1405 千克

　　宝马 Z4（BMW Z4）是德国宝马汽车公司从 2002 年开始生产的前置后驱跑车，2018 年推出第三代车型。该车有两种动力配置，即 B48 型 2 升 I4 涡轮增压发动机和 B58 型 3 升 I6 涡轮增压发动机。其中，3 升 I6 发动机的最大功率为 281 千瓦，峰值扭矩为 500 牛·米。变速箱为八速自动变速箱或者六速手动变速箱，0 ~ 100 千米 / 时加速时间为 4.2 秒，最大车速为 250 千米 / 时。

宝马 Z8

车身参数	
长度	4399 毫米
宽度	1829 毫米
高度	1318 毫米
轴距	2504 毫米
整备质量	1585 千克

　　宝马 Z8（BMW Z8）是德国宝马汽车公司在 2000 ~ 2003 年间生产的前置后驱敞篷跑车，其设计参考了宝马 507，采用全铝合金底盘与车身，拥有颀长的发动机罩、宽大的车轮，以及车身两侧动感十足的排风口。车内装有一台 4.9 升 V8 发动机，最大功率为 294 千瓦，峰值扭矩为 500 牛·米。变速箱为六速手动变速箱，0 ~ 100 千米 / 时加速时间为 4.7 秒，最大车速为 290 千米 / 时。

宝马 I8

车身参数	
长度	4689 毫米
宽度	1942 毫米
高度	1298 毫米
轴距	2800 毫米
整备质量	1539 千克

　　宝马 I8（BMW I8）是德国宝马汽车公司在 2014 ~ 2020 年间生产的油电混合跑车，官方指导价为 179.8 万 ~ 209.8 万元人民币 / 辆。该车采用动感的前保险杠和经典的散热格栅设计，传承了宝马汽车公司一贯的家族理念。车内装有一台最大功率为 168 千瓦的 1.5 升 I3 涡轮增压汽油发动机，外加 98 千瓦电动机，0 ~ 100 千米 / 时加速时间为 4.4 秒，最大车速被电子设备限制在 250 千米 / 时。

奥迪 S2

车身参数	
长度	4401 毫米
宽度	1695 毫米
高度	1375 毫米
轴距	2548 毫米
整备质量	1525 千克

奥迪 S2（Audi S2）是德国奥迪汽车公司在 1991～1995 年间生产的前置四驱跑车，也是奥迪 S 系列的首款车型。该车装有一台 2.2 升 I5 发动机，最大功率为 169 千瓦，峰值扭矩为 350 牛·米。变速箱为五速手动变速箱或者六速手动变速箱，0～100 千米 / 时加速时间为 5.9 秒，最大车速为 250 千米 / 时。

奥迪 S4

车身参数（第六代）	
长度	4726 毫米
宽度	1842 毫米
高度	1427 毫米
轴距	2820 毫米
整备质量	1750 千克

奥迪 S4（Audi S4）是德国奥迪汽车公司从 1991 年开始生产的前置四驱跑车，2017 年推出第六代车型。该车装有一台 3 升 V6 涡轮增压发动机，最大功率为 260 千瓦，峰值扭矩为 500 牛·米。匹配八速自动变速箱和 Quattro 全时四轮驱动系统，0～100 千米 / 时加速时间为 4.2 秒，最大车速为 249 千米 / 时。

奥迪 S6

车身参数（第五代）	
长度	4954 毫米
宽度	1886 毫米
高度	1445 毫米
轴距	2928 毫米
整备质量	2030 千克

奥迪 S6（Audi S6）是德国奥迪汽车公司从 1994 年开始生产的前置四驱跑车，2019 年推出第五代车型。欧洲版装有一台 3 升 V6 涡轮增压柴油发动机，匹配七速双离合变速箱。非欧洲版装有一台 2.9 升 V6 双涡轮增压汽油发动机，匹配八速自动变速箱。该车 0～100 千米 / 时加速时间为 4.4 秒，最大车速为 250 千米 / 时。

奥迪 S8

车身参数（第四代）	
长度	5172 毫米
宽度	1945 毫米
高度	1485 毫米
轴距	2998 毫米
整备质量	2305 千克

奥迪 S8（Audi S8）是德国奥迪汽车公司从 1996 年开始生产的前置四驱跑车，2020 年推出第四代车型。该车装有一台 4 升 V8 涡轮增压发动机，最大功率为 420 千瓦，峰值扭矩为 800 牛·米。变速箱为八速自动变速箱，0～100 千米 / 时加速时间为 3.8 秒，最大车速为 270 千米 / 时。

奥迪 TT

车身参数（第三代）	
长度	4177 毫米
宽度	1832 毫米
高度	1355 毫米
轴距	2505 毫米
整备质量	1230 千克

　　奥迪 TT（Audi TT）是德国奥迪汽车公司从 1998 年开始生产的前置前驱 / 四驱跑车，2006 年推出第二代车型，2014 年推出第三代车型。该车有多种动力配置，包括 1.8 升 I4 涡轮增压发动机、2 升 I4 涡轮增压发动机、2.5 升 I5 涡轮增压发动机等。变速箱为六速手动变速箱或者六速自动变速箱，0 ~ 100 千米 / 时加速时间为 5.2 秒，最大车速为 245 千米 / 时。

奥迪 R8

车身参数（第二代）	
长度	4426 毫米
宽度	1940 毫米
高度	1240 毫米
轴距	2620 毫米
整备质量	1555 千克

　　奥迪 R8（Audi R8）是德国奥迪汽车公司从 2006 年开始生产的中置后驱 / 四驱跑车，2015 年推出第二代车型。该车搭载 5.2 升 V10 发动机和七速双离合变速箱，标准版最大功率为 419 千瓦，峰值扭矩为 550 牛·米，0 ~ 100 千米 / 时加速时间为 3.4 秒，最高速度为 331 千米 / 时。性能版最大功率为 456 千瓦，峰值扭矩为 565 牛·米，0 ~ 100 千米 / 时加速时间为 3.1 秒，最大车速为 329 千米 / 时。所对应的敞篷版 0 ~ 100 千米 / 时加速成绩分别为 3.5 秒和 3.2 秒。

捷豹 XK120

车身参数	
长度	4394 毫米
宽度	1562 毫米
高度	1334 毫米
轴距	2591 毫米
整备质量	1150 千克

　　捷豹 XK120（Jaguar XK120）是英国捷豹汽车公司在 1948 ~ 1954 年间生产的前置后驱跑车，由捷豹汽车公司的创始人里昂斯爵士设计，总产量约 1.2 万辆。该车搭载 3.4 升 I6 发动机和四速手动变速箱，最大功率为 119 千瓦，最大车速为 193 千米 / 时。

捷豹 XJ220

车身参数

长度	4930 毫米
宽度	2009 毫米
高度	1150 毫米
轴距	2640 毫米
整备质量	1470 千克

　　捷豹 XJ220（Jaguar XJ220）是英国捷豹汽车公司在 1992 ～ 1994 年间生产的中置后驱超级跑车，共生产了 282 辆，1993 年时的官方指导价为 47 万英镑（约 417 万元人民币）/ 辆。

　　捷豹 XJ220 的底盘和车身大量采用铝制部件，虽然整车长度接近 5 米，但是整备质量仅有 1470 千克。底盘采用的是航空级别的铝制蜂窝状结构，悬架采用铸造铝，车身部件为铝合金材料。该车的大灯为下塌式，属于跳灯的一种，这在 20 世纪 90 年代是一种非常流行的设计。由于当时还没有大量运用碳纤维材质，因此捷豹 XJ220 的内饰仍然采用传统营造豪华感惯用的真皮包裹。

　　捷豹 XJ220 最初搭载 6.2 升 V12 发动机，与其他发动机相比，体积小、功能强大、燃油效率更高，最大车速为 354 千米 / 时。量产后，捷豹 XJ220 的动力系统被换成 3.5 升 V6 涡轮增压发动机，搭配五速手动变速箱，最大功率从 515 千瓦降低到 399 千瓦。1992 年，一辆由英国车手驾驶的捷豹 XJ220 在意大利纳尔多赛道先跑出 341.7 千米 / 时的最大车速成绩，随后又创下 349.4 千米 / 时的量产车最大车速纪录。

🏁 捷豹 XJ220 右侧视角

🏁 捷豹 XJ220 头部视角

🏁 捷豹 XJ220 侧后方视角

🏁 捷豹 XJ220 内饰设计

大众卡尔曼吉亚

车身参数（14 型）	
长度	4140 毫米
宽度	1634 毫米
高度	1330 毫米
轴距	2400 毫米
整备质量	820 千克

大众卡尔曼吉亚（Volkswagen Karmann Ghia）是德国大众汽车公司在 1955 ~ 1974 年间生产的后置后驱跑车，包括 1955 ~ 1974 年间生产的 14 型和 1961 ~ 1969 年间生产的 34 型。14 型是基于老甲壳虫平台打造的，搭载 1.2 升或 1.3 升水平对置风冷发动机，由于使用了更高级的车身技术和更高质量的车身材质，其价格远远高于老甲壳虫。34 型是基于大众汽车公司全新 Tape-3 平台打造的，搭载 1.5 升风冷发动机。该车的最大车速为 150 千米 / 时。

大众 SP2

车身参数	
长度	4217 毫米
宽度	1610 毫米
高度	1158 毫米
轴距	2400 毫米
整备质量	890 千克

大众 SP2（Volkswagen SP2）是德国大众汽车公司巴西分公司在 1973 ~ 1976 年间生产的跑车，共生产了 11123 辆。该车有两种动力配置：一种是最大功率为 40 千瓦、峰值扭矩为 112 牛·米的 1.6 升发动机，0 ~ 100 千米 / 时加速时间为 16 秒；另一种是最大功率为 48 千瓦、峰值扭矩为 123 牛·米的 1.6 升发动机，0 ~ 100 千米 / 时加速时间为 15 秒。该车的最大车速为 161 千米 / 时。

大众尚酷

车身参数（第三代）	
长度	4256 毫米
宽度	1810 毫米
高度	1404 毫米
轴距	2578 毫米
整备质量	1298 千克

大众尚酷（Volkswagen Scirocco）是德国大众汽车公司在 1974 ~ 1992 年、2008 ~ 2017 年间生产的双门跑车，一共发展了三代，其德文名称源于西洛可风（东南风）。第三代车型搭载 1.4 升 I4 涡轮增压汽油发动机、2 升 I4 涡轮增压汽油发动机或者 2 升 I4 涡轮增压柴油发动机，匹配六速手动变速箱、六速双离合变速箱或者七速双离合变速箱。该车 0 ~ 100 千米 / 时加速时间为 5.8 秒，最大车速为 240 千米 / 时。

大众 Eos

车身参数	
长度	4407 毫米
宽度	1791 毫米
高度	1443 毫米
轴距	2578 毫米
整备质量	1461 千克

大众 Eos（Volkswagen Eos）是德国大众汽车公司在 2006 ~ 2015 年间生产的跑车，官方指导价为 41.31 万 ~ 46.85 万元人民币 / 辆。该车有多种动力配置，包括 1.4 升 I4 发动机、1.6 升 I4 发动机、2 升 I4 发动机、3.2 升 V6 发动机、3.6 升 V6 发动机等。其中，3.6 升 V6 发动机的最大功率为 191 千瓦，峰值扭矩为 350 牛·米，0 ~ 100 千米 / 时加速时间为 6.9 秒。变速箱为六速手动变速箱或者六速双离合变速箱，最大车速为 236 千米 / 时。

丰田运动 800

车身参数	
长度	3580 毫米
宽度	1465 毫米
高度	1175 毫米
轴距	2000 毫米
整备质量	580 千克

丰田运动 800（Toyota Sports 800）是日本丰田汽车公司在 1965 ~ 1969 年间生产的双门跑车，采用前置后驱布局。该车装有一台 0.8 升水平对置两缸发动机，最大功率为 33 千瓦。变速箱为四速手动变速箱，最大车速为 155 千米 / 时。

丰田 2000GT

车身参数	
长度	4175 毫米
宽度	1600 毫米
高度	1104 毫米
轴距	2330 毫米
整备质量	1120 千克

丰田 2000GT（Toyota 2000GT）是日本丰田汽车公司在 1967 ~ 1970 年间生产的跑车，共生产了 351 辆。该车搭载 2 升或者 2.3 升排量的 I6 发动机，匹配五速手动变速箱或者三速自动变速箱，0 ~ 100 千米 / 时加速时间为 8.2 秒，最大车速为 219 千米 / 时。

丰田 Supra

车身参数（第五代）	
长度	4380 毫米
宽度	1865 毫米
高度	1290 毫米
轴距	2470 毫米
整备质量	1410 千克

丰田 Supra（Toyota Supra）是日本丰田汽车公司在 1978 ~ 2002 年、2019 年至今生产的双门跑车，已经发展到第五代。1978 ~ 1985 年间生产的第一代、第二代车型基于丰田赛利卡发展而来。1986 ~ 2002 年间生产的第三代、第四代车型基于丰田 Soarer（雷克萨斯成立后在北美洲市场以雷克萨斯 SC 的名义发行）发展而来。前四代车型均搭载 I6 发动机。2019 年开始生产的第五代车型基于第三代宝马 Z4 发展而来，首次加入了 I4 发动机车型。该车 0 ~ 100 千米 / 时加速时间为 4.1 秒，最大车速为 249 千米 / 时。

丰田 MR2

车身参数（第三代）	
长度	3886 毫米
宽度	1694 毫米
高度	1240 毫米
轴距	2451 毫米
整备质量	996 千克

丰田 MR2（Toyota MR2）是日本丰田汽车公司在 1984 ~ 2007 年间生产的跑车，一共发展了三代。该车采用双门双座、中置后驱布局，拥有轻量化的车体、麦弗逊悬架（前后轮均采用）、四置刹车盘等，运动性能十分出色。该车装有一台 1.8 升 I4 发动机，最大功率为 103 千瓦，峰值扭矩为 171 牛·米。变速箱为五速手动变速箱或者六速自动变速箱，0 ~ 100 千米 / 时加速时间为 6.8 秒，最大车速为 284 千米 / 时。

丰田 86

车身参数（第二代）

长度	4265 毫米
宽度	1775 毫米
高度	1310 毫米
轴距	2575 毫米
整备质量	1270 千克

　　丰田 86（Toyota 86）是日本丰田汽车公司从 2012 年开始生产的前置后驱小型跑车，2021 年推出第二代车型。该车的前身是丰田 FT-86 概念车，是丰田汽车公司与日本斯巴鲁汽车公司合作研发的产品，车身外形由丰田汽车公司位于法国南部的 ED2 设计中心主导，变速箱和驱动系统也由丰田汽车公司设计，而发动机采用丰田汽车公司与斯巴鲁汽车公司共同研发的 2.4 升水平对置四缸发动机，搭载丰田汽车公司的 D-4S 缸内燃油直喷系统。该车 0 ~ 100 千米 / 时加速时间为 7.3 秒，最大车速为 230 千米 / 时。

雷克萨斯 LFA

车身参数

长度	4505 毫米
宽度	1895 毫米
高度	1220 毫米
轴距	2605 毫米
整备质量	1614 千克

　　雷克萨斯 LFA（Lexus LFA）是日本雷克萨斯汽车公司在 2010 ~ 2012 年间生产的跑车，官方指导价为 598.8 万元人民币 / 辆。其车体框架约有 65% 采用一种名为碳纤维增强复合型聚合物的材料，其余 35% 则以铝合金为主要材料。车体组件则以耐用而轻巧的玻璃钢制造。车体十分重视空气力学效应，风阻系数仅为 0.31。该车装有一台压缩比为 12：1 的 4.8 升 V10 自然吸气发动机，匹配爱信六速自动变速箱，0 ~ 100 千米 / 时加速时间为 3.7 秒，最大车速为 325 千米 / 时。

日产 GT-R

车身参数

长度	4671 毫米
宽度	1902 毫米
高度	1372 毫米
轴距	2780 毫米
整备质量	1740 千克

日产 GT-R（Nissan GT-R）是日本日产汽车公司从 2007 年开始生产的前置四驱跑车，官方指导价为 148 万 ~ 235 万元人民币 / 辆。

日产 GT-R 的设计有别于欧洲品牌跑车，呈现出独特的日本文化。该车外形硬朗，线条融入机动战士高达的设计元素，车身的每道线条都具备导流的效果。日产 GT-R 的内饰线条也较刚硬，方向盘上设有换挡拨片，中控台上方设有一个高科技多功能行车数据显示屏。

日产 GT-R 搭载 3.8 升 V6 双涡轮增压发动机，早期版本的 0 ~ 100 千米 / 时加速时间为 3.4 秒，2011 年款仅需 2.9 秒，最高车速为 318 千米 / 时。2012 年款的 0 ~ 100 千米 / 时加速时间提升到 2.8 秒。2014 年款的风阻系数有所降低，动力调校有所提高，0 ~ 100 千米 / 时加速时间进一步缩减到 2.7 秒，发动机最大功率输出为 407 千瓦，峰值扭矩为 628 牛·米。到了 2020 年 NISMO 版，其发动机最大功率达到 441 千瓦，峰值扭矩为 652 牛·米。2013 年 9 月 30 日，车手迈克尔·克鲁姆在德国莱茵兰-普法尔茨州的纽博格林赛道驾驶日产 GT-R 取得 7.8 分钟的成绩，名列第十，比另一款日系高性能跑车雷克萨斯 LFA 的成绩更好。

🏁 日产 GT-R 侧前方视角

🏁 日产 GT-R 尾部视角

🏁 日产 GT-R 右侧视角

🏁 日产 GT-R 内饰设计

凯迪拉克欧兰特

车身参数	
长度	4536 毫米
宽度	1867 毫米
高度	1326 毫米
轴距	2525 毫米
整备质量	1690 千克

　　凯迪拉克欧兰特（Cadillac Allante）是美国通用汽车公司凯迪拉克事业部在 1986 ~ 1993 年间生产的双座敞篷跑车，也是凯迪拉克事业部在第二次世界大战后推出的首款双座敞篷跑车。其车身由意大利宾尼法利纳设计公司设计和制造，完工后经由特殊改装的货机从意大利运往美国，最终在底特律与当地制造的底盘完成结合。该车先后搭载了 4.1 升（1986 ~ 1988 年）、4.5 升（1989 ~ 1992 年）、4.6 升（1993 年）三种排量的 V8 发动机，均匹配四速自动变速箱，0 ~ 100 千米 / 时加速时间为 6.4 秒，最大车速为 225 千米 / 时。

凯迪拉克 XLR

车身参数	
长度	4514 毫米
宽度	1836 毫米
高度	1280 毫米
轴距	2685 毫米
整备质量	1740 千克

　　凯迪拉克 XLR（Cadillac XLR）是美国通用汽车公司凯迪拉克事业部在 2003 ~ 2009 年间生产的敞篷跑车，出自通用公司 Y 平台。该车拥有一个全电动控制的机械硬顶，可以完全收折，让凯迪拉克 XLR 的驾驶者能同时享受到敞篷车的开阔自由与双门跑车的舒适安全。该车有 4.4 升 V8 发动机和 4.6 升 V8 发动机两种动力配置，匹配五速自动变速箱或者六速自动变速箱，0 ~ 100 千米 / 时加速时间为 4.6 秒，最大车速为 249 千米 / 时。

雪佛兰科尔维特

车身参数（第八代）	
长度	4630 毫米
宽度	1933 毫米
高度	1234 毫米
轴距	2723 毫米
整备质量	1527 千克

　　雪佛兰科尔维特（Chevrolet Corvette）是美国雪佛兰汽车公司从 1953 年开始生产的前置 / 中置后驱双门跑车，2020 年推出第八代车型（编号为 C8）。前七代车型一直采用前置后驱、两门两座的布置方式，第八代车型首度采用中置后驱、两门两座的布置方式。雪佛兰科尔维特在美式跑车中以操控性能出众著称，被认为是美国跑车的代表作。第八代车型搭载 6.2 升 V8 发动机，最大功率为 360 千瓦，峰值扭矩为 630 牛·米。变速箱为八速双离合自动变速箱，0 ~ 100 千米 / 时加速时间少于 3 秒，最大车速为 296 千米 / 时。

雪佛兰科迈罗

车身参数（第六代）	
长度	4783 毫米
宽度	1897 毫米
高度	1349 毫米
轴距	2812 毫米
整备质量	1515 千克

　　雪佛兰科迈罗（Chevrolet Camaro）是美国雪佛兰汽车公司从 1966 年开始生产（2003 ~ 2008 年间暂时停产）的前置后驱跑车，2016 年推出第六代车型。该车有 2 升 I4 涡轮增压发动机、3.6 升 V6 发动机、6.2 升 V8 发动机等多种动力配置，匹配六速手动变速箱、八速自动变速箱或者十速自动变速箱，0 ~ 100 千米 / 时加速时间为 5.9 秒，最大车速为 240 千米 / 时。

福特 RS200

车身参数	
长度	3988 毫米
宽度	1752 毫米
高度	1320 毫米
轴距	2540 毫米
整备质量	1050 千克

　　福特 RS200（Ford RS200）是美国福特汽车公司欧洲分公司在 1984 ~ 1986 年间生产的跑车，采用中置四驱布局。该车最初是一款拉力赛车，采用了造价极为昂贵的空间管阵式车架和玻璃纤维车体，0 ~ 100 千米 / 时加速时间仅需 2.8 秒，在世界拉力赛的舞台上多次获奖。在民用版上，福特 RS200 几乎完全保留了拉力赛车的配置，仅限制了部分动力。该车最大车速为 250 千米 / 时。

福特野马

车身参数（第六代）	
长度	4784 毫米
宽度	1916 毫米
高度	1381 毫米
轴距	2720 毫米
整备质量	1600 千克

　　福特野马（Ford Mustang）是美国福特汽车公司从 1964 年开始生产的前置后驱跑车，2015 年推出第六代车型。福特野马的外观朴实无华，但在骨子里散发着一种野性。一切以实用为主，是福特野马的一个突出特点。该车有 2.3 升 I4 发动机、5 升 V8 发动机、5.2 升 V8 发动机等多种动力配置。变速箱为六速自动变速箱，也可选装六速手动变速箱。其中，5 升 V8 发动机的最大输出功率为 324 千瓦，峰值扭矩为 542 牛·米。该车 0 ~ 100 千米 / 时加速时间为 6.2 秒，最大车速为 234 千米 / 时。

DKW 蒙扎

车身参数	
长度	4090 毫米
宽度	1610 毫米
高度	1350 毫米
轴距	2350 毫米
整备质量	780 千克

　　DKW 蒙扎（DKW Monza）是德国 DKW 公司（德国奥迪汽车公司合并前的四家公司之一）在 1956 ~ 1958 年间生产的双门跑车，采用前置前驱布局。该车装有一台 0.9 升 I3 发动机，最大功率为 29 千瓦。变速箱为四速手动变速箱，0 ~ 100 千米 / 时加速时间为 20 秒，最大车速为 125 千米 / 时。

汽车联盟 1000 Sp

车身参数	
长度	4170 毫米
宽度	1680 毫米
高度	1325 毫米
轴距	2350 毫米
整备质量	950 千克

　　汽车联盟 1000 Sp（Auto Union 1000 Sp）是汽车联盟公司（德国奥迪汽车公司前身）在 1958 ~ 1965 年间生产的跑车，采用前置前驱布局。该车装有一台 1 升 I3 发动机，最大功率为 40 千瓦，峰值扭矩为 93 牛·米。变速箱为四速手动变速箱，0 ~ 100 千米/时加速时间为 22 秒，最大车速为 140 千米 / 时。

特斯拉 Roadster

车身参数（第一代）

长度	3946 毫米
宽度	1873 毫米
高度	1127 毫米
轴距	2352 毫米
整备质量	1305 千克

特斯拉 Roadster（Tesla Roadster）是美国特斯拉汽车公司在 2008 ~ 2012 年间生产的电动跑车，计划于 2024 年推出第二代车型。该车既是首款使用锂离子电池的量产纯电动跑车，也是首款续航里程达到 200 英里（320 千米）的纯电动车。2009 年 10 月 27 日，特斯拉 Roadster 在澳大利亚举行的全球绿色汽车挑战赛中创造了单次充电行驶 311 英里（501 千米）的量产电动车续航里程世界纪录，当时的平均车速为 40 千米 / 时。该车 0·100 千米 / 时加速时间为 2.1 秒。

西尔贝大蜥蜴

车身参数

长度	4633 毫米
宽度	2605 毫米
高度	1067 毫米
轴距	2672 毫米
整备质量	1247 千克

西尔贝大蜥蜴（SSC Tuatara）是美国西尔贝汽车公司从 2020 年开始生产的超级跑车。其外形采用了仿生学的设计理念，设计灵感源于新西兰的一种拥有翅膀的大蜥蜴。该车装有一台 5.9 升 V8 双涡轮增压发动机，如果使用 E85 乙醇汽油（乙醇含量达 85%），最大功率可达 1305 千瓦，而如果使用辛烷值为 91 的汽油，最大功率为 1007 千瓦。变速箱为 CIMA 七速自动变速箱，在赛道模式下 100 毫秒内就可完成换挡。该车 0 ~ 100 千米 / 时加速时间为 2.8 秒，最大车速达 483 千米 / 时。

第 4 章

运动休旅车

运动休旅车是一种拥有旅行车般的舒适性和空间机能，同时具有运动型跑车的牵引力和越野车能力的车型。由于市场需求越来越大，为了让运动休旅车能满足更多不同需求的消费者以扩张市场，各汽车公司也生产出数种运动休旅车的分支车型，但大致上仍能被统称为运动休旅车。

劳斯莱斯库里南

长度	5341 毫米	**轴距**	3295 毫米
宽度	2164 毫米	**整备质量**	2660 千克
高度	1835 毫米		

　　劳斯莱斯库里南（Rolls-Royce Cullinan）是英国劳斯莱斯汽车公司在 2018 年开始生产的前置四驱 SUV。该车是劳斯莱斯汽车公司推出的首款 SUV，采用了轻量化全铝平台的架构，在 28 英寸的前桥轮毂上进行了全新设计。进气格栅向上向前推高，车标及欢庆女神傲然伫立于车头，气势十足。帕特农神庙式进气格栅更加修长，搭配矩形全 LED 前大灯组和较高的车头设计，更显奢华气质。前包围采用了富有层次感的设计，配合恰当的装饰点缀，既美观又减少古板的印象。内饰部分，劳斯莱斯库里南采用大量木纹设计和皮革，全新液晶显示屏和数字化中控面板颇具现代感。巨大的天窗为宽大的车内再次释放出更多空间优越感。后排座位可提供两种不同的配置，采用了皇室级豪华双座布局，同时还有一套含一个酒柜和冰箱在内的隐藏设计。除此之外，劳斯莱斯汽车公司首次在该车上使用大屏幕触摸屏设计，这套设备可以通过手势控制，车内还标配了包括夜视系统，360 度全景视觉系统，防碰撞警告、交通警告、车道偏离和车道变更警告系统，Wi-Fi 热点网络系统。同时还有 5 个 USB 接口可以用来给电子设备充电，前部提供无线充电设备。

　　劳斯莱斯库里南使用 6.75 升 V12 双涡轮增压发动机，变速箱为八速自动变速箱，0 ~ 100 千米 / 时加速时间为 5.2 秒。该车首次搭载了全时四驱系统以获得更强的通过性，并配有全轮转向系统使得车辆更加灵活。

行驶中的劳斯莱斯库里南

劳斯莱斯库里南侧后方视角

劳斯莱斯库里南侧前方视角

劳斯莱斯库里南的驾驶位

宾利添越

宾利添越（Bentley Bentayga）是英国宾利汽车公司在 2015 年开始生产的前置四驱 SUV。自面世至今，已斩获多项国际大奖。该车车头部分采用了宾利矩阵式格栅，端正宽敞，两侧是四个独具特色的悬浮式全 LED 前灯，灯光强度和方向可以根据周围路况自行调节。水晶日间行车灯围绕于大灯周围。隐藏式的大灯清洗装置位于外侧大灯与车身同色部分的中间位置，可以向前自动伸出约 10 厘米，以高压水的方式冲洗大灯。为契合车主的生活方式，车尾设计较为宽大，使后备厢空间得到提升。两侧尾灯在尾门处一分为二，融入了 B 形光源造型，让车辆在夜间同样引人注目。内饰采用大量真皮材质，还配有包括夜视系统、抬头显示、触控式发动机停启按键以及带导航功能的全液晶高清仪表盘等。座椅可进行 16 向或 22 向调节，包括宾利首次采用的可调节坐垫与靠垫，包括六种可选模式按摩、加热以及通风等功能。

宾利添越搭载一台 6 升 W12 双涡轮增压发动机，最大输出功率为 447 千瓦。变速箱为八速自动变速箱。该车配备了开创性的主动侧倾控制系统。在弯道驾驶时，该创新性系统通过使用 48 伏电机将车身侧倾降至最低，即使高速转弯，依然游刃有余。该车不仅能在宽阔道路上疾驰，也能在各种野外路况下行驶，即使纵横倾角达 35 度的严苛地形，也能轻松翻越。

车身参数	
长度	5141 毫米
宽度	1998 毫米
高度	1742 毫米
轴距	2992 毫米
整备质量	2440 千克

宾利添越内饰设计

车门打开后的宾利添越

保时捷卡宴

车身参数（第三代）	
长度	4855 毫米
宽度	1940 毫米
高度	1710 毫米
轴距	2895 毫米
整备质量	2085 千克

🏁 保时捷卡宴内饰设计

🏁 保时捷卡宴侧前方视角

　　保时捷卡宴（Porsche Cayenne）是德国保时捷汽车公司在 2002 年开始生产的前置四驱 SUV。在外观上，保时捷卡宴造型时尚动感。前灯和散热片保持了保时捷传统的风格，最大斜度角为 32 度，减振弹簧的行程很长，提高了越野性能，空气减振器具有 116 毫米的调整区域，共有 6 种高度可以调整，范围涵盖越野车和跑车的需要。与上一代车型相比，卡宴第三代增添了很多新鲜元素，例如修改后的轮拱线条与更低伸的前保险杠结合，整体更为紧凑动感。前脸进气格栅样式换新，为三横条幅式贯穿式设计。尾灯组采用全新造型，由一条 LED 灯带贯穿整个车尾，排气布局为双边共两出样式。在尾门的设计上，卡宴增加了尾门的弧度，让它看起来更加轻巧。而在侧面线条上，则通过更加突出雕刻感的腰线强化了车辆的力量。车内采用同基调的双色内装，车门内饰板、座椅、方向盘、排挡杆均以真皮包覆，铝白色车内饰板，三环式仪表组，前座左右独立调整的恒温空调，多功能方向盘，10 个喇叭的音响系统，液晶综合资讯显示中控台荧幕均列为标准配备。

　　保时捷卡宴搭载 3 升 V6 双涡轮增压发动机，最大功率为 250 千瓦，峰值扭矩为 450 牛·米。各个车型均采用八速自动变速箱，并标配主动式四轮驱动系统。

保时捷玛卡

保时捷玛卡（Porsche Macan）是德国保时捷汽车公司在 2014 年开始生产的前置四驱 SUV。保时捷玛卡与卡宴的造型非常相似，但在车身长度以及高度上相差明显，而较为影响空间的宽度和轴距则相差不多，相比卡宴，玛卡的视觉效果更加低矮，发动机盖更加平滑，视觉效果出众。玛卡在灯组方面采用三点式的设计，采用氙气大灯，示宽灯和转向灯都采用了 LED 光源，且都镶嵌在进气格栅上方。尾灯是玛卡的点睛之笔。由于视觉重心低，因此玛卡的尾灯显得动感十足，后窗倾斜角度较大，运动气息强烈。内饰上玛卡延续了保时捷家族化风格，车内大量使用真皮以及碳纤维材质，提升车内整体豪华运动氛围。该车还采用了偏向运动的三幅式方向盘，而变速箱挡把两侧的按键功能也是相当齐全的。

入门级保时捷玛卡搭载 2 升 I4 涡轮增压发动机，最大功率调高至 185 千瓦，峰值扭矩为 370 牛·米；动力更好的玛卡 S 则搭载最大功率 250 千瓦的 3 升 V6 双涡轮增压发动机，峰值扭矩为 460 牛·米。此外，一台由保时捷卡宴上的 3.6 升发动机经过二次开发而来的全新 3.6 升双涡轮增压发动机提供给顶级版的玛卡 Turbo，这款发动机最大功率可达 294 千瓦，峰值扭矩为 550 牛·米。传动方面，保时捷汽车公司为玛卡提供七速手动变速箱和七速双离合变速箱。

车身参数

长度	4681 毫米
宽度	1923 毫米
高度	1624 毫米
轴距	2807 毫米
整备质量	1865 千克

保时捷玛卡内饰设计

保时捷玛卡侧前方视角

兰博基尼野牛

车身参数

长度	5113 毫米
宽度	2017 毫米
高度	1638 毫米
轴距	3002 毫米
整备质量	2200 千克

🏁 车门打开后的兰博基尼野牛

🏁 兰博基尼野牛侧前方视角

    兰博基尼野牛（Lamborghini Urus）是意大利兰博基尼汽车公司在 2018 年开始生产的前置四驱 SUV。兰博基尼野牛的前大灯采用概念车的设计造型，增加 LED 大灯，在尾部造型设计上，同样采用 LED 尾灯，采用经典的 Y 字形样式。底盘大量采用铝合金材料，加上无框铝合金车门等设计，让该车整备质量更轻。整个尾部由相连的黑色面板包覆进气格栅、兰博基尼标识和 Y 字形尾灯与后翼子板共同组成。后扩散器的设计灵感源于兰博基尼赛车，设有两组圆形排气管。兰博基尼野牛的内饰与外观相呼应，完美嵌入座舱的座椅采用超级跑车的低位设计，同时保证了极致舒适。四个座椅的表面由多个独立式坐垫覆盖。车厢多处加入了六边形设计元素，渲染了运动氛围。全液晶仪表盘、大尺寸中控屏幕和空调系统控制屏共同构成的三屏交互系统，带来很强的科技感。下方的挡位控制和一键启动区域采用了类似飞机控制装置。

    兰博基尼野牛采用全新开发的 4 升 V8 双涡轮增压发动机，最大功率达 471 千瓦，峰值扭矩为 850 牛·米，最高转速为 6800 转 / 分，成为兰博基尼汽车公司第一款采用涡轮增压发动机的量产车。除了装备了 31 英寸的炭黑色轮毂之外，该车还配备了兰博基尼埃文塔多的碳纤维陶瓷刹车系统。

玛莎拉蒂莱万特

车身参数	
长度	5003 毫米
宽度	1968 毫米
高度	1679 毫米
轴距	3004 毫米
整备质量	2109 千克

　　玛莎拉蒂莱万特（Maserati Levante）是意大利玛莎拉蒂汽车公司在 2016 年开始生产的前置四驱 SUV。玛莎拉蒂莱万特前脸采用家族化进气格栅以及分体式的大灯，前灯组造型视觉效果非常锋利，前保险杠下部的进气口进一步彰显了其活动化的气势派头。前保险杠将中格栅与雾灯装饰罩做成一个整体，双侧则加入了 LED 日间行车灯。宽敞舒适的内部空间采用精良材料打造，内饰细节精致时尚。前座椅采用符合人体工程学原理的包裹式设计，配备全电动调节系统确保驾驶者处于最佳位置。后排不对称分离式皮革座椅可轻松容纳三位乘客。座椅中央区域嵌入大尺寸 V 形波浪真丝格纹。车门面板、车顶内衬和遮阳板也均采用杰尼亚真丝织物包裹。通过玛莎拉蒂触控系统的 8.4 英寸触控显示屏，驾乘者可轻松控制车载设备和各项功能。

　　玛莎拉蒂莱万特搭载性能强悍的 3 升 V6 双涡轮增压汽油发动机，采用先进创新技术，设计精密，燃油消耗更低，二氧化碳排放量更少。该车采用前双叉臂后五连杆的独立悬架组合，还配备了空气悬架，共有 6 种车身高度可调，除常规的越野、普通、运动等五种模式外，它还拥有一个上下车自动调节悬架模式，停车时挂入 P 挡熄火，车身会自动下降，以方便驾乘者进出。

　玛莎拉蒂莱万特侧前方视角

　玛莎拉蒂莱万特内饰设计

　行驶中的玛莎拉蒂莱万特

　玛莎拉蒂莱万特侧后方视角

阿斯顿·马丁 DBX

车身参数

长度	5039 毫米	**轴距**	3060 毫米
宽度	1998 毫米	**整备质量**	2245 千克
高度	1680 毫米		

　　阿斯顿·马丁 DBX（Aston Martin DBX）是英国阿斯顿·马丁汽车公司在 2020 年开始生产的前置四驱 SUV。阿斯顿·马丁 DBX 前脸采用了标志性的"大嘴式"进气格栅设计，配合两侧造型犀利的前大灯组及下方环形日间行车灯，使整个前脸造型看上去极具辨识度。其车身侧面拥有轿跑 SUV 标志性的溜背式车身设计，搭配黑色车身包围及大尺寸多辐式轮圈的加入，使整车充满了运动气息。后挡风玻璃下方加入了后扰流板，并且后扰流板还融入了当下流行的贯穿式尾灯组，点亮后拥有不错的视觉效果。而粗犷的下包围搭配双边共两出式排气，野性的同时又不失精致感。阿斯顿·马丁 DBX 采用棕色的内饰，整体内饰设计极致奢华，厂家给用户提供了三个不同等级的真皮材质，还可以选择羊毛毡作为内饰材质。12.3英寸全液晶仪表盘及 10.25英寸全液晶中控液晶屏的加入进一步提升了车内的科技感。配置方面，包括苹果 CarPlay、360 度全景摄像头系统以及在座舱内提供 64 种颜色的氛围灯均为标准配置。

　　阿斯顿·马丁 DBX 采用 4 升 V8 双涡轮增压发动机，变速箱为九速自动变速箱，悬架采用的是前连杆和后连杆多悬架，0 ～ 100 千米 / 时加速时间仅需 4.5 秒。同时，主动排气系统发出的声浪具有鲜明的阿斯顿·马丁特征，能根据不同情况呈现或柔和或响亮的多种风格。

🏁 行驶中的阿斯顿·马丁 DBX

🏁 阿斯顿·马丁 DBX 侧后方视角

🏁 阿斯顿·马丁 DBX 内饰设计

🏁 阿斯顿·马丁 DBX 侧前方视角

路虎揽胜

车身参数（第四代）

长度	4999 毫米	**轴距**	2922 毫米
宽度	1984 毫米	**整备质量**	2160 千克
高度	1835 毫米		

路虎揽胜（Land Rover Range Rover）是英国路虎汽车公司在 1970 年开始生产的前置四驱 SUV。路虎揽胜拥有三条经典车身线条，辨识度极高。略呈锥形的侧影轮廓具有标识性，线条更显利落，无缝衔接式侧挡风玻璃与黑色漆面的支柱，充分凸显悬浮车顶设计的灵动与优雅。其引人注目的环绕式全方位 LED 大灯，展现动态现代风格。像素式激光 LED 大灯带日间行车灯，提供更出色前大灯组合，其采用激光技术的灯光亮度更高。该大灯系统可覆盖约 500 米的视野。该车的驾驶座非常舒适，视野非常开阔。座椅和方向盘均是电动多向调节的，坐姿的变化幅度很大。车身虽高，但人员进出车厢也非常容易。

在越野性能方面，路虎揽胜的车身刚性比上代增强一倍多，车身的通过角、离地距离都加大，它的空气悬架系统可以将车高从最低的 208 毫米，上调到最高的 281 毫米。悬架虽是越野车中罕见的四轮全独立式，但前后悬架的行程比上一代的非独立悬架还分别要多 50 毫米和 100 毫米。此外，恒时四驱系统备有攀爬所必需的低速挡，还有专用来安全下坡的 HDC（Hill Decent Control）陡坡缓降系统。两者的开关都设在中控台挡杆后方，操作极其简易。

🏁 行驶中的路虎揽胜

🏁 打开车门后的路虎揽胜

🏁 路虎揽胜侧前方视角

🏁 路虎揽胜侧后方视角

路虎卫士

车身参数

长度	5018 毫米
宽度	2008 毫米
高度	1967 毫米
轴距	3022 毫米
整备质量	2100 千克

路虎卫士（Land Rover Defender）是英国路虎汽车公司最早在 1983 年开始生产的前置四驱 SUV，新一代车型于 2019 年开始生产。路虎卫士车身设计以方正、硬朗的线条为主，并加入大量圆角勾勒，同时融入了最新的家族元素，整体更为精致细腻。车架比传统的承载式车身强度高 10 倍，比传统的非承载式车身强度高 3 倍。该车沿用了短前后悬架距离设计，配合高达 291 毫米的离地间隙，提升车辆通过性。车内搭载全新信息娱乐系统 PIVI Pro，支持软件在线升级功能。路虎卫士还提供 90 短轴版和 110 版两种车型，其中 110 版车型采用 5 座与 5+2 座两种布局形式，后备厢容积最大可达 1075 升。第二排座位折叠后，后备厢容积可提升至 2380 升。路虎卫士搭载第二代智能全地形反馈适应系统，新增涉水模式，其最大涉水深度可达 900 毫米，还拥有"路虎全地形管家"专业自定义模式，用户可更精准地自定义设置车辆，同时系统也可根据不同路况自动匹配最佳地形模式。

路虎卫士提供四种动力选择，分别是直列六缸汽油增压发动机、四缸汽油增压发动机以及两款四缸柴油发动机，变速箱全部为八速自动变速箱。

路虎卫士侧前方视角

行驶中的路虎卫士

路虎卫士侧后方视角

路虎卫士内饰设计

路虎发现

车身参数（第五代）

长度	4970 毫米
宽度	2000 毫米
高度	1888 毫米
轴距	2923 毫米
整备质量	2193 千克

　　路虎发现（Land Rover Discovery）是英国路虎汽车公司在 1989 年开始生产的 SUV，到 2020 年已经发展到第五代。路虎发现前四代车型定位为纯种越野车，因此整车采用了非承载式车身的结构，并采用传统越野车的方块造型设计，硬朗的外观格外引人注目。第五代的外观造型摒弃了过去过于方正的线条，采用了更多圆润、流畅的设计元素。新一代路虎发现采用了路虎汽车公司的家族式前脸设计，全新的 LED 大灯较旧款车型面积缩小，并改进了日间行车灯的样式，更具现代科技感。保险杠两侧新设计的真实通风口亦能在日常驾驶中辅助刹车进行降温。该车有 6 种地形和驾驶模式及 1 种自动模式，在雪地、泥沼、山地等地形均能保持平稳姿态，全轮驱动系统能够平衡前后轮扭矩分配，跋山涉水也能从容不迫。

　　第五代路虎发现基于全新的 PTA 豪华横置发动机平台打造，搭载 3 升 V6 涡轮增压汽油发动机，并采用第二代智能全地形反馈适应系统、ATPC（全地形进程控制系统）、由路虎汽车公司全球首创的全地形透视引擎盖技术及傲视同侪的涉水感应系统，最大涉水深度 600 毫米，沿袭了路虎发现家族最经典也是最强悍的特色。配合八速自动变速箱，拥有更精准的换挡和更快的响应，从而全面升级了该车的操控体验。

🏁 **路虎发现侧方视角**

🏁 **行驶中的路虎发现**

🏁 **路虎发现内饰设计**

🏁 **路虎发现侧前方视角**

吉普牧马人

车身参数（第四代）

长度	4790 毫米
宽度	1880 毫米
高度	1848 毫米
轴距	3010 毫米
整备质量	2049 千克

　　吉普牧马人（Jeep Wrangler）是美国吉普汽车公司在 1986 年开始生产的前置后驱 / 四驱 SUV。吉普牧马人拥有硬朗阳刚的车身轮廓，宽大的前后轮眉，车头七孔格栅，圆形前大灯。外置的发动机盖锁扣、外露的车门铰链以及外露的铆钉，这些设计在现今的汽车产品中都已很少见到。此外，该车还采用双顶组合的设计，即同时配置软、硬两种顶篷。牧马人车身结构异常坚固，凭借多项安全技术轻松获得美国政府对前方和侧面碰撞测试的最高安全等级。由于采用了非承载式车身，它的抗扭能力更强，在崎岖或上下振幅很大的路况下行车时，依然能保证车身不变形。其超强防翻滚架的抗冲击能力极强，在意外发生翻滚事故时，可以最大限度保障车内乘员安全。为了克服一般越野车重心高、高速转弯时易侧翻的情况，牧马人配备了更高级的电子防侧翻滚系统（ERM）及电控车辆稳定行驶系统（ESP），有效杜绝险情发生。另外，牵引力控制系统（TCS）以及定速巡航功能等多种安全配置，配备胎压监测系统（TPMS），全力保障车辆安全。

　　吉普牧马人可选用 2 升 I4 涡轮增压发动机、2.2 升 I4 涡轮增压发动机、3 升 V6 涡轮增压发动机、3.6 升 V6 发动机等。变速箱为八速自动变速箱，更高的变速箱转速可在发动机保持扭矩输出不变时，提升加速表现。

🏁 吉普牧马人侧前方视角

🏁 吉普牧马人侧后方视角

吉普指挥官

车身参数

长度	4769 毫米
宽度	1859 毫米
高度	1682 毫米
轴距	2794 毫米
整备质量	1908 千克

🏁 吉普指挥官侧前方视角

🏁 行驶中的吉普指挥官

吉普指挥官（Jeep Commander）是美国吉普汽车公司在 2021 年开始生产的 SUV。该车外形沿用了许多经典吉普车型的设计，采用七孔水箱格栅，棱角分明的车头和简练、方正的线条贯穿于整个车身。为了使硬朗形象更加统一，指挥官放弃了吉普汽车公司沿用多年的圆形头灯，改用立体几何形状的方灯设计。车身四周采用大量的电镀装饰增添了少许时尚气息，延伸至车尾的行李架也显得很有新意，粗壮的轮拱及保险杠则强化了其强悍的形象。

吉普指挥官具有直立前窗、后窗和尾部以及更加垂直的车身侧面与侧窗玻璃，体现了吉普汽车的经典造型。车外后视镜也突显了雄浑造型和针对性的功能特点。吉普指挥官的仪表板下部与吉普大切诺基相同，但采用了全新的仪表板顶部。仪表板顶部具有四对圆形可调节通风口，突显了有助于体现机械构造风格的 16 个六角螺栓。方向盘中心和换挡杆手柄均有 Jeep 标识，Jeep 标识的周围是闪亮的圆环，圆环中有外露式仿造六角螺栓头，从而延续并提升了总体设计主题。带有 LED 照明的四表盘式仪表盘采用了黑色仪表、白色刻度和红色指针，以便在各种条件下轻松读数。

吉普指挥官搭载了 4.7 升 V8 发动机和 5.7 升 HEMI 变排量 V8 发动机，发动机与 5-45RFE 型电控自动变速箱相匹配，可以实现平顺的动力输出。在车身电气方面，该车使用了集成动力模块 IPM 进行全车电源管理，并使用了 CANBUS 通信系统代替了以往的 PCIBUS 通信系统。

吉普大切诺基

车身参数（第四代）

长度	4821 毫米
宽度	1938 毫米
高度	1760 毫米
轴距	2915 毫米
整备质量	2388 千克

吉普大切诺基（Jeep Grand Cherokee）是美国吉普汽车公司在 1992 年开始生产的前置后驱 / 四驱 SUV。

吉普大切诺基采用超高刚性承载车身，提供了一流的宁静度与行驶稳定性。车身采用世界顶级钢材制造，整车密布着逾 5400 处焊点，更使用了超过 3700 毫米的电弧焊、100 米的结构胶来加固焊接。高水准的制造工艺，使得车身的抗扭刚度提升为原来的 146%，高于同级别众多竞争对手。而增强的车身刚度，不仅可以提高车辆应对上 / 下陡坡、不平台阶或岩石等路面时的车身抗扭性，更能大幅降低公路驾驶时的噪声与振动，提升驾驶时的舒适性。车内各类完备的高端装备使吉普大切诺基的驾乘舒适性进一步提升。全系的前排座椅均带有 12 向电动调节带电加热、通风功能。前排主驾座椅带有记忆功能，第二排座椅也配备了加热功能，保证了严寒天气下的后座舒适性；同时车辆还配备了免钥匙启动系统、温感式双区自动空调系统、带记忆功能防眩目可加热电动外后视镜、全景天窗带一键式启动电动遮阳板等高科技的豪华精湛配置，更为纵横无碍的驾乘体验平添更多乐趣。

吉普大切诺基搭载 4.7 升 V8 发动机，加上多段式五速自动变速箱的精巧配合，给驾驶者提供了强劲的起步力、敏捷的加速性及燃油经济性。全系标配的七个安全气囊遍布全车，而全新改良设计的车身，碰撞系数也大大提高，一举达到全新车顶碰撞标准、侧面碰撞标准和欧洲行人碰撞标准三大最高碰撞要求。

🏁 吉普大切诺基第五代侧前方视角

🏁 行驶中的吉普大切诺基第五代

🏁 吉普大切诺基第五代侧方视角

🏁 吉普大切诺基第五代侧后方视角

梅赛德斯－奔驰 G 级

车身参数

长度	4725 毫米
宽度	1931 毫米
高度	1969 毫米
轴距	2890 毫米
整备质量	2354 千克

梅赛德斯－奔驰 G 级（Mercedes-Benz G Class）是德国梅赛德斯－奔驰汽车公司在 1979 年开始生产的前置四驱 SUV。梅赛德斯－奔驰 G 级依旧沿用了经典的方盒子车身造型，全新镂空镀铬进气格栅、LED 光源的日间行车灯以及 C 字形 LED 尾灯上，都能明显感觉到 G 级的造型变化。前部圆形头灯采用了几何多光束 LED 自动大灯，它更加智能，可有效降低夜间驾驶者疲劳度。个性鲜明的机械式门把手和颇具特色的机械感关门声、结实的车身保护条、后门外挂式备胎，以及发动机盖上的梯形转向指示灯，这些非同寻常的特色与这款越野车棱角分明的线条共同勾勒出该车的别致外观。简短的前后悬架强调了越野车的通过性，接近角 31 度，离去角 30 度，离地间隙增加 6 毫米，达到 241 毫米。其内饰采用最新奔驰家族化设计，除了经典的碳纤维饰板外，还应用了金属、碳纤维和皮革等高级材质。12.3 英寸高清屏、虚拟仪表盘与中控液晶屏融为一体，视觉上形成一个宽屏驾驶舱，富有前卫科技味道。显示界面提供运动、经典、前卫三种显示模式切换，也支持用户个性化的自定义设定。

该车搭载 5.5 升 V8 发动机，能够输出 280 千瓦的最大功率和 530 牛·米的峰值扭矩，从而为旅途提供了充足的动力储备。在面对越野路况时，梅赛德斯－奔驰 G 级配备的手动差速锁、带越野减速比的变速箱、空气减振器、4ETS 四轮驱动电子牵引系统使它拥有了无与伦比的通过性能。

🏁 行驶中的梅赛德斯－奔驰 G 级

🏁 梅赛德斯－奔驰 G 级内饰设计

🏁 梅赛德斯－奔驰 G 级侧后方视角

🏁 打开车门后的梅赛德斯－奔驰 G 级

梅赛德斯－奔驰 GLE 级

车身参数（第四代）

长度	4941 毫米
宽度	2018 毫米
高度	1782 毫米
轴距	2995 毫米
整备质量	2150 千克

🏁 梅赛德斯－奔驰 GLE 级侧前方视角

🏁 梅赛德斯－奔驰 GLE 级头部视角

梅赛德斯－奔驰 GLE 级（Mercedes-Benz GLE Class）是德国梅赛德斯－奔驰汽车公司在 1997 年开始生产的SUV。

梅赛德斯－奔驰 GLE 级摒弃了复杂的车身线条和曲面，勾勒出充满肌肉感的车身轮廓。多边形的闪钻格栅、引人瞩目的几何多光束 LED 大灯、AMG 风格前裙板和带有两条隆起的发动机罩，使全新 GLE 级的前脸兼具动感与优雅。车身侧面最显著的特征是自第一代车型传承至今的游艇式宽阔 C 柱。狭长的尾灯组采用两段式设计和背光边缘照明，是梅赛德斯－奔驰 SUV 家族的最新设计元素。内饰方面，MBUX 智能人机交互系统的双 12.3 英寸高清显示屏点亮整个驾驶舱。内饰风格结合了梅赛德斯－奔驰轿车的豪华优雅与 SUV 的硬朗前卫，首次出现的中央越野扶手，强化了越野风格。该车拥有更为宽敞舒适的车内空间，尤其是后排腿部和头部空间。第二排座椅还带有同级独有的 6 向电动调节功能，充分照顾后排乘客的乘坐体验。GLE 级还首次提供第三排座椅选装，并在第二排座椅安装"轻松出入"功能，一键便可折叠靠背并移动座椅，满足用户的个性化出行需求。

梅赛德斯－奔驰 GLE 级汽油版本有三种动力配置可选，包括 2 升 I4 涡轮增压发动机、3 升 I6 涡轮增压发动机和 4 升 V8 双涡轮增压发动机。根据发动机调校，各个版本的 0 ~ 100 千米 / 时加速时间为 3.8 ~ 7.6 秒，最大车速为228 ~ 280 千米 / 时。

梅赛德斯 – 奔驰 GLS 级

梅赛德斯 – 奔驰 GLS 级（Mercedes-Benz GLS Class）是德国梅赛德斯 – 奔驰汽车公司在 2006 年开始生产的前置四驱 SUV。

梅赛德斯 – 奔驰 GLS 级是一款时尚、宽敞、动感十足的家用 SUV。该车采用 AMG 套件，显得非常动感。全系标配了梅赛德斯 – 奔驰的 LED 智能照明系统，可以根据不同的路况改变照明的范围，让夜间行车更加安全。宽大的中网和粗壮的横向饰条计车头显得足够大气，车标为平面设计，整体延续了奔驰固有的家族化设计。该车后保险杠下部采用了梅赛德斯 – 奔驰 SUV 车型常用的镀铬处理，排气管采用类似于四边形的样式。内饰方面，GLS 级采用大面积皮革和木纹饰板等材质，豪华感有所提升。同时该车还配备全新的三幅式多功能方向盘、内饰氛围灯以及全新的触控人机交互系统。第一排和第二排的座椅非常舒适，即便是第三排座椅也足够容纳成人。电动折叠的第二排座椅是可选的，可轻松进入第三排座椅。

梅赛德斯 – 奔驰 GLS 级可提供多种动力，包括 3 升 V6 双涡轮增压发动机、4 升 V8 增压发动机，还可提供柴油发动机供选。GLS 级各个车型均配备九速自动变速箱，以及多路况适应系统、空气悬架和四驱系统。

车身参数（第三代）	
长度	5207 毫米
宽度	1956 毫米
高度	1850 毫米
轴距	3135 毫米
整备质量	2410 千克

🏁 梅赛德斯 – 奔驰 GLS 级侧前方视角

🏁 梅赛德斯 – 奔驰 GLS 级内饰设计

梅赛德斯－奔驰 GLA 级

车身参数（第一代）	
长度	4417 毫米
宽度	1804 毫米
高度	1494 毫米
轴距	2699 毫米
整备质量	1585 千克

🏁 梅赛德斯－奔驰 GLA 级侧前方视角

🏁 梅赛德斯－奔驰 GLA 级尾部视角

　　梅赛德斯－奔驰 GLA 级（Mercedes-Benz GLA Class）是德国梅赛德斯－奔驰汽车公司在 2013 年生产的前置前驱 / 四驱 SUV，是基于 MFA 前驱平台打造的一款全新 SUV 车型。梅赛德斯－奔驰 GLA 级延续了概念车的设计架构，车头的水箱格栅由梅赛德斯－奔驰招牌的双横式镀铬横条和中央三芒星厂徽构建而成。车身采用家族全新的雕塑感十足的钣件折线，塑造出线条分明的车身轮廓。该车在前保险杠下方配置了挡泥护板，彰显出更为粗犷的运动气息。其前脸造型动感有力，运用凸起的格栅线条与层次感丰富的发动机舱盖，大面积的下进气口镀铬边框装饰十分抢眼。侧面腰线向后收紧，并且与尾部的 U 形灯组相呼应。20 英寸的大尺寸轮圈更加突出它的运动气质。此外，GLA 级还采用了无门框的特殊设计。内饰方面，该车配备三幅式跑车化多功能方向盘、双环式仪表盘、十字形镀铬出风口以及独立式的中央彩色显示屏。并且提供了多款真皮座椅及内装饰板的搭配，让消费者自行搭配。

　　梅赛德斯－奔驰 GLA 级有多种动力系统供消费者选择。汽油版本搭载 1.6T 发动机或 2.0T 发动机，前者根据调校不同最大功率分别为 90 千瓦和 115 千瓦；后者最大功率为 155 千瓦。柴油版本搭载 1.8T 或 2.1T 发动机。此外，未来奔驰GLA45 AMG 搭载的 2.0T 发动机最大功率能够达到 265 千瓦，峰值扭矩为 450 牛·米。

梅赛德斯 – 奔驰 GLC 级

梅赛德斯 – 奔驰 GLC 级（Mercedes-Benz GLC Class）是德国梅赛德斯 – 奔驰汽车公司在 2015 年开始生产的前置后驱 / 四驱 SUV。

2020 年款的梅赛德斯 – 奔驰 GLC 级进行了多项改进，前脸造型变化不小，采用了最新的家族式设计，大灯组与格栅之间的空隙略有加大。全新的中网造型整体非常圆润，大灯外侧的 LED 日间行车灯采用了新的环状结构。该车功能配备全面，其中包括 LED 大灯、电动后备厢盖以及可调节动力和加热的前排座椅。MBUX 信息娱乐系统以 10.25 英寸触摸屏为基础，还包括苹果 CarPlay 和安卓 Auto 智能手机集成。标准的安全功能包括盲点监视、自动紧急制动和驾驶者疲劳警告系统。GLC 还提供各种选项和套件，包括附加的驾驶者辅助功能、自动停车系统、升级的皮革内饰以及增强的技术和信息娱乐功能。

梅赛德斯 – 奔驰 GLC 级有多种动力配置可选，汽油版本包括 2 升 I4 涡轮增压发动机、3 升 V6 双涡轮增压发动机和 4 升 V8 双涡轮增压发动机，柴油版本包括 2 升 I4 涡轮增压发动机和 2.2 升 I4 涡轮增压发动机。各个车型均配备九速自动变速箱，换挡操作快速、平顺，且有助于降低油耗。GLC 级还配备了升级的制动器，机械限滑差速器，用于四轮驱动系统的可变扭矩分配。

车身参数	
长度	4656 毫米
宽度	1890 毫米
高度	1638 毫米
轴距	2873 毫米
整备质量	1790 千克

🏁 梅赛德斯 – 奔驰 GLC 级侧前方视角

🏁 梅赛德斯 – 奔驰 GLC 级内饰设计

宝马 X5

车身参数（第四代）	
长度	4922 毫米
宽度	2004 毫米
高度	1745 毫米
轴距	2975 毫米
整备质量	2060 千克

🏁 宝马 X5 第四代侧前方视角

🏁 宝马 X5 第四代内饰设计

　　宝马 X5（BMW X5）是德国宝马汽车公司在 1999 年开始生产的前置后驱 / 四驱 SUV。

　　宝马 X5 拥有超大尺寸的双肾式前格栅，车侧线条较为平直，车顶线条、腰线等都没有刻意追求俯冲感。车尾设计追求简约，两侧扁平的多边形 LED 尾灯组与前大灯相呼应，并由中央镀铬饰条相贯通，提升了美感。宝马 X5 具备优异的操控灵敏度和操控稳定性，并采用一系列创新技术，包括 ASC+T（自动稳定及牵引力控制）和 DSC Ⅲ（自动动态稳定控制）等。无论在公路上还是在崎岖小径上，它都能输出强大动力，表现出卓越的性能。即使在松软的路面上，它也能灵活自如地加速和制动。宝马 X5 采用高档装饰材质内饰，除了驾驶仪表盘外，整个控制台显得很低，增加了车内空间的明亮感，中央液晶显示器换成了薄片独立设计的大屏幕。同时，宝马 X5 加入了实木饰板和银色饰框。

　　宝马 X5 共有 2.0T I4、3.0T I6、4.4T V8 三种发动机配置，前两种发动机有柴油版本。带手动换挡方式的 6 挡自动变速箱，可以实现非常快速、流畅的换挡。

宝马 X3

宝马 X3（BMW X3）是德国宝马汽车公司在 2003 年开始生产的 SUV。第一代宝马 X3 于 2003 年开始生产，第二代于 2010 年开始生产，第三代于 2017 年开始生产。

宝马 X3 采用一体式双肾式进气格栅，在视觉上提升了车身宽度，配合带三角形垂直进气口的前保险杠，非常具有运动感。经过全新设计的后扩散器，搭配双边多边形排气尾管，尾部设计凸显强健气韵。宝马 X3 保留了宝马汽车在公路操控性能上与生俱来的运动基因，扎实的底盘和指向性精准的转向系统，让这款车非常灵活。该车可选大尺寸两段式全景玻璃顶棚，天窗前部装有附加的滑动功能，当顶棚打开时，挡风装置可根据车辆速度调整角度，以降低风噪。车内空间也相当宽敞，可容纳 5 个人、大量行李或运动装备。内饰部分，2020 年推出的宝马 X3 换装了 12.3 英寸全液晶仪表盘，实现了全系标配。同时，新车还新增了前排座椅加热，取消了车载 CD，九喇叭音响也不再可选；xDrive28i 车系新增感应后备厢尾门、前排座椅加热、Harman Kardon 音响、16 喇叭扬声器。安全配置方面，新车全系标配道路交通标志识别，xDrive30i 还增加了并线辅助、车道偏离预警等。

宝马 X3 搭载 B48 型 2.0T 发动机，最大功率根据车型的不同有三种调校。传动系统匹配八速手自一体变速箱，同时全系标配 xDrive 四驱系统。

车身参数（第一代）

长度	4570 毫米
宽度	1855 毫米
高度	1675 毫米
轴距	2795 毫米
整备质量	1830 千克

🏁 宝马 X3 第三代侧前方视角

🏁 宝马 X3 第三代侧后方视角

宝马 X6

车身参数（第三代）	
长度	4935 毫米
宽度	2004 毫米
高度	1696 毫米
轴距	2975 毫米
整备质量	2055 千克

🏁 宝马 X6 第三代侧前方视角

🏁 宝马 X6 第三代内饰设计

　　宝马 X6（BMW X6）是德国宝马汽车公司在 2007 年开始生产的前置四驱 SUV。2007 年推出概念车，2008 年开始生产第一代宝马 X6，第二代于 2014 年在巴黎车展上推出，第三代在 2019 年 7 月发布。

　　宝马 X6 拥有高挑的车身、较大的离地间隙。前脸双肾式进气格栅、两侧"天使眼"与高亮度氙灯让整个头部颇具特点。腰线以下部分与宝马 X5 有几分相似，而腰线以上部分则有着漂亮的车顶曲线、低矮的车窗设计以及紧收的 C 柱。该车内饰做工精细，实木装饰使车内整体的舒适度和豪华度有所提升，黑色内饰配上金属色旋钮及手柄，将整车的动感发挥到极致。其音响控制、巡航定速系统、电话系统都集成在方向盘上。双筒形银饰仪表盘设计，动感十足。

　　宝马 X6 可搭载 3.0 升双增压柴油发动机、3.0 升双增压汽油发动机、全新 4.4 升 V8 汽油直喷双增压发动机以及 4.8 升汽油发动机。此外，该车还装备了动态驱动力分配系统，以强化宝马 X6 在行车稳定性和操控精准性上的表现。同时配合 xDrive AWD 系统合理地分配前后车轴之间的驱动力。该车配备六速手自一体变速箱且具备运动模式和换挡拨片，并且使用了宝马新式的排挡把设计。与侧重公路行驶性能的宝马 X5 相比，宝马 X6 在公路性能上进化得更为彻底，在外形设计和动力操控上将跑车的运动能力及 SUV 的多功能相融合。

宝马 X1

宝马 X1（BMW X1）是德国宝马汽车公司在 2009 年开始生产的前置后驱 / 四驱 SUV。

宝马 X1 的外观设计力量感十足，大尺寸一体式双肾式进气格栅，搭配凌厉动感的前后包围，全新 LED 大灯更富视觉冲击力，与 18/19 英寸铝合金轮毂相得益彰。内饰保留了现款车的样式风格，使用了全新样式的电子换挡挡把，进一步提升了车内的豪华感。10.25 英寸中央液晶触控显示屏，配备全彩平视显示系统、智能手机交互系统、宝马互联驾驶、自然语音识别系统。可开启的全景天窗为驾驶者带来惬意的出行享受。由于采用长轴距设计，因此内部空间很大，后排及后备厢都可灵活调度，可按照不同的出行场景和需要，打造出适宜的车内空间。在车内，驾驶者可以通过 eDrive 按钮、轻松切换不同驾驶模式。xDrive 智能全轮驱动系统，为各种路况下的操控带来强有力支持。

宝马 X1 搭载 1.5T 和 2.0T 两款发动机，其中 1.5T 车型的最大功率为 103 千瓦，最大扭矩为 220 牛·米；2.0T 车型的最大功率为 141 千瓦，最大扭矩为 280 牛·米。配备全新电子换挡挡把，提升安全性能的同时带来驾驶乐趣，七速双离合变速箱、八速手自一体变速箱进一步优化了动态性能。

车身参数	
长度	4457 毫米
宽度	1789 毫米
高度	1535 毫米
轴距	2760 毫米
整备质量	1500 千克

🏁 宝马 X1 侧前方视角

🏁 宝马 X1 侧后方视角

宝马 X4

车身参数（第二代）

长度	4752 毫米
宽度	1918 毫米
高度	1621 毫米
轴距	2864 毫米
整备质量	1715 千克

🏁 宝马 X4 第二代侧前方视角（一）

🏁 宝马 X4 第二代侧前方视角（二）

宝马 X4（BMW X4）是德国宝马汽车公司在 2014 年开始生产的前置四驱 SUV。第一代宝马 X4 于 2014 年在纽约国际车展展出，第二代于 2018 年 7 月开始销售。

宝马 X4 的双肾式中网辨识度很高，配合银色的镀铬饰条进行装饰。前大灯组采用宝马汽车公司家族式 LED 光源设计，全 LED 自适应大灯包括采用全 LED 技术的近光、防眩远光大灯和转向指示灯，拥有防眩目远光辅助系统、LED 雾灯、弯道照明和可无级调节光线控制的随动控制大灯功能，可提供出色的道路照明并增强夜间能见度。进风口设计令前脸更富动感，并与六边形中央进风口通过特殊通道彼此分离，进一步增强前脸的视觉冲击力。从侧面看，该车在前翼子板上配备宝马 M 家族专属徽章，并配备全新造型的 19 英寸双五辐轮毂，侧裙造型相比普通版有所调整，车身溜背式的设计依旧动感十足。车尾部分设计非常动感，尾灯组依然采用 LED 光源。内饰部分，大尺寸中央液晶触控屏，配合第七代 iDrive 人机交互界面设计，操作更便捷。通过宝马智能驾驶辅助系统，宝马 X4 可提供良好的安全辅助，使出行方式更智能、更个性化。

宝马 X4 搭载 2 升 I4 涡轮增压发动机和 3 升 I6 涡轮增压发动机，两款发动机均有柴油版本。宝马 X4 各个车型均配备 ZF 八速双离合变速箱，以及独特的 xDrive 全轮驱动系统。0 ～ 100 千米 / 时加速时间仅为 4.9 秒，最高车速达到 250 千米 / 时。

宝马 X2

宝马 X2（BMW X2）是德国宝马汽车公司在 2017 年开始生产的前置前驱 / 四驱 SUV。

宝马 X2 的车身尺寸比宝马 X1 小一些，最大限度地保留了紧凑的运动感。全新设计的 LED 自适应大灯，造型更为利落。宝马 X2 内饰的整体框架和宝马 X1 很像。19 英寸空气动力学轮毂，可有效降低空气阻力。两者不同的是，宝马 X1 在配色和装饰方面突出的是豪华感，而宝马 X2 在这两方面则更强调运动性。宝马 X2 中控台仿真皮缝线的效果，座椅和车门相同颜色的缝线，以及提供的几种内饰配色，都是非常年轻化、运动化的，而不是宝马 X1 那种棕色或黑色的偏稳重的风格。宝马 X2 大尺寸全景天窗，为内部空间引入明亮的舒享氛围。宝马 X2 的后排座椅可按照 40 ：20 ：40 的比例折叠放倒，并可调整靠背角度，为乘客带来更舒适的乘坐体验。该车宽敞的后备厢空间可扩展至 1355 升，承载空间更大。除此之外，宝马 X2 还具有六色氛围灯，采用 LED 灯带贯穿前后门板及中控区域，形成环抱整个座舱的光影氛围。

宝马 X2 采用 2.0T 涡轮增压发动机，搭载八速手自一体变速箱。得益于发动机转速的快速转变和较短的换挡时间，带来更平稳的换挡操作和更佳的驾驶体验性。配备宝马 xDrive 智能全轮驱动系统，出色的动力令驾驭稳定自如。

车身参数

长度	4360 毫米
宽度	1824 毫米
高度	1526 毫米
轴距	2670 毫米
整备质量	1684 千克

🏁 宝马 X2 侧前方视角

🏁 宝马 X2 内饰设计

宝马 X7

车身参数	
长度	5151 毫米
宽度	2000 毫米
高度	1805 毫米
轴距	3105 毫米
整备质量	2320 千克

宝马 X7（BMW X7）是德国宝马汽车公司在 2018 年开始生产的前置四驱 SUV。

宝马 X7 车身侧面的线条十分平直，上下双腰线增加了一定的设计感。双肾式前格栅尺寸比宝马汽车公司其他车型更大，中央的连接处也更显紧密。同时，格栅两侧细长的大灯组内部采用了激光式大灯，以及比例更加扁平的家族式 LED 日间行车灯。内饰方面，各种高档的皮质面料，木纹饰板，水晶材质的挡把，同时还有各种银色的金属质感的装饰件，都使整个车内的奢华氛围更加浓厚。12.3 英寸液晶仪表盘界面简洁，能够及时显示海量的车辆信息，便于日常操控使用。触控液晶屏同样为 12.3 英寸，在清晰度和灵敏度上都是同级领先水准。加之各种丰富功能，其科技性和实用性都值得肯定。宝马 X7 提供了 "2+3" 布局的五座以及 "2+2+3" 布局的七座两种版本的车型，另外还提供了双色搭配的真皮座椅面料，非常具有高级感。为了更好地让车内的乘客感受到这款车内饰的大气氛围，车顶提供前后双天窗，前面是一个比较大的全景天窗，后面是一个小天窗，这样即使乘客位于第三排座椅，也能有很好的采光效果。

宝马 X7 提供两款发动机供选择，即 4.4 升双涡轮增压 V8 发动机、3.0 升涡轮增压直列六缸发动机。而传动系统，全系标配八速手自一体变速箱，同时全系车型提供宝马的全时四驱系统。

🏁 行驶中的宝马 X7

🏁 宝马 X7 侧方视角

🏁 宝马 X7 前侧方视角

🏁 打开车门后的宝马 X7

宝马 iX

车身参数	
长度	4953 毫米
宽度	1967 毫米
高度	1696 毫米
轴距	2997 毫米
整备质量	2585 千克

　　宝马 iX（BMW iX）是德国宝马汽车公司在 2021 年开始生产的 SUV。该车车身架构中混合使用高强度钢、铝合金以及碳纤维等材料，有效降低了整车重量。整体采用原石切割设计，简约大气。垂直排列的集成式智慧前格栅与全新 LED 前大灯交相呼应，使车身前脸极具未来气息。水滴形尾部设计流畅有型，生动诠释了空气动力学特性。该车中控台上的控制面板采用 FSC（森林管理委员会）认证木材，内饰和织物均采用了大量再生材料制作。

奥迪 Q2

车身参数	
长度	4191 毫米
宽度	1794 毫米
高度	1508 毫米
轴距	2601 毫米
整备质量	1205 千克

　　奥迪 Q2（Audi Q2）是德国奥迪汽车公司在 2016 年生产的一款迷你 SUV。该车前脸引入了奥迪汽车公司新的家族式设计风格，鹰眼式的大灯造型十分抢眼，进气格栅采用六边形设计，车身线条饱满而健壮，特别是显眼的后轮拱线条成为奥迪 Q2 外观设计的标志性特征。在奥迪 Q2 的中控台上、排挡座鞍部、车门扶手及座椅等处，可以依个人喜好，在黄、橘及红三种色彩间做选择，让车内视觉效果有更多的层次感。

奥迪 Q3

车身参数（第一代）	
长度	4385 毫米
宽度	1831 毫米
高度	1608 毫米
轴距	2603 毫米
整备质量	1730 千克

　　奥迪 Q3（Audi Q3）是德国奥迪汽车公司在 2011 年生产的前置前驱 / 四驱 SUV，第一代奥迪 Q3 在 2011 年 6 月开始销售，第二代于 2018 年 7 月 25 日正式亮相。奥迪 Q3 采用八角形前进气格栅，前脸富有冲击力，更具辨识度。动感不失凌厉的车身线条，勾勒出极富立体感的侧面轮廓。该车装备了主动车道保持辅助系统、泊车辅助系统、自适应巡航系统等多项奥迪汽车高级驾驶辅助功能，其中预安全系统可以在行车过程中，准确识别行人与车辆，在有必要的情况下将辅助驾驶员进行减速与紧急制动。

奥迪 Q5

车身参数（第二代）	
长度	4663 毫米
宽度	1893 毫米
高度	1659 毫米
轴距	2819 毫米
整备质量	1850 千克

　　奥迪 Q5（Audi Q5）是德国奥迪汽车公司在 2008 年开始生产的前置后驱 / 四驱 SUV，第一代奥迪 Q5 于 2008 年 10 月开始向欧洲发货，第二代于 2019 年 3 月在马来西亚推出，它完美融合了运动型轿车的车身设计、高效动力和灵敏操控、SUV 的越野安全性能以及旅行车的出色舒适性和灵活多变的内部空间。整体驾乘空间宽敞实用，腿部和头部空间表现充裕。车内储物空间丰富，后备厢容积大，方便置放大件物品。该车配备 2 升 I4 涡轮增压燃油直喷发动机，0 ~ 100 千米 / 时加速时间为 8.6 秒。

奥迪 Q7

车身参数（第二代）	
长度	5052 毫米
宽度	1968 毫米
高度	1741 毫米
轴距	2994 毫米
整备质量	1910 千克

　　奥迪 Q7（Audi Q7）是德国奥迪汽车公司在 2005 年开始生产的前置四驱 SUV，第一代奥迪 Q7 于 2005 年底开始生产，第二代于 2015 年 1 月在北美国际车展上亮相。该车采用简单的线条勾勒出饱满、时尚的外观，给人一种厚重扎实的感觉。硕大的六边形镀铬格栅，具有很强的视觉冲击力。被 LED 勾勒出的日间行车灯是奥迪 Q7 外观最大的亮点。尾灯和转向灯同样采用了 LED 的线条造型。该车配备 2 升 I4 涡轮增压发动机，0 ~ 100 千米 / 时加速时间为 6.9 秒。

奥迪 Q8

车身参数	
长度	4986 毫米
宽度	1995 毫米
高度	1705 毫米
轴距	2995 毫米
整备质量	2145 千克

　　奥迪 Q8（Audi Q8）是德国奥迪汽车公司在 2018 年开始生产的前置四驱 SUV。该车采用全尺寸八边形进气格栅与坚毅的矩阵式 LED 大灯组，车门与顶棚采用大量的阿尔坎塔拉材质。在 T 字形中控面板的下方倾斜面板中，用户可以选择实木面板，也可以选择铝合金面板，或者是碳纤维材质。带有连续可变阻尼控制的四角形空气悬架系统，彻底解决了豪华汽车卓越操控特性与悬架舒适性之间一直存在的矛盾冲突。

奥迪 e-tron

车身参数	
长度	4901 毫米
宽度	1935 毫米
高度	1616 毫米
轴距	2928 毫米
整备质量	2560 千克

　　奥迪 e-tron（Audi e-tron）是德国奥迪汽车公司在 2018 年生产的纯电动高性能 SUV。该车采用主动开闭式铂灰色八边形单幅进气格栅，可调节空气进气口，帮助降低车前风阻，搭配高清矩阵式激光大灯、专属多幅 LED 日间行车灯，尾部整体风格较为圆润，尾灯采用贯穿式设计。奥迪 e-tron 内饰采用奥迪汽车最新家族风格，仪表盘、中控屏由三块液晶显示屏组成，挡把设计及四幅式方向盘都极具科技感。

凯迪拉克凯雷德

车身参数（第四代）	
长度	5144 毫米
宽度	2045 毫米
高度	1890 毫米
轴距	2946 毫米
整备质量	2670 千克

　　凯迪拉克凯雷德（Cadillac Escalade）是美国凯迪拉克汽车公司在 1998 年开始生产的前置后驱 / 四驱 SUV，第一代于 1998 年 8 月开始生产，2001 年 2 月推出第二代车型，第三代在 2006 年 1 月开始生产，第四代在 2014 年 1 月推出，第五代于 2020 年 2 月 4 日在加利福尼亚州比弗利山庄首次亮相。第五代凯雷德上抢眼的镀铬进气格栅秉承了前卫概念车的设计风格，车身侧面七处镀铬件使整车光芒四射。内饰精美豪华，高级的材质提供细腻触觉和精致观感。真皮桃木多功能方向盘可电加热，三区域独立可调节空调可由三排乘客分别控制温度。

凯迪拉克锐歌

车身参数	
长度	5003 毫米
宽度	1977 毫米
高度	1637 毫米
轴距	3094 毫米
整备质量	2600 千克

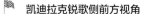
凯迪拉克锐歌侧前方视角

凯迪拉克锐歌内饰设计

凯迪拉克锐歌（Cadillac Lyriq）是美国通用汽车公司凯迪拉克事业部在 2022 年推出的纯电动 SUV，在中国市场由上汽通用汽车有限公司负责生产和销售。

凯迪拉克锐歌量产车极大限度保留了概念车的设计，外观造型极富科技感。封闭式中网安装了 LED 灯带，可以实现不同的灯语。该车 33 英寸的车机屏幕支持 9k 分辨率与像素密度，搭载高通骁龙 8155 芯片，整屏分辨率达 8960×1320。凯迪拉克锐歌配备全新一代 Super Cruise 超级辅助驾驶系统，具有 OTA 迭代升级能力。辅助驾驶方面，提供自动紧急制动、后方自动紧急制动、横侧向碰撞避免辅助等 24 项功能。

凯迪拉克锐歌所采用的奥特能三元锂电池容量为 95.7 千瓦·时，支持全生命周期快充，充电 10 分钟即可续航 96 千米。得益于奥特能电动车平台，凯迪拉克锐歌采用的电池管理系统可实现无线连接功能，使电池包减少 90% 的线束。

凯迪拉克 XT4

车身参数	
长度	4600 毫米
宽度	1880 毫米
高度	1630 毫米
轴距	2780 毫米
整备质量	1660 千克

　　凯迪拉克 XT4（Cadillac XT4）是美国凯迪拉克汽车公司在 2018 年生产的 SUV。该车从空气动力学优化出发，锻造动感车身线条。感应式电动后备厢门的腿部感应启闭功能，可轻松控制后备厢门开启和关闭。凯迪拉克 XT4 拥有 2779 毫米超长轴距，因此它的乘坐空间非常宽敞。凯迪拉克 XT4 搭载全新 2.0T 涡轮增压发动机，匹配全新九速手自一体变速箱及智能双离合适时四驱系统，可从容应对各种路况。

凯迪拉克 XT6

车身参数	
长度	5050 毫米
宽度	1964 毫米
高度	1750 毫米
轴距	2863 毫米
整备质量	2014 千克

　　凯迪拉克 XT6（Cadillac XT6）是美国凯迪拉克汽车公司在 2019 年开始生产的前置前驱 / 四驱 SUV。全车共 145 颗全 LED 光源，前照灯组采用分体式设计，造型扁平明朗。全新闪电日间行车灯，与转向照明灯融于一体。该车提供同级"2+2+2"三排六座的布局，前后三排头部空间宽适体验均傲视同侪；第二排独立座椅留足移动通道；第三排空间享有舒展腿部空间，大大缓解长途旅行劳顿。

林肯飞行家

车身参数（第二代）	
长度	5062 毫米
宽度	2022 毫米
高度	1768 毫米
轴距	3025 毫米
整备质量	2053 千克

　　林肯飞行家（Lincoln Aviator）是美国林肯汽车公司在 2002 ～ 2005 年间生产的前置后驱 / 四驱 SUV，第一代在 2005 年开始生产，2019 年 5 月 6 日开始生产第二代车型。该车拥有标志性的铬合金前格栅包围以及卤素头灯，圆形的雾灯集成于前保险杠内，而前保险杠的设计也结合了轿车的架构以增强抗击性。车辆内部大量采用了平直线条设计以拉伸视觉长度，T 形中控台、悬浮式中控屏、12.3 英寸全数字仪表盘、多媒体控制按键相互配合，提升整车内饰的豪华感。

林肯领航员

车身参数（第四代）	
长度	5334 毫米
宽度	2029 毫米
高度	1989 毫米
轴距	3112 毫米
整备质量	2579 千克

　　林肯领航员（Lincoln Navigator）是美国林肯汽车公司在 1997 年开始生产的 SUV，第一代于 1997 年 7 月 1 日推出，第二代车型在 2002 年开始生产，2006 ～ 2017 年间生产了第三代，2017 年 4 月 12 日，第四代林肯领航员亮相纽约车展。该车配备了一系列的豪华设施，如可加热与制冷式前排座椅、电动展开式外脚踏板、电动折叠式第三排座椅以及电动后举升门等，提高了驾乘的舒适性和便利性。早期车型均搭载 5.4 升 V8 发动机，最大输出功率可达 224 千瓦。变速箱为四速或六速自动变速箱，提供两轮或四轮驱动。

捷豹 F-Pace

车身参数	
长度	4731 毫米
宽度	1936 毫米
高度	1667 毫米
轴距	2874 毫米
整备质量	1775 千克

　　捷豹 F-Pace（Jaguar F-Pace）是英国捷豹汽车公司在 2016 年开始生产的前置四驱 SUV。作为一款全新跑车型运动多功能车，捷豹 F-Pace 将无与伦比的设计、性能和实用性完美融于一身。该车采用全黑网格状进气格栅。侧面线条十分流畅，D 柱的倾角很大。车尾造型上窄下宽，尾灯为捷豹的标志性设计，双边共两出式圆形排气管十分精致，外部配置还包括前 / 后驻车雷达、倒车影像以及电动后尾门。

捷豹 I-Pace

车身参数	
长度	4682 毫米
宽度	1895 毫米
高度	1565 毫米
轴距	2990 毫米
整备质量	2133 千克

　　捷豹 I-Pace（Jaguar I-Pace）是英国捷豹汽车公司在 2018 年开始生产的纯电动四驱 SUV。该车在外观上非常前卫，低趴且宽大的车头搭配两旁 LED 大灯，中网采用向内弯曲的前格栅。车身线条流畅，车辆尾部形成一个直角转弯，轮毂选用了 28 英寸的花瓣形，侧裙则采用红黑双拼的布局，整个侧面非常有亮点。该车能在充满电的情况下行驶近 483 千米。

大众途观

车身参数（第二代）	
长度	4509 毫米
宽度	1859 毫米
高度	1673 毫米
轴距	2681 毫米
整备质量	1570 千克

　　大众途观（Volkswagen Tiguan）是德国大众汽车公司在 2007 年开始生产的 SUV，第一代在 2007 年 9 月的法兰克福国际车展上正式推出，第二代于 2015 年 9 月在法兰克福国际车展上亮相。大众途观采用 U 字形的前脸造型，车身侧面流畅、自然，保持了德系车一贯的稳重、内敛。尾部造型与侧面同样给人经典、耐看的第一直觉，尾灯与前大灯相互辉映，表现出前后统一的风格。其余配置上，大尺寸轮胎格外醒目，保证了越野性能与公路性能的完美结合。大众汽车公司对安全性极为重视，前排双气囊、前排侧气囊可以保证乘员的行驶安全。

大众途锐

车身参数（第三代）	
长度	4878 毫米
宽度	1984 毫米
高度	1686 毫米
轴距	2899 毫米
整备质量	2170 千克

　　大众途锐（Volkswagen Touareg）是德国大众汽车公司在 2002 年开始生产的 SUV。该车的车头部分采用大量的银色镀铬装饰条，LED 前大灯带有转向辅助灯，车身侧面采用双腰线设计，一条从车头延伸到 C 柱，另一条从车门延伸到尾灯。内饰方面包括 12 英寸可自定义式全液晶仪表盘、15 英寸彩色触摸屏搭载的信息娱乐系统以及抬头显示、数字化驾驶舱等。

大众 ID.4 CROZZ

车身参数	
长度	4592 毫米
宽度	1852 毫米
高度	1629 毫米
轴距	2765 毫米
整备质量	2254 千克

　　大众 ID.4 CROZZ 是一汽 – 大众汽车有限公司从 2021 年开始生产的纯电动紧凑型 SUV。其犀利的 LED 大灯使用了矩阵式造型，下方黑色的进风口和格栅相连，看上去颇具运动气息，辨识度很高，而且支持自动大灯、大灯高度调节以及大灯延时关闭等功能。该车搭载永磁同步电机和 84.8 千瓦·时的三元锂电池，电机最大功率为 230 千瓦，最大扭矩为 460 牛·米。该车长续航版 CLTC 工况下标准续航里程为 600 千米，0~50 千米 / 时加速时间为 3.2 秒。

大众 ID.6 CROZZ

车身参数	
长度	4891 毫米
宽度	1848 毫米
高度	1679 毫米
轴距	2965 毫米
整备质量	2383 千克

　　大众 ID.6 CROZZ 是一汽 – 大众汽车有限公司从 2021 年开始生产的纯电动中大型 SUV。其前脸采用封闭式设计，并配备贯穿式 LED 灯带，营造出科技感和未来感。矩阵式前大灯融入了矩阵式 LED 灯带，灯腔内部使用了网状结构，点亮后的视觉效果更加动感。虽然该车采用了溜背车身，但车顶弧线并没有过度下压，尽量保证了乘坐和装载空间。该车长续航版 CLTC 工况下标准续航里程为 601 千米，0~50 千米 / 时加速时间为 3.5 秒。

大众 ID.4 X

车身参数	
长度	4612 毫米
宽度	1852 毫米
高度	1640 毫米
轴距	2765 毫米
整备质量	2250 千克

　　大众 ID.4 X 是上海大众汽车有限公司从 2021 年开始生产的纯电动紧凑型 SUV。外观方面，矩阵式大灯与家族式前脸设计巧妙融合，车尾有极具辨识度的贯穿式动态尾灯。内饰方面，该车创新打造了潮流坐标、典雅格调与都市激情三种主题拼色内饰。大众 ID.4 X 的智慧车联系统可以实现实时地图导航，并及时展示目的地停车位情况，同时"疲劳检测"和"旅行帮助"功能可帮助驾驶者实现跟车巡航和车道保持，提升行车安全。该车长续航版 CLTC 工况下标准续航里程为 607 千米，0~50 千米 / 时加速时间为 3.2 秒。

大众 ID.6 X

车身参数	
长度	4876 毫米
宽度	1848 毫米
高度	1680 毫米
轴距	2965 毫米
整备质量	2395 千克

　　大众 ID.6 X 是上海大众汽车有限公司从 2021 年开始生产的纯电动中大型 SUV。该车采用"光语律动"未来设计美学，沿用了大众 ID 系列独特的前脸设计，贯穿式的灯带将两侧大灯相连，配合星空格栅，未来感十足。车身尾部设计与前脸形成呼应，层次分明，饱满立体。该车提供 6 座、7 座两种不同的座椅布局，满足不同家庭全家出行的需求。该车长续航版 CLTC 工况下标准续航里程为 617 千米，0~50 千米 / 时加速时间为 3.5 秒。

大众 T-Roc

车身参数	
长度	4234 毫米
宽度	1819 毫米
高度	1573 毫米
轴距	2590 毫米
整备质量	1555 千克

　　大众 T-Roc（Volkswagen T-Roc）是德国大众汽车公司在 2017 年生产的 SUV。该车在外观上延续了大众途观的设计风格，但比途观稍短，车身较低。大众 T-Roc 采用极具辨识度的 X 形前脸，分体式大灯设计使前脸看起来更加饱满。环形 LED 日间行车灯带集成在保险杠区域，造型非常独特。车身侧面融合了轿跑车的设计风格。极具雕塑感的个性腰线与肌肉感的浑壮车肩前后衔接，从 A 柱一直延伸至 C 柱的车顶，银色镀铬条配合黑色车顶，使得车身姿态更加动感，营造出轿跑车的视觉效果。

沃尔沃 XC60

车身参数（第二代）	
长度	4688 毫米
宽度	1902 毫米
高度	1658 毫米
轴距	2865 毫米
整备质量	2081 千克

　　沃尔沃 XC60（Volvo XC60）是瑞典沃尔沃汽车公司在 2008 年开始生产的前置前驱 / 四驱 SUV，第一代在 2008 年日内瓦车展上亮相，第二代自 2017 年一直生产至今。沃尔沃 XC60 车身上部流畅的动感线条与车顶大胆的轮廓线相结合，大车轮、张扬的轮拱和车身下部的深色饰件进一步凸显了沃尔沃 XC60 的强悍风格，LED 尾灯进一步凸出了后端强有力的肩线。更有意思的是，沃尔沃 XC60 采用后示廓灯兼做刹车灯的设计，刹车时整个车身肩部都会亮起。

沃尔沃 XC90

车身参数（第一代）	
长度	4950 毫米
宽度	1923 毫米
高度	1776 毫米
轴距	2984 毫米
整备质量	2078 千克

　　沃尔沃 XC90（Volvo XC90）是瑞典沃尔沃汽车公司在 2002 年开始生产的 SUV。该车外观时尚大气，内凹式镀铬前格栅搭配较低的前保险杠，大尺寸的合金轮毂采用钻石切割工艺打造而成。在内部空间上，由于驾驶舱前移，车内空间非常宽敞。纳帕真皮打孔面料座椅，符合人体工程学设计。前排座椅采用包裹式设计，所有座椅表面均添加柔软覆盖层。

丰田兰德酷路泽

车身参数	
长度	4990 毫米
宽度	1980 毫米
高度	1945 毫米
轴距	2850 毫米
整备质量	2405 千克

　　丰田兰德酷路泽（Toyota Land Cruiser）是日本丰田汽车公司在 1951 年开始生产的前置四驱 SUV。该车使用了前沿的技术，如低速巡航驾驶辅助系统、动力调节悬架系统（KDSS）、上坡辅助控制系统（HAC）、VVT-i 系统，使其在提升耐久性、可靠性和越野性能之外实现了更高的豪华感、品质感，真正成为世界顶级的 SUV 之一。

丰田普拉多

车身参数（第四代）

长度	4485 毫米
宽度	1885 毫米
高度	1845 毫米
轴距	2790 毫米
整备质量	2230 千克

🏁 丰田普拉多侧前方视角

🏁 丰田普拉多侧后方视角

　　丰田普拉多（Toyota Prado）是日本丰田汽车公司在 1990 年开始生产的前置四驱 SUV，第一代于 1990 年问世，1996 年 5 月推出了第二代，2002 年推出了第三代，2009 年开始生产第四代普拉多。丰田普拉多拥有霸气的外观，车身侧面汲取了来自雷克萨斯汽车的设计灵感，斧刻般的腰线从车头向车身后部延伸。后部车门采用侧向开门的方式。丰田普拉多的内饰设计中规中矩，除了木纹饰板外，中控台上还嵌有银色仿金属材料，无论在质感还是装配方面，都体现出极高的水准。整车依然采用七座，中排乘坐依然舒适，而且配有独立空调，中排依然配备电动调节座椅，另外还配有多功能方向盘及座椅加热功能。

　　2022 年款丰田普罗拉打破了传统的设计风格。以往圆润的轮眉换成了现在的片状且呈现出直立的效果，采用了双腰线的设计，其中上方则是从车尾一直贯穿到车头，而下方则是沿着前后的轮眉，在力量感上要明显强于之前的版本。全系依旧采用了非承载式的车身设计，而且在全时四驱的加持下，也保证了整部车的越野性能。

丰田 bZ4X

丰田 bZ4X 是日本丰田汽车公司从 2022 年开始生产的纯电动中型 SUV，基于新型 e-TNGA 纯电架构研发，是丰田纯电 bZ 系列首款车型。

丰田 bZ4X 的前脸运用了新能源车型惯用的封闭式进气格栅，两侧大灯组通过一条熏黑处理的装饰条相连，形成了贯穿式的效果，而且大灯组造型修长，内部运用了四颗并列的灯头和一条 LED 灯带，在点亮后有着极强的辨识度。该车采用短悬挂、长轴距的车身结构，让侧面看起来非常修长，圆润的腰线贯穿前后，熏黑处理的 B 柱、C 柱以及半缓的车顶线条都与传统 SUV 相似，保证了内部充足的头部空间。前后翼子板处还运用了与车身不同的黑色装饰，形成了独特的视觉效果。

动力方面，丰田 bZ4X 提供了前驱和四驱两种动力，其中前驱版电机最大功率为 150 千瓦，0~100 千米 / 时加速时间为 8.4 秒。四驱版前后电机最大功率均为 80 千瓦，0~100 千米 / 时加速时间为 7.7 秒。前驱版在 CLTC 工况下按配置有 400 千米和 615 千米两种标准续航里程，四驱版在 CLTC 工况下按配置有 500 千米和 560 千米两种标准续航里程。

车身参数	
长度	4690 毫米
宽度	1860 毫米
高度	1650 毫米
轴距	2850 毫米
整备质量	2035 千克

🏁 **丰田 bZ4X 侧前方视角**

🏁 **丰田 bZ4X 内饰设计**

雷克萨斯 RX

雷克萨斯 RX（Lexus RX）是日本雷克萨斯汽车公司在 1998 年开始生产的前置前驱 / 四驱 SUV，1998 年开始生产第一代车型，2003 年 2 月生产第二代，2008 年 11 月 19 日推出了第三代 RX，在 2015 年 4 月的纽约国际车展上首次推出了第四代 RX，第五代 RX 于 2022 年 5 月 31 日亮相。

第五代雷克萨斯 RX 采用雷克萨斯最新的家族式设计，整体视觉效果更加精致。前脸纺锤形进气格栅周边采用锯齿状设计，看上去十分新颖。两侧大灯造型十分犀利，下方倒勾形灯源为 LED 日间行车灯，辨识度较高。车身侧面，采用了较高腰线，有助于提高视觉重心。同时，C 柱位置进行了熏黑处理，营造出半悬浮式车顶。内饰方面，采用环抱式设计，富有层次感的中控台加上多种材料拼接，让车内看上去更有档次。

第五代雷克萨斯 RX 引入了一项新的电气化技术，即命名为"DIRECT4"的电子动态四驱系统，无论路面或驾驶条件如何，它都能根据汽车的地面负载不断精确地控制四个车轮的驱动力，有助于车辆准确平稳地行驶。

车身参数（第四代）	
长度	4890 毫米
宽度	1895 毫米
高度	1720 毫米
轴距	2790 毫米
整备质量	1890 千克

🏁 雷克萨斯 RX 侧前方视角

🏁 雷克萨斯 RX 内饰设计

雷克萨斯 LX

车身参数（第三代）

长度	5005 毫米
宽度	1970 毫米
高度	1865 毫米
轴距	2850 毫米
整备质量	2685 千克

　　雷克萨斯 LX（Lexus LX）是日本雷克萨斯汽车公司在 1995 年开始生产的前置四驱 SUV，第一代于 1995 年开始生产，1998 年第二季度开始销售第二代车型，2007 年 4 月 4 日，雷克萨斯在纽约国际车展上推出了第三代，第四代于 2021 年 10 月 13 日亮相。

　　第四代雷克萨斯 LX 依然采用了家族式的纺锤形进气格栅，由横向镀铬框组合而成。进气格栅和犀利的大灯组以及两侧熏黑车腮饰板连成一体，整个前脸形成了 X 形布局设计。第四代车型相较于上一代车型的尺寸更大，并且在视觉上明显营造出了敦厚感。车身侧面，轮眉、车门下方都带有冲压折痕。而轮毂则选用了双色拼接，轮毂的幅条也根根分明，22 英寸的大轮毂配合整车比例，看上去很协调。尾灯采用贯穿式设计，并且延伸到了尾部侧面，横向拉宽了车尾的视觉效果，同时在点亮之后也强调了车体宽度。尾灯下方采用英文标志代替原本的图案标志。

　　第四代雷克萨斯 LX 的座椅布局为三排七座。除了第一排的灵活空间之外，第二排座椅为独立布局，中间有扶手箱，可以在其中放置物品，并且扶手箱可以多角度开启，方便更第三排的乘客存取东西。

▰ 雷克萨斯 LX 侧前方视角

▰ 行驶中的雷克萨斯 LX

▰ 雷克萨斯 LX 头部视角

▰ 雷克萨斯 LX 侧后方视角

英菲尼迪 QX60

车身参数	
长度	5083 毫米
宽度	1961 毫米
高度	1722 毫米
轴距	2901 毫米
整备质量	1941 千克

英菲尼迪 QX60（Infiniti QX60）是日本日产汽车公司在 2012 年开始生产的前置前驱 / 四驱 SUV。自上市以来，英菲尼迪 QX60 凭借其时尚外观、三排七座的超大空间、强劲动力以及完备的安全屏障系统，赢得了众多高端用户的青睐。在发动机和电动机共同配合下，该车的续航里程能达到 800 千米。

英菲尼迪 QX70

车身参数（第一代）	
长度	4803 毫米
宽度	1925 毫米
高度	1651 毫米
轴距	2850 毫米
整备质量	1982 千克

英菲尼迪 QX70（Infiniti QX70）是日本日产汽车公司在 2003 年开始生产的 SUV，第一代于 2003 年 1 月首次亮相，第二代于 2008 年 6 月开始销售。第二代英菲尼迪 QX70 的前脸有着明显的英菲尼迪家族式特征，不过相比家族内其他车型，更大尺寸的格栅与车标显得力量感十足。硕大的进气格栅周围，位于保险杠两侧的纵向通风口，以及下方的镀铬通风口，不仅具有实际的散热功能，而且很好地填补了车头的视觉间隙。

英菲尼迪 QX80

车身参数（第二代）	
长度	5290 毫米
宽度	2047 毫米
高度	1940 毫米
轴距	3075 毫米
整备质量	2785 千克

英菲尼迪 QX80（Infiniti QX80）是日本日产汽车公司在 2004 年开始生产的前置后驱 / 四驱 SUV，2004 年初开始生产第一代车型，2010 年 3 月 31 日，在纽约国际车展上首次亮相第二代。作为一款中期改款车型，第二代英菲尼迪 QX80 在外观方面有着明显的改进，前进气格栅改为波纹状，下进气口加入镀铬装饰包围后豪华感有所提升。配置方面，新车前大灯全部升级为 LED 光源，此外新车前大灯主动照明系统和智能远近光灯辅助系统也得到升级。

讴歌 MDX

车身参数（第三代）	
长度	4983 毫米
宽度	1961 毫米
高度	1717 毫米
轴距	2819 毫米
整备质量	1796 千克

讴歌 MDX（Acura MDX）是日本本田汽车公司在 2000 年开始生产的前置前驱 / 四驱 SUV，第一代于 2000 年面世，第二代于 2006 年 10 月 17 日在美国发布，第三代在 2013 年北美国际车展上亮相。第三代车型采用全新前脸设计，钻石五边形进气格栅已逐渐成为家族新特征，辨识度较高且立体感较强。前大灯延续了 NSX 的设计风格，内部采用 LED 光源且标配大灯清洗装置。尾灯组内部经过重新设计，方形的排气口增加了更多镀铬装饰。中控区域分工明确，上方提供导航、实时动力分配、倒车影像等信息，下方则提供多媒体娱乐、空调控制等功能。

讴歌 RDX

讴歌 RDX（Acura RDX）是日本本田汽车公司在 2006 年生产的前置前驱 / 四驱 SUV，第一代于 2006 年 8 月 11 日开始销售，第二代于 2012 年 1 月在北美国际车展上亮相，2018 年 5 月开始生产第三代。讴歌 RDX 是以本田 CR-V 为基础进行改进的，但车身更加宽大，且没有采用车身塑料防擦包围。立柱设计在车门门板上，这样可以减小 A 柱区域的盲区。整个车窗上沿一直延伸到 D 柱，形成一个巨大的弧形轮廓。尾部的大尺寸扰流尾翼显示出一些运动元素，组合式的尾灯由细长的镀铬横条连接起来。

车身参数（第一代）	
长度	4590 毫米
宽度	1869 毫米
高度	1656 毫米
轴距	2649 毫米
整备质量	1800 千克

日产途乐

日产途乐（Nissan Patrol）是日本日产汽车公司在 1951 年开始生产的前置后驱 / 四驱 SUV，1951 年 9 月开始生产第一代，1960 年首次在澳大利亚销售第二代途乐，1980 年推出第三代，1987 年生产第四代，第五代于 1997 年 12 月首次亮相，第六代于 2010 年 1 月正式推出。

车身参数（第六代）	
长度	5165 毫米
宽度	1995 毫米
高度	1940 毫米
轴距	3075 毫米
整备质量	2695 千克

日产途乐的前脸非常具有力量感，进气格栅尺寸较大，两边的 LED 大灯与格栅紧紧相连，造型相当犀利。为了可以更好地展现立体感，整个前脸使用了三段式镀铬进行包裹设计，可以增强视觉冲击力。车身侧面有两根明显的腰线，彰显车辆的力量感。车尾的尾灯与前大灯相呼应，车尾也加入了一条流畅的线条以及银色的镀铬条进行装饰，非常时尚。日产途乐拥有与英菲尼迪 QX56 相近的车身尺寸，连大体的线条也保持着一致的风格。

在 2009 年 9 月由日产汽车公司举行的一场内部活动中，第六代日产途乐首次曝光。第六代日产途乐装备了类似于 LC200 的液压车身动态控制系统（HBMC），可以根据路面的不同情况对车身姿态做出适时调整。此外，还配备了坡道驻车辅助系统、胎压监测系统，以及日产汽车公司独有的 B-LSD 限滑装置。越野性能方面，该车保持了非承载式车身的结构，但悬架系统则变为四轮独立悬架。日产途乐搭载 5.6 升 V8 发动机，采用 VVEL（气门正时和升程可变）和 DIG（汽油直喷系统）等技术，最大功率达到了 294 千瓦，峰值扭矩更是达到 550 牛·米。变速箱为全新的七速自动变速箱。

▶ 行驶中的日产途乐

▶ 日产途乐侧前方视角

日产穆拉诺

日产穆拉诺（Nissan Murano）是日本日产汽车公司在 2002 年开始生产的 SUV，第一代在 2002 年纽约国际车展上首次亮相，2007 年 11 月开始生产第二代。2014 年 4 月，日产汽车公司在纽约国际车展上推出了第三代穆拉诺。

日产穆拉诺相对于当时同级别的 SUV 来说属于车身较大的车型。该车整个前脸设计很有科技感，使用大面积镀铬进气格栅，配上晶钻式的前灯加上扁平的整体前脸线条，C 柱后有倒三角形的车窗设计，车尾则有直条 LED 尾灯组及双出尾管。18 英寸和 20 英寸合金轮毂设计与 LED 雾灯配合，进一步增强了日产穆拉诺的新姿态。内饰设计方面基本遵循日产汽车的传统风格。该车车内后座座椅可向后倾斜，增加后座乘客舒适度，并针对后备厢部分，安装有倾倒把手，让后备厢置物时增加便利性。值得一提的是，部分日产穆拉诺车型还采用了 All Mode 4x4-i 智能四驱系统，可自动分配前后轴的扭矩。日产穆拉诺还配备了安全护盾 360 系统，提供自动紧急制动、行人检测、盲点监控、车道偏离警告、后方交叉警示、自动反向制动和远光辅助。第二排辅助侧面安全气囊、前排乘客膝部安全气囊和疲劳驾驶警告系统是各级标准配置。

日产穆拉诺搭载 3.5 升 V6 发动机，与无级变速箱（CVT 变速箱）配合使用。该车能在崎岖的地形和泥泞的道路上顺利通过，并能承载更多货物。

车身参数（第一代）	
长度	4770 毫米
宽度	1880 毫米
高度	1709 毫米
轴距	2825 毫米
整备质量	1807 千克

🏁 日产穆拉诺侧前方视角

🏁 日产穆拉诺侧后方视角

日产 X-Trail

车身参数（第四代）	
长度	4681 毫米
宽度	1840 毫米
高度	1730 毫米
轴距	2706 毫米
整备质量	1660 千克

　　日产 X-Trail（Nissan X-Trail）是日本日产汽车公司在 2000 年开始生产的 SUV，第一代在 2000 年 9 月的巴黎车展上亮相，2007 年 8 月在日本上市第二代，第三代于 2013 年开始生产，2021 年 4 月 19 日开始销售第四代。第四代 X-Trail 的全新造型彰显了日产汽车的设计革新。浮动式车顶设计体现蓄势待发的姿态，前脸立体双 V-Motion 设计，赋予车辆更多力量感和守护感；整体设计更加年轻化，更符合年轻一代的审美。内饰设计方面，视觉效果更加大气，悬浮式操作台及全新换挡杆，让驾驶生活充满科技感。

日产 Rogue

车身参数（第一代）	
长度	4681 毫米
宽度	1801 毫米
高度	1659 毫米
轴距	2690 毫米
整备质量	1601 千克

　　日产 Rogue（Nissan Rogue）是日本日产汽车公司在 2007 年开始生产的 SUV。该车标准的出厂配置包括空调、巡航控制、动力窗户、门锁、镜子，还有遥控车门开关、AM/FM/CD 博世音响加上四个扬声器和预留插孔。安全设备包括前安全气囊、侧撞安全气囊、侧窗气囊、翻滚传感器、胎压监测、ABS 和电子制动力分配装置、牵引控制系统、防滑控制系统。

本田 CR-V

车身参数（第五代）	
长度	4623 毫米
宽度	1855 毫米
高度	1690 毫米
轴距	2660 毫米
整备质量	1540 千克

　　本田 CR-V（Honda CR-V）是日本本田汽车公司在 1995 年生产的一款小型 SUV，第一代于 1995 年 10 月在日本推出，2001 年 11 月 12 日上市第二代，第三代于 2006 年 9 月下旬在美国上市，第四代于 2011 年 12 月 15 日同样在美国上市，2016 年 12 月 21 日在美国开始销售第五代车型。2022 年推出第六代车型。第六代本田 CR-V 的外观造型比上一代更加硬朗，修长的大灯组以及横条式的日间行车灯，都给人一种不怒自威的感觉。尾部造型也进行了修改，虽然依旧采用了 L 形尾灯设计，但是有一个明显向内侧延伸的造型，点亮之后的视觉效果更好。内饰方面，三幅式多功能方向盘的盘面大小符合亚洲人的手型，外面采用了仿皮材质进行包裹，手感非常舒适。全液晶仪表盘使用的是模拟机械仪表盘的显示方式，并且可以随时进行多媒体系统以及驾驶辅助信息的切换。

本田 HR-V

车身参数（第一代）	
长度	4000 毫米
宽度	1695 毫米
高度	1590 毫米
轴距	2360 毫米
整备质量	1300 千克

　　本田 HR-V（Honda HR-V）是日本本田汽车公司在 1998 年开始生产的 SUV。为了满足小型车用户对于 SUV 的需求，本田汽车公司对其增加了货物空间，拥有更好的视野，同时也有更好的操控性。其内饰也更加年轻化，一体式的大全景天窗设计让该车更具奢华感。本田 HR-V 搭配 1.5 升直喷 DOHC i-VTEC 发动机，最大动力输出为 97 千瓦。配备 CVT 变速箱，油耗为 4.9 升 /100 千米。

本田 WR-V

车身参数	
长度	4000 毫米
宽度	1740 毫米
高度	1600 毫米
轴距	2550 毫米
整备质量	1590 千克

　　本田 WR-V（Honda WR-V）是日本本田汽车公司在1998年开始生产的SUV，1998年在日本销售第一代，2013年12月生产第二代，第三代于2021年2月18日在日本亮相。在外观方面，第三代车型采用了本田公司最新的家族式设计，飞翼式的镀铬条连接着两边的LED大灯，搭配尺寸变得更大的中网格栅，整体看起来较为精致。该车有着较高的离地间距以及防剐蹭车身套件，使它看起来颇具野性。尾部层次感较为丰富，特别是底部银色的包围套件以及C形LED尾灯，使得它极具辨识度，并且配备了倒车影像和倒车雷达。

福特探险者

车身参数（第六代）	
长度	5050 毫米
宽度	2004 毫米
高度	1775 毫米
轴距	3025 毫米
整备质量	1971 千克

　　福特探险者（Ford Explorer）是美国福特汽车公司在1990年开始生产的SUV，第一代于1990年3月推出，1994年11月生产第二代，第三代于2001年1月开始销售，2005年7月开始生产第四代，2010年12月1日开始生产第五代，第六代于2019年1月9日正式亮相。第六代车型车头部分采用了福特汽车公司最新的家族设计语言，宽大的六边形进气格栅内部为高亮亚光蜂窝网状结构填充，具有强烈的视觉冲击力。发动机盖上的线条高高拱起，凸显力量感。两侧大灯组的造型十分大气，内部标配了全LED光源，并且带有自动头灯，具有自适应远近光和大灯高度可调等功能。

福特 Flex

车身参数	
长度	2995 毫米
宽度	1928 毫米
高度	1727 毫米
轴距	2995 毫米
整备质量	2190 千克

　　福特 Flex（Ford Flex）是美国福特汽车公司在2008~2019年间生产的SUV。其标志性的镀铬三横杠前进气格栅，带有明显的福特家族特性，独特的全黑"车篷"设计，由前后挡风玻璃、侧窗及车身支柱连接到车顶，这种设计集合了无缝车身和组合式的车顶。尾部增加了镀铬条的装饰，高性能版福特Flex装备LED尾灯和自动开闭后备厢。车门开启不仅可以通过遥控钥匙来实现，而且可以通过车身B柱上触摸式密码系统开启车门。

福特翼虎

车身参数（第四代）	
长度	4585 毫米
宽度	2174 毫米
高度	1742 毫米
轴距	2710 毫米
整备质量	1611 千克

　　福特翼虎（Ford Escape）是美国福特汽车公司在2000年生产的SUV，第一代于2000年发布，第二代在2006年洛杉矶国际车展上首次亮相，2012年开始生产第三代，2019年第三季度开始销售第四代。福特翼虎传承了福特SUV家族超过半个世纪的研发、设计、制造、调校的深厚积淀，2019年款福特翼虎在此基础之上全面进化，外观及内饰都进行了一系列升级，外形整体更加运动时尚，中控新增10英寸液晶大屏，搭配全新互联网汽车智能系统。经过优化的后排空间，改善了后排乘客的膝部空间，让乘坐舒适性得到进一步提升。

福特彪马

福特彪马（Ford Puma）是美国福特汽车公司在 2019 年开始生产的 SUV。该车前脸的设计风格与福特翼虎比较相似，圆润的前大灯组搭配六边形前格栅，拟人化的前脸造型充满了卡通色彩。由于定位于小型 SUV，福特彪马的车身尺寸较为小巧。内饰方面，该车配备 12.3 英寸数字仪表盘、悬浮式中控屏、4G Wi-Fi 热点、十扬声器的铂傲（B&O）音响系统、座椅按摩等功能。

车身参数	
长度	4186 毫米
宽度	1805 毫米
高度	1537 毫米
轴距	2588 毫米
整备质量	1205 千克

福特烈马

车身参数（第六代）			
长度	4440 毫米	轴距	2949 毫米
宽度	2014 毫米	整备质量	2413 千克
高度	1814 毫米		

福特烈马（Ford Bronco）是美国福特汽车公司在 1965 年开始生产的 SUV，第六代车型在 2021 年开始销售。福特烈马方正的车身轮廓颇为吸睛，整体拥有与路虎卫士颇为相近的风格。前脸部分，该车采用硬朗的进气格栅设计，看起来非常有质感。车尾设计得简洁大方，配备了一款辨识度相当高的尾灯组，点亮后拥有不错的整体视觉感受。

别克 E4

车身参数	
长度	4818 毫米
宽度	1912 毫米
高度	1581 毫米
轴距	2954 毫米
整备质量	2240 千克

　　别克 E4 是美国通用汽车公司别克事业部从 2023 年开始生产的纯电动中大型 SUV。该车与概念车 Electra-X 非常相似，采用狭长纤细的分体式日间行车灯和巨大的蜂窝状格栅设计，辨识度更高。车身侧面线条非常流畅，整车风阻系数只有 0.287。车尾采用双扰流板搭配贯穿式尾灯，简单大方且具有运动感。上窄下宽的设计让整个车尾看起来更加敦实。别克 E4 全系标配 VCS 智能座舱，配备 30 英寸一体弧面 6k 双连屏和高通骁龙 8155 芯片。座椅采用真皮和环保材质拼接设计，坐感舒适，且座椅空间较大。全车共有 28 处储物空间，后备厢容量为 441 升，满足日常出行需求。在 CLTC 工况下，单电机版的续航里程为 530 千米，双电机版的续航里程为 620 千米。

别克 E5

车身参数	
长度	4892 毫米
宽度	1905 毫米
高度	1684 毫米
轴距	2954 毫米
整备质量	2320 千克

　　别克 E5 是美国通用汽车公司别克事业部从 2023 年开始生产的纯电动中大型 SUV，其车头上半部分采用半封闭的设计，宽大的发动机舱盖上有多条筋线，肌肉感较强。车头两侧搭载分体式 LED 大灯，内部细节处理精致，点亮后的效果也很出色。前脸底部则采用类似水波纹的封闭格栅，不仅显得立体化，而且注重细节部分的处理。内饰方面，别克 E5 采用环抱式座舱设计，中控台和车门上都采用皮质材料包裹，配备有悬浮式中控屏和液晶仪表盘。动力方面，提供单电机和双电机两个版本，单电机最大功率为 180 千瓦，双电机则分为 143 千瓦前电机和 68 千瓦后电机。在 CLTC 工况下，标准续航版的续航里程为 545 千米，长续航版的续航里程为 620 千米，艾维亚四驱版的续航里程为 603 千米。

通用 GMC 育空

车身参数（第四代）

长度	5179 毫米	**轴距**	2946 毫米
宽度	2045 毫米	**整备质量**	2605 千克
高度	1890 毫米		

通用 GMC 育空（GMC Yukon）是美国通用汽车公司在 1991 年开始生产的前置后驱 / 四驱 SUV，第一代于 1991 年推出，2000 年开始生产第二代，2006 年初开始生产第三代，2014 年开始销售第四代，2020 年 1 月推出第五代车型，官方指导价为 37 万元人民币 / 辆。

通用 GMC 育空的前脸部分，大面积的发动机盖向上隆起，两侧凹陷的设计让它看起来更有立体感。中间大面积的镀铬网状格栅镶嵌 GMC 标志，辨识度极高。两侧的灯组并没有与中网衔接在一起，但丝毫不影响它的美感。28 英寸铝合金轮毂秉承了独特的美式设计风格，同时彰显了 GMC 育空对细节的严格要求。GMC 育空具有超长车轴距，拥有比普通车更大车内部空间，乘客乘坐的舒适度也有了更大提升。内饰方面，通过黑色和棕色两种颜色真皮材质及木纹装饰的配合，突出了豪华性，在中央扶手箱处留出了更大的空间。GMC 育空的车厢内配有高端豪华的设备，例如真皮多功能方向盘、中控液晶屏、后排娱乐系统、自适应巡航、主动刹车、方向加热等配置。

通用 GMC 育空搭载 6.2 升 V8 智能变缸发动机和主动燃油管理系统，最大功率为 308 千瓦。安全方面，该车配备了主动电磁感应悬架、前进碰撞警报、倒车影像辅助系统、自适应巡航控制系统、车道变更警示、侧盲区接近预警系统、车辆后方穿越警报、车道偏离警报、防止侧倾翻滚系统、脉冲式安全警报座椅、前排自动乘客传感器等一系列科技安全技术，最大限度地保证行车安全。

🏁 行驶中的通用 GMC 育空第四代

🏁 通用 GMC 育空第五代内饰设计

🏁 通用 GMC 育空第五代侧后方视角

🏁 通用 GMC 育空第五代侧前方视角

阿尔法·罗密欧斯泰尔维奥

车身参数

长度	4687 毫米
宽度	1903 毫米
高度	1648 毫米
轴距	2818 毫米
整备质量	1660 千克

阿尔法·罗密欧斯泰尔维奥（Alfa Romeo Stelvio）是意大利阿尔法·罗密欧汽车公司在 2016 年开始生产的前置后驱 / 四驱 SUV。

阿尔法·罗密欧斯泰尔维奥采用倒三角进气格栅，车身侧面造型则是典型的运动型 SUV，从 B 柱开始线条逐渐收紧，并且前后翼子板带有类似肌肉线条的设计。该车的内饰没有复杂的多余线条，简单的操作面板带来了非常方便的功能操作。斯泰尔维奥集成在方向盘上的启动按钮，以及背面超大尺寸的金属换挡拨片，都是其运动特性的象征。该车采用 7 英寸 TFT 组合仪表板设计，中央彩色显示屏可动态显示丰富的车辆信息。嵌入式的 8.8 英寸中控台显示屏与周围环境融为一体，展示效果更为细致。

阿尔法·罗密欧斯泰尔维奥搭载 2 升 I4 涡轮增压发动机，提供 147 千瓦和 205 千瓦两种不同功率选择，并以相应的车型命名标注，两款车型所对应的峰值扭矩分别为 330 牛·米和 400 牛·米。变速箱为 ZF 八速自动变速箱。阿尔法·罗密欧斯泰尔维奥提供了完整的安全功能。安全装置包括主副驾驶安全气囊、前排侧气囊、前后头部气帘、胎压显示、车道偏离预警、平行辅助、车身稳定控制系统、牵引力控制系统等。

🏁 行驶中的阿尔法·罗密欧斯泰尔维奥

🏁 阿尔法·罗密欧斯泰尔维奥内饰设计

🏁 阿尔法·罗密欧斯泰尔维奥侧方视角

🏁 阿尔法·罗密欧斯泰尔维奥侧前方视角

雪佛兰 Tahoe

车身参数（第一代）

长度	4775 毫米
宽度	1956 毫米
高度	1829 毫米
轴距	2832 毫米
整备质量	2000 千克

🏁 雪佛兰 Tahoe 内饰设计

🏁 行驶中的雪佛兰 Tahoe

　　雪佛兰 Tahoe（Chevrolet Tahoe）是美国雪佛兰汽车公司在 1995 年开始生产的前置后驱 / 四驱 SUV，第一代于 1995 年 1 月 20 日生产，2000 年推出第二代，2005 年 12 月 1 日开始生产第三代，第四代于 2014 年推出，2019 年 12 月 10 日推出第五代。

　　雪佛兰 Tahoe 采用了更硬的全封闭式承载式车身，车身线条更加柔和。进气格栅被分为上下两层，正中间依然是大大的雪佛兰金领结车标，两旁配有晶钻大灯。该车标配 17 英寸轮毂，同时可选配 20 英寸轮毂。除了在车身结构上进行强化外，雪佛兰 Tahoe 在安全装备上也有一系列的提升，标配装备包括稳定牵引控制系统、带 ABS 功能的四轮盘式制动器、移动信息系统、轮胎气压监测系统、日间行车灯和座椅安全带预紧器。另外还可选配侧面安全气帘（安装在车顶上，可保护头部）、遥控车辆启动系统、电动调节踏板、挡风玻璃自动刮雨器和加热型挡风玻璃洗涤液储液罐。该车的内部设计水平也比雪佛兰汽车公司之前的车型提高很多，板件配合更加紧密。内部装备包括可电动折叠的第二排座椅、车辆遥控启动系统、第一排和第二排加热座椅、超声波倒车辅助系统、车辆后部视野监视系统、导航系统触摸屏、电动展开式踏板和后排座椅 DVD 娱乐系统。

　　雪佛兰 Tahoe 可选配 4.8 升、5.3 升以及 6.2 升 V8 发动机，2007 年款雪佛兰 Tahoe 采用新型混合动力发动机，混合动力车采用的是油、电发动机互补工作模式，具有节能、环保等特点。在城市路况行驶条件下，雪佛兰 Tahoe 双模混合动力车能在充分满足 SUV 消费者对于动力性能的追求的同时，将燃油经济性最高提升 50%。

雪佛兰开拓者

雪佛兰开拓者（Chevrolet Blazer）是美国雪佛兰汽车公司在 2018 年开始生产的 SUV。

雪佛兰开拓者拥有近 5 米的大体量车身，拥有高辨识度和冲击力。前脸造型硬朗有力，在大灯方面运用了分体式设计，并全系标配 LED 大灯。同时采用双 Y 形 LED 尾灯，确保日间和夜晚的行车安全。双片式电动全景天窗面积超过 1 平方米。尾部采用了双排气管，有很浓的美式 SUV 的霸气。雪佛兰开拓者的内饰采用了与传奇跑车科迈罗同源的设计风格，双炮筒运动仪表盘中间配备了一块 8 英寸液晶显示屏，中控台还有悬浮式设计的 10 英寸触摸屏。该车还配备 13 项智能安全科技，包括：360 度高清全景影像、自动泊车辅助系统（APA+）、全速自适应巡航系统（ACC）、侧盲区报警（SBZA）、车道变更辅助（LCA）、后方通过交通警报（RCTA）、前车距离提示（FDI）、碰撞缓解制动（AEB）、前方碰撞预警（FCA）、行人碰撞预警（PCM）、车道保持辅助（LKA）、自适应远光辅助（AHBA）以及全功能电子车身稳定系统（ESC）。

雪佛兰开拓者搭载 2.5 升直列四缸发动机，额定功率为 144 千瓦。与之匹配的是 9 速 9T50 自动变速箱。雪佛兰开拓者可在 0.12 秒内快速切换驱动模式。后轴可为单轮提供最大 3000 牛·米的最大扭矩输出，四驱系统提供每秒 100 次的整车扭矩需求，并智能调整。后桥两侧离合器独立控制扭矩，同时实现 0 ~ 100% 的左右轮分配，提升脱困能力。

车身参数	
长度	4862 毫米
宽度	1948 毫米
高度	1702 毫米
轴距	2863 毫米
整备质量	1728 千克

🏁 雪佛兰开拓者内饰设计

🏁 行驶中的雪佛兰开拓者

雪佛兰博尔特 EUV

车身参数	
长度	4326 毫米
宽度	1770 毫米
高度	1615 毫米
轴距	2675 毫米
整备质量	1669 千克

　　雪佛兰博尔特 EUV（Chevrolet Bolt EUV）是美国雪佛兰汽车公司在 2021 年开始生产的 SUV。该车车身侧面采用了悬浮式车顶设计，腰线由大灯延伸至车尾，整体视觉效果年轻时尚。前脸采用了一个细长的头灯和八字形雾灯设计，细长的大灯造型展现了干练简洁的风格。尾灯采用了尖锐的 C 字形，并由黑色的装饰面板相连接，形成一体式的设计。此外，车尾线条给予了尾部非常鲜明的层次感，左下角标注了"BOLT EUV"的字样，凸显了新车身份。

雪佛兰 Equinox

车身参数（第一代）	
长度	4796 毫米
宽度	1814 毫米
高度	1760 毫米
轴距	2857 毫米
整备质量	1697 千克

　　雪佛兰 Equinox（Chevrolet Equinox）是美国雪佛兰汽车公司在 2004 年开始生产的 SUV，2004 年开始推出第一代，第二代在 2009 年底特律北美国际车展上首次亮相，2016 年 9 月 22 日发布了第三代。该车采用了与车体同样色彩的前后保险杠、交叉条纹式的前栅格，在前后保险杠的设计上都采用了梯形的元素，其中前保险杠中包含了梯形的加涂了银粉漆的空气进气口，而后保险杠中则包括了两路铬合金的梯形排气管。18 英寸的无凸缘、高亮度的锻造铝制五轮辐轮毂，使其外观更加充满侵略性。

雪佛兰 Trax

车身参数	
长度	4280 毫米
宽度	1775 毫米
高度	1674 毫米
轴距	2555 毫米
整备质量	1490 千克

　　雪佛兰 Trax（Chevrolet Trax）是美国雪佛兰汽车公司在 2008 年开始生产的 SUV，第一代在 2008 年芝加哥车展上首次亮相，2017 年 1 月 23 日推出了第二代。雪佛兰 Trax 定位于小型 SUV，其大型一体式保险杠和前后挡泥板、安装在后部的备胎和顶棚支架、火焰黄色的制动钳让这款车型的风格更加鲜明，16 英寸轮毂和韩国锦湖轮胎实现了更精确的驾驶及操控。在电影《变形金刚 2》中，雪佛兰 Trax 作为小型车，在变形成机器人战斗时，拥有强大的战斗力。

雪佛兰 Traverse

车身参数（第一代）	
长度	5207 毫米
宽度	1991 毫米
高度	1849 毫米
轴距	3020 毫米
整备质量	2196 千克

　　雪佛兰 Traverse（Chevrolet Traverse）是美国雪佛兰汽车公司在 2008 年开始生产的 SUV。该车配备四轮独立悬架系统和电子稳定控制系统，可选用 17 英寸、18 英寸和 20 英寸轮毂。该车内部 3 排座位可容纳 8 人，其中第二排座位配备前后滑动机构，第三排座位娱乐系统的控制键在第二排座椅上。该款车有 6 个标准安全气囊，包括侧头部帘式安全气囊可惠及所有三排座位。

雪佛兰科帕奇

车身参数（第一代）	
长度	4637 毫米
宽度	1849 毫米
高度	1720 毫米
轴距	2707 毫米
整备质量	2018 千克

　　雪佛兰科帕奇（Chevrolet Captiva）是美国雪佛兰汽车公司在 2006 年开始生产的 SUV，第一代于 2006 年推出，2018 年 11 月在哥伦比亚推出第二代。该车运用动力几何学设计的车头显得动感十足，配备灵动式透射前大灯，再加上简洁流畅的高腰线设计和充满速度感的车身线条，彰显着现代都市的动感气息。车尾部采用跑车式设计，双排气尾管嵌入运动型后保险杠护板，高位尾灯造型独特。除了能满足城市道路的驾驶需求外，雪佛兰科帕奇在乡野道路上也具有很好的适应性。

特斯拉 X 型

车身参数	
长度	5037 毫米
宽度	1999 毫米
高度	1676 毫米
轴距	2964 毫米
整备质量	2352 千克

　　特斯拉 X 型（Tesla Model X）是美国特斯拉汽车公司从 2015 年开始生产的纯电动全尺寸 SUV，续航里程超过 500 千米。鹰翼门是该车的主要特色之一，后侧门能以向上延展的方式掀开，同时侦测侧面及上方的障碍物以避免碰撞，即便在狭窄的空间范围仍可轻松进出。该车拥有较大的载物空间和出色的牵引能力，最多可容纳 7 名成人乘坐，实用性可满足大部分家庭的需求。

特斯拉 Y 型

车身参数	
长度	4750 毫米
宽度	1920 毫米
高度	1626 毫米
轴距	2891 毫米
整备质量	2010 千克

　　特斯拉 Y 型（Tesla Model Y）是美国特斯拉汽车公司从 2020 年开始生产的纯电动中型 SUV，续航里程超过 600 千米。整车重心位于车辆底部中间位置，且拥有高强度的车身结构以及充裕的撞击缓冲区，可有效降低人员受伤风险。2021 年 1 月，特斯拉 Y 型在美国国家公路交通安全管理局的碰撞测试中获得五星安全评级，在正面碰撞、侧面碰撞和翻车情况三个测试中，均获得了五星安全评级。

达契亚 Sandero

车身参数	
长度	4091 毫米
宽度	1753 毫米
高度	1590 毫米
轴距	2589 毫米
整备质量	1204 千克

　　达契亚 Sandero（Dacia Sandero）是罗马尼亚达契亚汽车公司在 2007 年开始生产的 SUV。这款车的轮距略小于普通轿车的轮距，带日间行车灯和电子助力方向盘；配置方面，还带有 ABS 紧急刹车系统、电子稳定控制系统以及 ASR 牵引力控制系统，这些系统能防止车辆在雪地等湿滑路面上行驶时驱动轮的空转，使车辆能平稳地起步、加速。尤其在雪地或泥泞的路面，牵引力控制系统均能保证流畅的加速性能，防止车辆因驱动轮打滑而发生横移或甩尾。

达契亚 Duster

车身参数（第一代）	
长度	4315 毫米
宽度	1822 毫米
高度	1690 毫米
轴距	2673 毫米
整备质量	1294 千克

　　达契亚 Duster（Dacia Duster）是罗马尼亚达契亚汽车公司在 2010 年开始生产的 SUV，第一代于 2009 年 11 月 17 日首次亮相，2017 年 11 月开始生产第二代。该车整体的设计延续了达契亚现有车型的风格，但大灯内部的日间行车灯组调整为 Y 形，中网内部的镀铬饰件造型也有一定的变化。车头下部粗壮的银色饰板得以保留，整体还显示出一定的硬派越野的氛围。车尾方面，达契亚 Duster 同样采用了全新的尾灯内部灯组，与车头大灯形成呼应。

达契亚 Jogger

车身参数	
长度	4547 毫米
宽度	1784 毫米
高度	1632 毫米
轴距	2897 毫米
整备质量	1260 千克

　　达契亚 Jogger（Dacia Jogger）是罗马尼亚达契亚汽车公司在 2021 年开始生产的 SUV。该车采用了前进气格栅与前大灯组融合一体式的设计，并搭配双条幅镀铬中网，两侧大灯组内部配备 Y 形 LED 日间行车灯。前包围为三分式设计，左、右两侧配有雾灯组。尾灯造型采用了纵向布局并且占据尾部较大的面积，后包围则采用与车身不同色的黑色涂装，并配备有银色的后护板与隐藏式排气管。

菲亚特 500X

车身参数	
长度	4248 毫米
宽度	1786 毫米
高度	1620 毫米
轴距	2570 毫米
整备质量	1495 千克

　　菲亚特 500X（Fiat 500X）是意大利菲亚特汽车公司在 2014 年开始生产的 SUV。该车采用了分体式大灯组，上下两组大灯中都配有 LED 日间行车灯，前格栅被设计成双层平行的狭长式造型，前包围采用贯穿式的散热开口，两侧还配有银色的矩形样式的装饰条，中间配有雾灯组。内饰采用了较为灵动的设计，中控区域简约大方，车内搭配大量木纹饰板，高级感十足。

起亚 Retona

车身参数	
长度	4000 毫米
宽度	1745 毫米
高度	1835 毫米
轴距	2360 毫米
整备质量	1510 千克

　　起亚 Retona（Kia Retona）是韩国起亚汽车公司在 1998 ～ 2003 年间生产的 SUV。该车采用了同时期的第一代狮跑的非承载式车身，强化了前翼子板的覆盖件面积，同时也换上了一个整体感更强的前保险杠并取消了防撞护杠。前悬架长度有所增加，车顶也采用了硬顶式的结构来固化一种小型越野车的形象。

第 5 章

皮卡

　　皮卡也称为轻便客货两用车或是货卡，通常指带开放式载货区的轻型卡车。皮卡车体轻便，既可以载货也可以载人，部分车款设有后座，总共可载 2 ~ 6 人。在美国、加拿大、澳大利亚等地广人稀的国家，由于自家用大件物品运载需求大，因此皮卡是汽车市场的主力车型。

05

梅赛德斯－奔驰 X 级

车身参数

长度	5340 毫米
宽度	1920 毫米
高度	1819 毫米
轴距	3150 毫米
整备质量	2136 千克

梅赛德斯－奔驰 X 级（Mercedes-Benz X Class）是德国梅赛德斯－奔驰汽车公司在 2017 ～ 2020 年间生产的皮卡。

梅赛德斯－奔驰 X 级延续了梅赛德斯－奔驰汽车公司一贯的设计风格，车身线条肌肉感十足，无论是进气格栅还是大灯造型，都有很高的辨识度。针对不同定位需求，梅赛德斯－奔驰 X 级还提供 PURE、PROGRESSIVE、POWER 三款车型可选。其中高配车型搭载 LED 大灯，另外前保险杠样式也有差别；低配车型为纯黑色设计，高配车型则加入镀铬装饰。此外，梅赛德斯－奔驰汽车公司还推出了多个个性化选装包，提供包括 19 英寸铝合金轮毂、侧踏板、侧栏、软硬质货斗盖板等一系列配件选装。尺寸方面，梅赛德斯－奔驰 X 级的长、宽、高分别为 5340 毫米、1920 毫米、1819 毫米，轴距为 3150 毫米，货斗长、宽、高尺寸分别为 1587 毫米、1560 毫米、474 毫米，最大负荷为 1042 千克。此外，该车还拥有 202 毫米离地间隙，拥有不俗的通过性能。内饰方面，梅赛德斯－奔驰 X 级根据不同的车型采用塑料、木纹或真皮包裹装饰。中控台处也提供三种不同的风格可选。新车采用与梅赛德斯－奔驰 V 级类似的悬浮式中控屏和空调出风口设计。

梅赛德斯－奔驰 X 级有多种动力配置可选，包括 2 升 I4 涡轮增压汽油发动机、2.3 升 I4 涡轮增压柴油发动机。两款柴油版车型搭载 3 升 V6 涡轮增压柴油发动机，还可搭载四驱系统。

🏁 **梅赛德斯－奔驰 X 级侧前方视角**

🏁 **梅赛德斯－奔驰 X 级内饰设计**

道奇公羊

　　道奇公羊（Dodge Ram）是美国道奇汽车公司在 1980 年开始生产的皮卡，1980 年 10 月推出第一代，1993 年 1 月 5 日，第二代在北美国际汽车展上首次亮相。2001 年 2 月 7 日推出第三代，2008 年底第四代问世，2018 年 1 月开始销售第五代道奇公羊，官方指导价为 65 万~ 75 万元人民币 / 辆。

　　道奇公羊的前脸短小，与前挡风玻璃有弧形过渡。宽大的田字形散热格栅位于车头中间位置，方形的前灯组与之连在一起。在发动机舱盖上，镶嵌一枚"羊头"车标。该车一共设计了 6 个车门，但表面看上去感觉只有 5 个。厚厚的车顶使车身显得非常高，为减小风阻，车顶造型比较圆滑。道奇公羊在仝系列车型当中采用裙边设计，显得车身更加稳重。车内配置也相当豪华，符合人体工程学设计的真皮座椅，还附带按摩功能。整车有三排座椅，前中两排为大型独立豪华的航空座椅，第三排为三人座椅，选料和独立座椅一样。全车铺设高级丝绒地毯，车厢内的照明采用影院式灯饰设计，车顶环绕一圈的七个桃木装饰的储物格在灯光的照明下，使得整个车厢更添典雅豪华气氛。

　　道奇公羊配备了克莱斯勒汽车公司研发的 5.7 升 V8 自然吸气发动机，最大功率为 283 千瓦，峰值扭矩达 548 牛·米，适合在市区道路内频繁停车起步的平稳转换，但加速和高速性能一般。由于该车体积和重量大，加上车内高效率空调和空气净化器使得该车的油耗比一般的商务车大。

车身参数（第五代）	
长度	5814 毫米
宽度	2084 毫米
高度	1966 毫米
轴距	3569 毫米
整备质量	3500 千克

🏁 道奇公羊侧方视角

🏁 道奇公羊头部视角

兰博基尼 LM002

兰博基尼 LM002（Lamborghini LM002）是意大利兰博基尼汽车公司在 1986 ~ 1993 年间生产的皮卡。该车配备坚固的车厢，以铝合金与玻璃纤维制成，配上倍耐力公司专门研发的轮胎，务求提供最佳的抓地力，在松软地面也能表现出色。内饰结构也遵循此原则，但 LM002 也可提供真皮及空调的版本。该车配备动力强劲的 V12 发动机及四轮驱动系统，可克服坡度为 120 度的斜坡，最高车速达 210 千米 / 时。

车身参数

长度	4790 毫米	轴距	2950 毫米
宽度	2000 毫米	整备质量	2700 千克
高度	1850 毫米		

吉普角斗士

车身参数

长度	5537 毫米	轴距	3487 毫米
宽度	1875 毫米	整备质量	2301 千克
高度	1933 毫米		

吉普角斗士（Jeep Gladiator）是美国吉普汽车公司在 2019 年开始生产的皮卡。前脸部分使用了吉普家族式设计，七孔格栅由矩形结构组成，两侧大灯造型与格栅极具辨识度，凸出的前保险杠采用了更有立体感的造型，极具硬派越野风格。与吉普牧马人一样，其内饰也实行简约实用风格，中控台线条平直有力，布局层次分明。

福特 F-650

　　福特 F-650（Ford F-650）是美国福特汽车公司在 1948 年生产的皮卡。该车采用四门设计，拥有庞大的车身与粗犷的线条。车头巨大的保险杠、进气格栅占据了前脸的大部分面积，前大灯安装在轮拱罩上，整个前脸部分具有很强的冲击感。侧面升高的大型轮拱罩霸气十足，轮胎也是采用大尺寸的，双侧造型独特的脚踏板可方便上下车。该车搭载了 6.7 升 V8 康明斯柴油发动机，非承载式车身和巨大的轮胎保证了福特 F-650 的越野性能。

车身参数

长度	6750 毫米	轴距	4430 毫米
宽度	2900 毫米	整备质量	2700 千克
高度	2800 毫米		

福特游骑兵

　　福特游骑兵（Ford Ranger）是美国福特汽车公司在 1983 开始生产的皮卡。该车底盘非常实用，后挡板的高度降低到了臀部的高度，使装卸货物非常方便。福特汽车公司还为该车提供了一个安装在驾驶室后部的照明灯，该照明灯有助于在夜间照亮卡车底盘。车内空间也很宽敞，后排座椅具有足够的腿部空间。后排座椅可以向下折叠，以便搬运更高的物品。

车身参数

长度	5359 毫米	轴距	3226 毫米
宽度	1849 毫米	整备质量	1866 千克
高度	1815 毫米		

福特 Super Duty

车身参数

长度	5766 毫米	轴距	3480 毫米
宽度	2029 毫米	整备质量	2600 千克
高度	2057 毫米		

　　福特 Super Duty（Ford Super Duty）是美国福特汽车公司在 1998 年开始生产的皮卡。作为美式皮卡，福特 Super Duty 除了是一款标准的皮卡之外，也是一款出色的工具车改装平台。在 2017 年推出新款福特 Super Duty 时，福特汽车公司的工程师对福特 Super Duty 的货厢进行了全面的测试，以保证日后重载的需求以及其可拓展的可能。其他改进还包括重新设计了货厢地板、采用新的货厢材料等。

福特 F-150 猛禽

车身参数	
长度	5890 毫米
宽度	2190 毫米
高度	1990 毫米
轴距	3710 毫米
整备质量	2584 千克

福特 F-150 猛禽（Ford F-150 Raptor）是美国福特汽车公司在 2009 年开始生产的皮卡。

福特 F-150 猛禽无论是整体轮廓还是内饰，都运用了大量硬直线条，包括进气格栅、灯组造型等，都给人方正硬气的感觉。该车拥有巨大的长方形蜂窝式格栅，中间镶嵌着福特的标识，再加上粗壮的前保险杠和银色护板，以及颇有野性气息的黑色塑料轮眉，使车头拥有震撼的冲击感。虽然福特 F-150 猛禽的轴距超过了 3.7 米，但高底盘的设定和"大脚"轮胎依旧让车身的比例十分协调。福特 F-150 猛禽的多功能方向盘集成了音响系统、定速巡航及蓝牙电话等控制按键。中央控制区搭配了触控式显示屏，其下方则是多媒体控制区及空调面板，采用旋钮加物理按键的组合。前排座椅配有电加热和电通风功能，第二排坐垫可以向上翻起，后排乘客的腿部空间非常宽裕。福特 F-150 猛禽的货厢足以装下一辆山地自行车，而且内部还被特意涂上了一层兼具弹性和硬度的特殊涂层，防止货厢被剐蹭的同时，也对货物起到较好的保护作用。

🏁 行驶中的福特 F-150 猛禽第三代

🏁 福特 F-150 猛禽第三代头部视角

🏁 打开车门后的福特 F-150 猛禽第二代

🏁 福特 F-150 猛禽第二代尾部视角

福特小牛

车身参数	
长度	5072 毫米
宽度	1844 毫米
高度	1745 毫米
轴距	3076 毫米
整备质量	1666 千克

福特小牛（Ford Maverick）是美国福特汽车公司在 2021 年开始生产的全新紧凑型皮卡。

福特小牛是福特家族目前体型最小，也是唯一一款采用承载式车身结构的皮卡车。该车在外观上没有任何花哨的设计细节，风格整齐简洁。车身线条讲究四平八稳，车头平直而耸立，加之造型粗犷且面积硕大的车灯和进气格栅，使该车拥有了不俗的力量感。内饰部分，福特小牛中控台的设计风格偏向于硬朗，每一个功能按键区域的布局都简单明了，驾驶室内随处可见的储物槽，延续了美式皮卡车粗犷且讲究实用的风格。值得一提的是，在车后座下方藏有超大容积的储物槽，并且座椅和坐垫支持 90 度折叠，门把手位置还有固定自行车轮胎的小设计。该车后斗长度达到了1.37 米，可容纳 2 ~ 3 名成人坐下来休息。另外，后斗还配备了 110 伏、400 瓦的电源插座，可以向手机、笔记本电脑、小电视、无线工具充电器等小型设备进行充电补能。

福特小牛装有一台 2.5 升阿特金森循环四缸发动机，与电动机结合而组成，综合最大输出功率为 140 千瓦，综合最大扭矩为 210 牛·米，与之匹配的是 CVT 变速箱，一箱油的续航里程约为 805 千米。系统最大有效负荷为 680 千克，最大拖曳能力为 907 千克。

▶ 行驶中的福特小牛

▶ 福特小牛内饰设计

▶ 福特小牛侧前方视角

▶ 福特小牛侧后方视角

雪佛兰 C/K-10

车身参数	
长度	4747 毫米
宽度	2000 毫米
高度	1810 毫米
轴距	2921 毫米
整备质量	1000 千克

　　雪佛兰 C/K-10（Chevrolet C/K-10）是美国雪佛兰汽车公司在 1959 ~ 2002 年间生产的皮卡。该车优化设计的车架带给驾驶者更低的乘坐位置，使得上下车更为方便。独立式前悬架使该车拥有了更加接近普通轿车的驾乘体验。除此之外，它还为雪佛兰汽车公司旗下的皮卡带来了一套全新的起名原则——新系列中 C 表示后轮驱动，而 K 则代表四轮驱动。

雪佛兰 S-10

车身参数	
长度	4526 毫米
宽度	1643 毫米
高度	1557 毫米
轴距	2751 毫米
整备质量	1610 千克

　　雪佛兰 S-10（Chevrolet S-10）是美国雪佛兰汽车公司在 1981 年开始生产的皮卡。该车是以可靠耐用为设计理念的卡车，不仅坚固可靠，而且造型充满时代感。该车的前护栏杆为防锈钢板，并采用不锈钢排气管、高容量蓄电池及独有的长寿命燃油泵。雪佛兰 S-10 配备一台 2.4 升多点燃油喷射四缸发动机，并采用 5 级手动排挡，油箱容量更高达 76 升。

雪佛兰索罗德

车身参数（第四代）	
长度	5353 毫米
宽度	2063 毫米
高度	1917 毫米
轴距	3213 毫米
整备质量	3100 千克

　　雪佛兰索罗德（Chevrolet Silverado）是美国雪佛兰汽车公司在 1998 年开始生产的皮卡。该车的车头方方正正，发动机盖上的线条充满肌肉力量感。车头部分增加了新的进气格栅、LED 灯和日间行车灯。内饰在配置上有了较大的提升，甚至还使用了可与旗舰轿车媲美的各种安全和便利设备。雪佛兰索罗德有多种动力配置可选，包括 2.7 升 I4 涡轮增压汽油发动机、4.3 升 V6 自然吸气汽油发动机、5.3 升 V8 自然吸气汽油发动机、6.2 升 V8 自然吸气汽油发动机和 3 升 I6 自然吸气柴油发动机。

雪佛兰 SSR

车身参数	
长度	4864 毫米
宽度	1996 毫米
高度	1621 毫米
轴距	2946 毫米
整备质量	2248 千克

　　雪佛兰 SSR（Chevrolet SSR）是美国雪佛兰汽车公司在 2003 ~ 2006 年间生产的皮卡。该车最独特的一点是它配备一个电动可折叠敞篷，车顶收起后放置于驾驶室和后储物斗的夹层中间。该车的发动机盖呈圆弧隆起，四个车轮的轮眉翼子板呈巨大拱形向后延伸，方向盘采用大四幅设计，配有用于管理多媒体的按钮。

雪佛兰科罗拉多

车身参数（第二代）	
长度	5347 毫米
宽度	1882 毫米
高度	1781 毫米
轴距	3258 毫米
整备质量	1819 千克

　　雪佛兰科罗拉多（Chevrolet Colorado）是美国雪佛兰汽车公司在 2003 年开始生产的皮卡，第一代科罗拉多于 2003 年开始销售，2011 年推出第二代，第三代于 2022 年 7 月首次亮相。第三代雪佛兰科罗拉多具有更加凸出的全开式格栅，其延伸范围比以前的版本更宽、更低。红色拖钩现已成为该车的标准配置。内饰采用简约风格，配备加热前排座椅、加热多功能方向盘和博士（Bose）音响系统、中控 7 英寸多媒体系统。该车搭载一台 224 千瓦的 3.6 升 V6 发动机，匹配六速自动变速箱。

雪佛兰蒙大拿

车身参数	
长度	4430 毫米
宽度	1645 毫米
高度	1420 毫米
轴距	2714 毫米
整备质量	1180 千克

　　雪佛兰蒙大拿（Chevrolet Montana）是美国雪佛兰汽车公司在 2003 年开始生产的皮卡。该车采用一排半的驾驶舱形式，其大灯尺寸很大，整体给人的感觉比较粗犷，虽然体型不大，但却很有力量感。该车配备一款 1.4 升四缸发动机，最大功率为 71 千瓦，最大扭矩为 129 牛·米。它的整体装载能力约为 758 千克，基本能应对一般的货物运输。

丰田海拉克斯

车身参数（第八代）	
长度	5275 毫米
宽度	1855 毫米
高度	1700 毫米
轴距	3085 毫米
整备质量	1955 千克

　　丰田海拉克斯（Toyota Hilux）是日本丰田汽车公司在 1968 年开始生产的皮卡，1968 年 3 月开始生产第一代，1972 年 5 月推出第二代，1978 年 8 月推出第三代，1983 年开始生产第四代，1988 年推出第五代，1997 年生产第六代，2004 年 8 月在泰国开始生产第七代，2015 年 5 月 21 日推出第八代。该车车头饱满，梯形格栅布局更显粗犷，前大灯和格栅线条相融合，更突出了车头的整体性。前大灯带有 LED 日间行车灯以及氙灯配置，灯罩的造型线条流畅，和车体线条融合度非常好。其内饰样式更加豪华，配置程度也更为丰富。丰田汽车公司为满足多个市场需求，还提供了左右舵两种布局。

丰田塔科马

车身参数（第二代）	
长度	5392 毫米
宽度	1890 毫米
高度	1793 毫米
轴距	3236 毫米
整备质量	2007 千克

　　丰田塔科马（Toyota Tacoma）是日本丰田汽车公司在 1995 年开始生产的皮卡，1995 年 2 月在美国推出第一代，2004 年开始生产第二代，第三代在 2015 年 1 月的北美国际车展上正式亮相。第三代车型采用丰田汽车公司全新家族式设计，其大尺寸六边形进气格栅搭配粗壮的保险杠使车头显得十分威武，而该车全新样式的前后大灯又增添几分时尚感。另外根据不同客户需求，第三代丰田塔科马还提供多种车身形式可选。该车采用 3.5 升 V6 发动机，变速箱为六速自动变速箱和六速手动变速箱。

丰田坦途

车身参数（第二代）			
长度	5329 毫米	轴距	3220 毫米
宽度	2029 毫米	整备质量	1785 千克
高度	1935 毫米		

　　丰田坦途（Toyota Tundra）是日本丰田汽车公司在 1999 年开始生产的皮卡，1999 年 5 月推出第一代，在 2006 年 2 月的芝加哥车展上推出第二代，2021 年 6 月 18 日发布第三代官方图片。第三代丰田坦途采用丰田最新的立体化进气格栅和立体化灯组造型设计，使其拥有出色的整体视觉效果，同时更加丰富的车身镀铬装饰，也让它看上去更加豪华和大气。为了增强车辆的豪华感，该车还配备了全新的运动化车身套件以及最新样式的车身包围，而且灯组都进行了熏黑处理。车身侧面非常敦实，肌肉感较强。

大众阿玛洛克

车身参数	
长度	5181 毫米
宽度	1944 毫米
高度	1820 毫米
轴距	3095 毫米
整备质量	1737 千克

　　大众阿玛洛克（Volkswagen Amarok）是德国大众汽车公司在 2010 年开始生产的皮卡。该车更注重驾控感受，同时也提供了出色的装载和通过能力。大众阿玛洛克为双排五座皮卡，四轮驱动。这款车标榜的不仅仅是艺术性的外观设计和完美的人体工程学设计，还有高效的发动机，包括大众最为先进的 TDI（涡轮增压直接喷射）柴油发动机，它使该车的经济燃油性达到一个新的高度。

本田山脊线

车身参数

长度	5258 毫米	**轴距**	3099 毫米	
宽度	1976 毫米	**整备质量**	2065 千克	
高度	1786 毫米			

本田山脊线（Honda Ridgeline）是日本本田汽车公司在 2004 年开始生产的皮卡。

本田山脊线的前脸部分采用了小面积的中网，两侧的大灯酷似三角形，并且配有 L 形的大灯边饰，下方的防撞装置非常方正，发动机盖上方凸起的棱线更是硬气十足。侧面部分，整车比较圆润，腰线的设计由深至浅，贯穿了整个车身，车顶还配上了"鱼鳍"。而双向尾门可以下降或摆动到侧面以方便装载。内饰部分，该车采用了银色主色调，内嵌的显示屏两侧是空调的出风口，下方的按键设计也是整齐对称的，中控台采用了玻璃面板。同时配备了实木样式的储物格，并且搭配多功能的方向盘。本田山脊线还提供其同级独有的床内行李箱，卡车床下有足够的存储空间，带有可上锁的盖子、排水塞、杂货钩和可用的货物空间分隔器。

本田川脊线拥有 7.64 英寸的离地间隙以及接近 20 度的接近角、转折角和离去角，具有完全封闭的桁架式地板框架，具有中等的越野能力。在开阔的道路上，一体式结构有助于提供更平稳的行驶以及更沉稳和自信的操控。该车装有 3.5 升的六缸发动机，最大功率为 205 千瓦，峰值扭矩为 355 牛·米，配备六速变速箱。即使在载人、载物或牵引时，该车也能对油门输入做出快速响应。当本田山脊线用作路面家庭运输车时，其乘坐质量和舒适性与主流 SUV 不相上下。

🏁 行驶中的本田山脊线

🏁 本田山脊线内饰设计

🏁 本田山脊线尾部视角

🏁 本田山脊线头部视角

日产纳瓦拉

日产纳瓦拉（Nissan Navara）是日本日产汽车公司在 1985 年开始生产的皮卡，1997 年推出第二代，在 2004 年北美国际汽车展上推出第三代，2014 年 6 月 11 日，日产汽车公司推出第四代纳瓦拉。第四代日产纳瓦拉的前脸采用日产家族式设计，车身镀铬装饰的应用让它在硬朗之余又不失时尚。内饰设计以简洁实用为原则，中控布局比较简单，舒适的座椅和优秀的隔音，让其在乘坐舒适性方面完全超出皮卡范畴。后排配备了空调出风口，让车内温度更加均衡，而座椅除靠背较直外，在舒适性上完全不亚于前排。

车身参数（第四代）

长度	5266 毫米	轴距	3150 毫米
宽度	1850 毫米	整备质量	1788 千克
高度	1839 毫米		

日产泰坦

日产泰坦（Nissan Titan）是日本日产汽车公司在 2003 年开始生产的皮卡，2003 年 9 月 21 日推出第一代，在 2015 年北美国际车展上日产推出了第二代。日产泰坦车身的比例非常协调，隆起的线条让该车更具力量感。一体式保险杠包裹四周，给人强烈的安全感。尾部排气管采用了双边共四出的布局，加以棱角分明的造型，十分霸气。因为车身比较高大，因此该车尤其注重行驶的安全性，包括全景车身监视器、带拖车防撞提醒的后视镜、运动物体感应、下坡速度控制、盲区警告、胎压监测和拖车灯光自检系统等。

车身参数（第一代）

长度	5705 毫米	轴距	3551 毫米
宽度	2019 毫米	整备质量	2285 千克
高度	1933 毫米		

三菱海卫

三菱海卫（Mitsubishi Triton）是日本三菱汽车公司在1978 年开始生产的紧凑型皮卡，1978 年 9 月首次在日本销售第一代，1986 年推出第二代，1996 年推出了第三代，2005 年发布了第四代，2014 年开始生产第五代。该车最大的亮点就是其独特的货厢设计，打破了传统皮卡车型车厢与货厢的衔接方式，使得车身外观看上去自然流畅。该车在同级别车型中货厢尺寸是较大的，货厢长度为 1520 毫米，宽度为 1470 毫米，深度为 47 毫米，唯一不足的是尾门离地较高，不便于装载货物。

车身参数（第二代）

长度	4501 毫米	轴距	2680 毫米
宽度	1655 毫米	整备质量	1635 千克
高度	1486 毫米		

雷诺阿拉斯加

雷诺阿拉斯加（Renault Alaskan）是法国雷诺汽车公司在 2016 年开始生产的皮卡。霸气的尺寸和外观气势确保了该车强有力的姿态，线条融入高科技感并暗示了其稳健性。内饰部分，该车拥有 5 英寸的 TFT 显示屏，智能手机兼容，蓝牙连接，四或六喇叭音响系统，可用连接的 7 英寸触摸屏，360 度摄像头，并提供八向可调加热座椅。雷诺阿拉斯加采用坚固的箱形底盘，避开了传统的弹簧式后悬架装置，这种装置采用了五连杆布置。

车身参数

长度	5255 毫米	轴距	3150 毫米
宽度	1850 毫米	整备质量	1960 千克
高度	1820 毫米		

雷诺 Duster Oroch

车身参数

长度	4700 毫米	轴距	2829 毫米
宽度	1822 毫米	整备质量	1346 千克
高度	1694 毫米		

雷诺 Duster Oroch（Renault Duster Oroch）是法国雷诺汽车公司在 2015 年开始生产的皮卡。该车采用四门设计，车身周围还覆盖着黑色塑料套件，前大灯组造型简洁，并融入了 LED 光源。该车前保险杠造型厚重，并配备有 LED 日间行车灯。其内饰设计也较为简约，采用木炭黑和荧光橙的颜色进行搭配，配合颇具个性的空调出风口，使雷诺 Duster Oroch 看起来更加具有活力。

菲亚特斯特拉达

　　菲亚特斯特拉达（Fiat Strada）是意大利菲亚特汽车公司在 1996 年开始生产的皮卡。该车在外观上遵循了家族式的造型风格，时尚俏皮的外观让车辆显得动感十足。新车提供了单排、双排两种版本，用以应对驾驶者不同的用车需求。菲亚特斯特拉达拥有 24 度的接近角，其车身离地间隙达到了 208 毫米，为该车带来了更强的通过性能。

车身参数

长度	4398 毫米	轴距	2718 毫米
宽度	1665 毫米	整备质量	1140 千克
高度	1505 毫米		

菲亚特托罗

车身参数

长度	4915 毫米	轴距	2990 毫米
宽度	1844 毫米	整备质量	1871 千克
高度	1746 毫米		

　　菲亚特托罗（Fiat Toro）是意大利菲亚特汽车公司在 2016 年开始生产的皮卡。该车采用了分体式大灯设计，并且将内部光源升级为 LED。内饰造型采用了对称式设计，装有 7 英寸的液晶仪表盘，高配车型则提供了一块 10.1 英寸的竖置多媒体屏幕，提升了车内的科技感。其内饰储物空间也经过了优化，可提供更加丰富的储物场所。

GMC 西塞拉

GMC 西塞拉（GMC Sierra）是美国通用汽车公司在 1998 年开始生产的皮卡，1998 年推出第一代，2006 年推出第二代，2013 年推出第三代，2018 年推出第四代。GMC 西塞拉整体设计保留了美式高端皮卡的形象，巨大的车身尺寸、硬朗的线条设计、丰富的外部功能等都很好地展现了高端皮卡车型所代表的全面性。车体全框架导轨以及主要零部件使用高强度钢材制作而成。双排座舱加货厢的布局，满足了拉人和载货的双重需求。

车身参数（第四代）

长度	5845 毫米	轴距	3645 毫米
宽度	2060 毫米	整备质量	2530 千克
高度	1890 毫米		

马自达 BT-50

马自达 BT-50（Mazda BT-50）是日本马自达汽车公司在 2006 年开始生产的皮卡，2006 年 3 月 22 日推出第一代，2010 年 10 月在澳大利亚国际汽车展上第二代面世。第三代 BT-50 于 2020 年 6 月 17 日在澳大利亚亮相。马自达 BT-50 前脸设计富有张力，盾形进气格栅搭配两侧柳叶形的大灯组，营造出强大的气势，极具辨识度。车尾设计与前脸呼应，白色的叶片形尾灯内嵌入红色色块，增强了运动感。车内搭载了全新的马自达家族方向盘，9 英寸中控屏搭载了支持 CarPlay 的马自达车机系统，可以方便驾驶者操作，同时还对空调控制区域和换挡杆进行了重新设计。

车身参数（第三代）

长度	5280 毫米	轴距	3125 毫米
宽度	1870 毫米	整备质量	1708 千克
高度	1790 毫米		

霍顿 Ute

车身参数（第二代）

长度	4896 毫米	轴距	2915 毫米
宽度	1899 毫米	整备质量	1837 千克
高度	1471 毫米		

霍顿 Ute（Holden Ute）是澳大利亚霍顿汽车公司在 2000 ～ 2017 年间生产的皮卡，2000 年推出第一代，2007 ～ 2017 年生产第二代 D-Max。该车拥有轿车的车头和前排座椅，而后排座椅及尾厢部分则变成一个货斗，外形上更像是一辆带货斗的轿车。霍顿 Ute 的座椅宽敞且支撑性强，皮革包裹的厚实运动型方向盘可调节伸展范围，方便驾驶者调整驾驶姿势。

五十铃 D-Max

五十铃 D-Max（Isuzu D-Max）是日本五十铃汽车公司在 2002 年开始生产设计和制造的皮卡，2002 年在泰国推出第一代，2011 年开始销售第二代车型，第三代 D-Max 于 2019 年 10 月 11 日在泰国首次亮相，官方指导价为 14.48 万～ 22.48 万元人民币 / 辆。

五十铃 D-Max 车头多采用平直且富有棱角感的线条加以勾勒，并在中网处应用了大量的镀铬装饰，一直上扬延伸至侧翼子板。大灯采用了远近光的分体式设计，并在近光灯上加装了透镜，让整个车头看上去更有神。遗憾的是，该车并没有安装日间行车灯。车侧的巨大轮眉给车身添加了几分肌肉感，在尾门上绘有硕大的 ISUZU 标识。五十铃 D-Max 的中控台造型偏向于普通轿车的设计，T 字形的中控面板上集成了大屏多媒体系统和自动空调，样式简洁。其仪表台大部分区域都采用了硬塑料质地，三幅方向盘则采用真皮包裹，并加入了多功能按键，其握感和功能都与普通轿车无异。仪表盘的造型中规中矩，中央的行车电脑集成了油量、油温以及油耗信息，字体大且整齐，读取非常方便。考虑到乘客的舒适性，五十铃 D-Max 的后排不仅靠垫角度合适，而且坐垫也足够长。

五十铃 D-Max 可选配多种发动机，其中五十铃 4JJ1 发动机在动力、节能和环保方面具有显著优势。该发动机排量为 3.0 升，动力强劲。它配有 VGS 可变截面涡轮增压，发动机即使是在低转速情况下，也能达到最大扭矩。

车身参数（第三代）	
长度	5230 毫米
宽度	1810 毫米
高度	1690 毫米
轴距	3125 毫米
整备质量	1922 千克

🏁 **五十铃 D-Max 第三代侧前方视角**

🏁 **五十铃 D-Max 第三代侧后方视角**

现代圣克鲁斯

车身参数

长度	4970 毫米
宽度	1905 毫米
高度	1695 毫米
轴距	3005 毫米
整备质量	1870 千克

 现代圣克鲁斯侧方视角

 现代圣克鲁斯侧前方视角

　　现代圣克鲁斯（Hyundai Santa Cruz）是韩国现代汽车公司在 2021 年开始生产的紧凑型皮卡。

　　现代圣克鲁兹是一款跨界皮卡。该车采用一体式底盘设计，结合了 SUV 和皮卡车型的特点，兼具皮卡的外形以及 SUV 的质感。该车前脸保留了现代家族化标识，六边形进气中网搭配熏黑悬浮式进气格栅。采用了上下分体式前大灯设计，中网面积非常巨大，车身造型相当圆润。仪表盘采用双层环绕式设计，空间感好，用料上乘。前排舒适度很高，有足够的空间和支撑性的、可调节动力的主驾座椅，不过需要乘客靠手动控制。第二排高窗线和常规尺寸的天窗限制了自然光，但乘坐空间比较充裕。安全配置方面，该车标准功能包括驾驶者注意警告、车道保持辅助以及具有行人和骑自行车者检测功能的前向碰撞避免辅助。

　　现代圣克鲁兹搭载了 2.5 升四缸发动机，结合了八速自动变速箱和标准前轮驱动，但全轮驱动作为选装配置提供。

第 6 章

摩托车

摩托车是指由汽油发动机驱动，靠手把操纵前轮转向的机动车辆，具有操纵简单、行动方便、价格低廉的特点，因而在日常生活、运输、治安维护、军事中被广泛使用。现代摩托车产业引进了大量先进技术，光通信电子控制系统、雷达测距自动控制系统、电子地图导向系统、声波电子消声系统等高新技术在一些概念摩托车中的运用，使现代摩托车变得更加完美，更加具有震撼力。

宝马 F650

车身参数

排量	652 毫升
轴距	1480 毫米
空重	173 千克
座椅高度	800 毫米
最大速度	185 千米／时

⚑ 宝马 F650 侧方视角（一）

⚑ 宝马 F650 侧方视角（二）

宝马 F650（BMW F650）是德国宝马汽车公司在 1993 ~ 2001 年间量产的多用途越野摩托车。

20 世纪 90 年代初，宝马汽车公司派代表团访问了意大利阿普利亚公司。代表团在生产线上见到了即将组装完毕的"飞马"650 摩托车，此车搭载了由奥地利罗塔克斯公司提供的单缸发动机。这款简单可靠的发动机让代表们产生了浓厚的兴趣，他们认为，搭载这类成本低、可靠性高的单缸发动机的车型应该有很广阔的市场前景，因为此类车型非常适合刚接触摩托车的新手，宝马汽车公司不应该放弃这个潜在的庞大群体。于是，宝马汽车公司提供商标设计和销售渠道，罗塔克斯公司提供发动机，阿普利亚公司负责组装，三方合作的宝马 F650 诞生了。

奥地利罗塔克斯公司是世界知名的单缸四冲程发动机生产厂家，其产品以坚固耐用、可靠性高而深受车手好评。在把这款发动机装到宝马 F650 的车架上之前，宝马汽车公司又重新对其进行了调校，使其在动力输出的设置上更贴合宝马 F650 的两用车定位。首款宝马 F650 采用直径 41 毫米的正立液压式前悬架，后悬架是液压阻尼单筒式，行程可观。前后制动系统均采用了盘式，采用大名鼎鼎的布雷博卡钳。为了方便车手长途旅行，宝马 F650 的油箱容积很大，厂家还为它提供了诸如边箱、油箱包、加热手柄等选装件。考虑到车手的身高问题，宝马汽车公司还为该车提供了一套改装件，通过摇臂和悬架来降低车座高度，让身材相对矮小的女性车手也能轻松驾驭，非常人性化。

宝马 F650 ST

车身参数

排量	652 毫升
轴距	1465 毫米
空重	173 千克
座椅高度	785 毫米
最大速度	165 千米 / 时

宝马 F650 ST（BMW F650 ST）是德国宝马汽车公司在 1996 ~ 2001 年间生产的搭载单缸发动机的标准摩托车。

宝马 F650 具有很高的实用性和经济性，很快就赢得了市场的肯定，1993 ~ 2003 年该车系的销量超过 11 万辆，其中 30% 以上的使用者是女性，而 20% 以上是新车手。在此期间，超出预期的销量让宝马汽车公司决定将这个车系延续下去，并在 1996 年又推出了侧重铺装公路和城市街道的宝马 F650 ST。根据宝马汽车公司的资料，该车从设计到出品，只用了两年半的时间，它主要针对欧洲人的身材和交通路况而设计。

宝马 F650 ST 的车架为高强度、精密、轻量化单管钢制车架，采用螺栓连接，后摇架为角钢盒式结构。后减振器为中置单筒连杆式，反弹阻尼和压缩阻尼均可根据道路情况、负载情况等进行无级调节。前叉为传统伸缩式，油压减振，叉管直径 41 毫米。前制动盘为单盘双活塞浮动钳，后制动盘为单盘单活塞浮动钳，由布雷博公司生产。油箱采用高强度塑料制成，这种塑料油箱的强度、韧性比钢材好很多，即便摔车也不会被磕瘪，更不会擦出炽烈的火花，每个油箱在出厂时都要经过极其严格的强度试验。宝马 F650 ST 安装了净化催化装置。排放系统中的所有可见零件都采用不锈钢材料制造，消声器容积为 7.5 升。净化催化装置将排放物中的污染物质进行过滤，并使有害物质和净化剂发生反应，形成无害物向外排出。

🏁 宝马 F650 ST 侧前方视角

🏁 宝马 F650 ST 侧后方视角

宝马 C1

🏁 宝马 C1 侧前方视角

🏁 宝马 C1 侧方视角（一）

　　宝马 C1（BMW C1）是德国宝马汽车公司在 2000 ~ 2002 年间生产的一款带雨篷的踏板摩托车。

　　宝马 C1 是世界上极少数做过假人碰撞试验等安全测试的摩托车之一，并且通过了安全测试，车手不戴头盔开宝马 C1 也有安全保障。不过，全钢结构的雨篷导致车辆的重心变高，操控性较差。因此，宝马 C1 的量产时间很短。

车身参数

排量	124 /176 毫升
轴距	1488 毫米
空重	185 千克
座椅高度	701 毫米
最大速度	103 千米 / 时

🏁 宝马 C1 侧方视角（二）

　　宝马 C1 从骨架、悬架、篷体构造、安全带、制动装置等方面来保障摩托车手的安全。一般而言，摩托车发生事故最多的场合是高速行驶时地面不平，或闪避障碍物时，由于把手突然变动方向造成失稳而滑倒，此时由于惯性力的作用，骑车者很容易被抛出去，头触地导致伤亡。而宝马 C1 不会发生这样的情况。如果车辆突然滑倒，骑车者有安全带固定在车座上，不会被抛出去，而且篷架两侧有凸出来的橡胶头，车辆倒地时起到缓冲和支撑作用。车体的矩形纵梁，前端与车架支撑，后端与发动机支承架连接，形成一种浮动式结构，如果发生正面碰撞或者颠簸，可以有效分散冲击力，尽量减少车体变形及对人体的冲击。宝马 C1 还有先进的制动技术，前后轮采用单碟盘式液压制动，前轮制动钳由双活塞泵控制，后轮制动钳由单活塞泵控制，还装配了防抱死制动系统。

🏁 宝马 C1 侧后方视角

宝马 F650 GS

车身参数

排量	652 毫升
轴距	1489 毫米
空重	194 千克
座椅高度	750 毫米
最大速度	166 千米 / 时

宝马 F650 GS（BMW F650 GS）是德国宝马汽车公司在 2000 年开始生产的全地形摩托车。宝马 F650 GS 没有对宝马 F650 高度成熟的发动机进行大的改动，只是稍做调校，改动最大的是车体——重新设计车架，前置油箱挪到车体中部坐垫下方，原来的油箱位置隐藏着蓄电池、空气滤芯等部件。如此一来，宝马 F650 GS 整车的重量分配接近 50 ：50，更有利于恶劣路况中的操控。

宝马 F650 GS Dakar

车身参数

排量	652 毫升
轴距	1479 毫米
空重	175 千克
座椅高度	820 毫米
最大速度	175 千米 / 时

宝马 F650 GS Dakar（BMW F650 GS Dakar）是德国宝马汽车公司在 2001 年开始生产的越野摩托车。宝马 F650 GS Dakar 是一款具有达喀尔赛车基因的摩托车，它的越野性能远胜于同门其他车款。这款车赢得了"激进"车迷甚至专业车手的喜爱，它的出现，让宝马 F650 车系到达了一个难以逾越的巅峰，成为摩托车界的传奇。

宝马 F650 CS

车身参数

排量	652 毫升
轴距	1493 毫米
空重	187 千克
座椅高度	810 毫米
最大速度	178 千米 / 时

宝马 F650 CS（BMW F650 CS）是德国宝马汽车公司在 2001 ~ 2005 年间生产的标准摩托车。宝马 F650 CS 首次采用皮带驱动，开宝马摩托车历史的先河。安静、干净、耐用及免添油都是皮带驱动的强项，虽然沙石是它的大敌，但对于以城市为"主战场"的宝马 F650 CS 来说并不需要担心这一点。26 毫米宽的驱动皮带以合成物料制成，有足够强度承受动力的输出。

宝马 R1200RT

车身参数

排量	1170 毫升
轴距	1485 毫米
空重	229 千克
座椅高度	840 毫米
最大速度	223 千米 / 时

宝马 R1200RT（BMW R1200RT）是德国宝马汽车公司在 2005 ~ 2019 年间生产的摩托车，其座椅高度为 840 毫米，对于正常身高的驾驶者刚好可以双脚踩地。该车配置也很齐全，无钥匙启动、蓝牙、收音机、音频娱乐系统、胎压监测、日间行车灯、上坡辅助、动态驾驶控制模式、镀铬排气管、前后排电加热座椅、ESA 电子避振、换挡辅助系统、中控锁、防盗系统、预装导航、巡航定速、动态大灯等一应俱全。

宝马 G650 X

车身参数	
排量	652 毫升
轴距	1500 毫米
空重	160 千克
座椅高度	930 毫米
最大速度	170 千米/时

　　宝马 G650 X（BMW G650 X）是德国宝马汽车公司在 2006～2009 年间生产的运动摩托车。它是一种非常轻便的摩托车，配备了罗塔克斯四冲程水冷式发动机，操控性能较为出色。该车系有着简单锋利的外形，其中宝马 G650 X challenge 具备轻度越野能力，而宝马 G650 X moto 则采用滑胎设计，适合山路骑行。

宝马 F800 S

车身参数	
排量	798 毫升
轴距	1466 毫米
空重	209 千克
座椅高度	840 毫米
最大速度	200 千米/时

　　宝马 F800 S（BMW F800 S）是德国宝马汽车公司在 2006～2010 年间生产的运动摩托车。其发动机燃烧室采用四冲程双缸水冷发动机，压缩比高达 12∶1。传动系统方面，采用六速变速箱和皮带传动。为了降低发动机的振动感，宝马汽车公司利用精密的平衡轴尽量抵消振动感。宝马 F800 S 注重运动性能，采用了三碟防抱死制动、大型散热栅、单摇臂、框式双翼梁车架、高脚踏和低把手的设计。

宝马 F800 ST

车身参数	
排量	798 毫升
轴距	1466 毫米
空重	204 毫米
座椅高度	840 毫米
最大速度	200 千米/时

　　宝马 F800 ST（BMW F800 ST）是德国宝马汽车公司在 2006～2013 年间生产的运动旅行摩托车。宝马 F800 S 属于半包覆版街车，而宝马 F800 ST 是宝马 F800 S 的旅行版，其护罩覆盖面和风挡更大，手把也加高了，配置旅行款式的轮胎和边箱。宝马 F800 ST 所有性能的调校也比宝马 F800 S 更趋向于舒适。

宝马 F800 GS

车身参数	
排量	798 毫升
轴距	1578 毫米
空重	207 千克
座椅高度	880 毫米
最大速度	204 千米/时

　　宝马 F800 GS（BMW F800 GS）是德国宝马汽车公司在 2008 年开始量产的全地形摩托车。该车的减振行程较长，可适应多种路面，路感反馈清晰，转向精准。优秀的油箱曲线及车座设计，使得车手站立骑行时双腿可轻松夹紧油箱，相对宽大的脚踏保障了站立骑行时的稳定性。在长途旅行中，长时间连续坐在摩托车上，很容易产生疲惫，适当尝试站立骑行可以缓解骑行疲劳，同时也可以大大提升骑行乐趣。

宝马 G650 GS

车身参数	
排量	652 毫升
轴距	1477 毫米
空重	192 千克
座椅高度	780 毫米
最大速度	170 千米 / 时

宝马 G650 GS（BMW G650 GS）是德国宝马汽车公司在 2008 ~ 2016 年间量产的全地形摩托车。宝马 G650 GS 的优势在于拥有轻巧且坚固的车身，坐垫高度较低，发动机动力输出反应直接，最高车速接近 170 千米 / 时，且以 90 千米 / 时定速行驶时可以取得 31.3 千米 / 升的油耗表现。该车采用的单缸水冷四冲程电喷发动机，经过历年来巴黎达卡越野赛事的实战测试，耐用度毋庸置疑，并且没有单缸发动机常见的剧烈振动问题，有效提升了骑乘舒适度。

宝马 F800 R

车身参数	
排量	798 毫升
轴距	1526 毫米
空重	177 千克
座椅高度	770 毫米
最大速度	210 千米 / 时

宝马 F800 R（BMW F800 R）是德国宝马汽车公司在 2009 年开始量产的街车版摩托车。宝马 F800 R 放弃了宝马 F800 S 的外形设计，移除了宝马 F800 S 内置"大小眼"（不对称车灯造型）的"眼镜框"，使得整体外形更加霸气。此外，该车还放弃了宝马 F800 S 的后单摇臂，采用传统双叉式后摇臂。宝马 F800 R 依然采用铝合金双梁式车架，但是轴距加长 54 毫米，整车质量减轻 5 千克，车身尺寸有细微变化。

宝马 S1000 RR

车身参数	
排量	999 毫升
轴距	1422 毫米
空重	204 千克
座椅高度	820 毫米
最大速度	303 千米 / 时

宝马 S1000 RR（BMW S1000 RR）是德国宝马汽车公司在 2009 年开始量产的超级摩托车，官方指导价为 28 万元人民币 / 辆。该车采用四冲程直列四缸水冷发动机，0 ~ 100 千米 / 时加速时间 2.9 秒，0 ~ 200 千米 / 时加速时间为 5.91 秒。宝马 S1000 RR 很注重车重设计，采用铝合金车架，汽油满载时车身质量也仅为 206.5 千克。

宝马 C600 Sport

车身参数	
排量	647 毫升
轴距	1591 毫米
空重	249 千克
座椅高度	810 毫米
最大速度	175 千米 / 时

宝马 C600 Sport（BMW C600 Sport）是德国宝马汽车公司在 2012 年开始量产的运动踏板摩托车。宝马 C600 Sport 采用钢管车架，动力装置为一台宝马 W20K06U0 并列双缸水冷发动机，搭配 CVT 变速箱，0 ~ 100 千米 / 时加速时间为 7.1 秒。其他配置包括 40 毫米倒置前叉，铝合金单摇臂，中置单筒平躺式后减振，内藏浸在润滑油内的传动车链。该车标配防抱死制动系统，前轮采用 270 毫米双碟双活塞，后轮采用 270 毫米单碟双活塞，制动效果优秀。

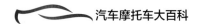

宝马 C650 GT

车身参数

排量	647 毫升
轴距	1591 毫米
空重	261 千克
座椅高度	800 毫米
最大速度	176 千米 / 时

　　宝马 C650 GT（BMW C650 GT）是德国宝马汽车公司在 2012 年开始生产的踏板摩托车，最新改款型号的官方指导价为 7.78 万元人民币 / 辆。宝马 C650 GT 采用钢管车架，动力装置为一台宝马 W20K06U0 并列双缸水冷发动机，搭配 CVT 变速箱，0 ~ 100 千米 / 时加速时间为 7.5 秒。宝马 C650 GT 的减振装置和制动装置都与宝马 C600 Sport 相同，但座椅下方储物空间、前护板及风挡都比后者更大，所以空车质量也增加了 12 千克。

宝马 F700 GS

车身参数

排量	798 毫升
轴距	1562 毫米
空重	212 千克
座椅高度	820 毫米
最大速度	192 千米 / 时

　　宝马 F700 GS（BMW F700 GS）是德国宝马汽车公司在 2012 年开始生产的全地形摩托车。宝马 F700 GS 将大单缸发动机升级成并列双缸水冷式发动机，排量也增大为 798 毫升。轮毂由钢丝辐条结构改为压铸铝合金搭配真空胎的结构，进一步提升了铺装道路的行驶能力，拥有街车般的操控性能。挡风板、仪表盘、烟色转向指示灯以及 LED 尾灯等全新设计，让宝马 F700 GS 具备独有的成熟美感。

宝马 F800 GT

车身参数

排量	798 毫升
轴距	1514 毫米
空重	213 千克
座椅高度	800 毫米
最大速度	224 千米 / 时

　　宝马 F800 GT（BMW F800 GT）是德国宝马汽车公司在 2013 ~ 2018 年间生产的运动旅行摩托车。宝马 F800 GT 继续使用可靠稳定的 798 毫升并列双缸电喷水冷式发动机，但对燃油和点火曲线重新做了调校，同时排气部分借用宝马 F800 R 的经验得到增强。这些变化使得宝马 F800 GT 的功率相对宝马 F800 ST 有所增加。重新设计的 10 辐铝压铸轮毂重量超轻，视觉上更加现代化。

宝马 R NineT

排量	1170 毫升
轴距	1476 毫米
空重	222 千克
座椅高度	785 毫米
最大速度	200 千米 / 时

宝马 R NineT 侧方视角

宝马 R NineT 头部视角

　　宝马 R NineT（BMW R NineT）是德国宝马汽车公司在 2014 年开始生产的摩托车，官方指导价为 21 万元人民币 / 辆。

　　宝马 R NineT 在设计上并没有采用质轻又坚硬的铝合金车架，而是使用编织式钢管车架加上可拆卸式的副车架、双环式仪表盘、充满散热鳍片的发动机外壳以及钢丝轮圈。这些设计使宝马 R NineT 带有一种浓浓的复古风格。宝马 R NineT 的坐垫高度为 785 毫米，油箱和坐垫宽度适中，坐姿比较直立，使驾驶者在长途骑乘中不会感到腰酸背痛。该车不足之处是由于没有风挡，在车速超过 140 千米 / 时时，风压变得强大，对于长途骑行时的体力消耗较大。

　　宝马 R NineT 仪表盘采用传统的双表配置，右边为转速表，左边为车速表，行车电脑的切换按键就在左手处，仪表盘上还有两组里程显示切换的按键。信息显示屏的外框用了银色点缀，内含里程、平均车速、平均油耗显示。该车没有配置油量表，只有低油量警示，因此驾驶者在出远门时需要注意油量。宝马 R NineT 的储物空间的扩充性也不错，可选配多功能油箱包与后包，油箱包上还有透明塑料防水窗，而且这些包都具有防水功能，车身下方还有充电插座提供电源。该车的车身细节也比较讲究，比如大灯遮光罩上的 BMW 标志，手把固定座上的"BMW Motorrad"字样，钢管结合处的焊接工艺良好，并且在设计之初就考虑到了美感问题，大量采用银色铝材作为车身配件，在配色上形成强烈对比。

宝马 S1000 XR

车身参数

排量	999 毫升
轴距	1548 毫米
空重	228 千克
座椅高度	840 毫米
最大速度	274 千米/时

宝马 S1000 XR（BMW S1000XR）是德国宝马汽车公司在 2015 年开始生产的一款运动摩托车。

宝马 S1000 XR 在设计上沿袭了宝马 S1000 RR，且同样采用了四冲程直列四缸水冷发动机。不过在 2020 年推出的全新宝马 S1000 XR 对底盘、发动机、悬架、车身和电子设备进行了全面彻底的改造，电控部分也有所加强。新座椅类似赛车的桶形座椅，它的目的是将车手固定在适当的位置。除了座椅形状外，整体位置也更加舒适，手腕上没有任何重量支撑，坐姿更加直立自然。前大灯拥有带弯道灯和日间行车灯的时尚 LED，LED 还延伸至指示灯和刹车灯。S1000 XR 底盘框架也是全新的，更硬、更小、更轻便，后减振器直接安装在副臂上，没有任何连杆。宝马声称这种设计有三方面的优点：减少簧下质量，减少颠簸时的摩擦力，以及更有用的悬架行程，从而使乘坐更加舒适。它还可以使轻巧的后摆臂更轻盈，并在运动中通过座椅提供更舒适的驾乘感。

宝马 S1000 XR 采用的新款发动机达到峰值转矩的速度比以前更快，且整体尺寸更小、重量更轻，左右两侧更薄（12毫米），重量轻了 6%，废气排放减少了 10%，发动机排放通过了欧盟第五期排放标准认证。变速箱可以容纳 4 ~ 6 挡的齿轮比，从而使行驶更安静，并减少了 8% 的燃油消耗。而且安装了改进的滑动离合器，以防止在剧烈制动和降挡时带来后轮的锁死。

🏁 宝马 S1000 XR 侧方视角

🏁 宝马 S1000 XR 侧前方视角

宝马 HP4

车身参数

排量　999 毫升

轴距　1423 毫米

空重　171 千克

座椅高度　820~850 毫米

最大速度　200 千米 / 时

宝马 HP4 侧前方视角

宝马 HP4 前方视角

　　宝马 HP4（BMW HP4）是德国宝马汽车公司在 2017 年开始生产的一款运动摩托车，官方指导价 34 万元人民币 / 辆。

　　宝马 HP4 采用碳纤维车架与轮毂，其架构与打造汽车用碳纤维底盘是相同的技术，能确保车架品质的稳定，而车架的水准更是与 WSBK（世界超级摩托车锦标赛）同级，具备转向轴心可调、摇臂轴心可调以及三段位置可调碳纤维副车架。车身每个部件均经过预先计算，并结合实际功能性要求，达到要求的扭矩及刚度。

　　宝马 HP4 的动力装置为轻量化的直列四缸发动机，可提供强劲动力，输出达到 142 千瓦的最大功率。另外，该车还配备了消声器，在中等转速时可输出更强的扭矩，可满足车手对动力的需求。宝马 HP4 还搭载了全球第一套动态减振系统 DDC（动态减振控制系统），使减振自动轻松适应环境变化。能够提供多种模式：雨天和运动模式适合日常道路，竞技和"光头胎"模式适合赛道。宝马 HP4 进一步完善了 DTC（牵引力控制系统），使其在"光头胎"模式下，可进行 -7 度 ~ +7 度精细调整，因而在系统支持与车手操控之间始终能够实现最佳平衡，提供了最大的牵引力和最优的加速度。宝马 HP4 搭配多项电控设备，所有电路组成也都进行最佳化设计，包括赛车级的 2D 数据记录器在内的资料，都能显示在 2D 仪表板上。

宝马 G310 R

车身参数

排量	313 毫升
轴距	1374 毫米
空重	158 千克
座椅高度	785 毫米
最大速度	143 千米 / 时

宝马 G310 R（BMW G310 R）是德国宝马汽车公司在 2018 年开始生产的摩托车。

宝马 G310 R 的车身采用几何学设计，操控性能很出色，宽车把、窄车身让其转向相当灵活。前制动器是 300 毫米单制动盘和径向安装的四活塞卡钳的组合，前后轮均使用铸铝的材质打造。41 毫米的金黄色倒置前叉，外部具有金色氧化铝涂层，以提高耐久度。白色弹簧的单减振悬架，具有液压预载调节机构，由于它不是多连杆连接的，因此后减振给人的感觉非常硬。后制动采用 240 毫米浮动盘以及布雷博公司的单活塞卡钳，黑色的半镂空后摆臂是铝合金材质。宝马 G310R 采用链条传动，链条位于左侧，而非宝马摩托车标志性的右侧。消声器位于传统布局位置，不仅降低了成本，而且易于维护。宽条形变径手柄尽可能地将反光镜的位置向左和向右延伸，从而更易于向后观察。仪表盘的面积和前遮阳板都很小，因此操作台非常简洁。全数字仪表盘显示速度、转速、时钟、燃油以及挡位，除了里程表外，还可以切换和显示瞬时及平均油耗。

宝马 G310 R 搭载一台缸头倒置单缸水冷式发动机，宝马汽车公司声称这台发动机的很多科技直接来自其 S1000 RR 超级运动型摩托车，如高性能阀门齿轮、DLC（类金刚石镀膜）涂层引擎部件和镍硅碳缸内壁。

🏁 宝马 G310 R 侧方视角

🏁 行驶中的宝马 G310 R

宝马 R1250 GS

车身参数

排量	1254 毫升
轴距	1525 毫米
空重	249 千克
座椅高度	859 毫米
最大速度	219 千米 / 时

🏁 宝马 R1250 GS 侧方视角

🏁 宝马 R1250 GS 侧前方视角

宝马 R1250 GS（BMW R1250 GS）是德国宝马汽车公司在 2019 年开始生产的运动摩托车。

2021 年，宝马 R1250 GS 更新了一些可自由选配和自带的电子配件。在配置上最大的亮点就是在摩托车上首次运用自动头灯，这款头灯作为选配装置销售，能够根据车手的驾驶模式来自行控制灯光的照明和角度。

2021 年，宝马公司推出 R1250 GS 40 周年纪念版，其最大的变化就是采用了全新的且较为经典的配色方案，黄色的元素点缀搭配金色转圈，黑 + 黄的配色，使它在外观上看起来辨识度更高，并且配有 40 周年纪念版专属贴纸、双色的坐垫、宝马 OPTION 719 独有的拉花和发动机防摔保护块等额外装置也是 40 周年纪念版所专属的。黄色的拉力护手和黄色竞技风挡符合 GS 家族风格，全新的 LED 转向头灯，可根据路线自动上下调整 2 度、左右调整 35 度，标配 6.5 英寸 TFT 全新仪表盘，具备蓝牙手机连接功能，提供电话、音乐、地图导航等附加功能。在配置方面，新增了 Eco 骑行模式，总共 7 种，包括：Eco、Rain、Road、Dynamic、DynamicPro、Enduro、EnduroPro 模式，其主要是为了鼓励车手在柔和的油门曲线和适当的扭矩限制下高效驾驶。同时 ABS Pro 也新增为标配。除此以外，全系标配 DTC（动态稳定控制系统）、HSC Pro（坡道启动控制）、ABS（制动防抱死系统）、DBC（动态制动控制）、Dynamic ESA（新一代动态电子悬架调整系统）等。而电子悬架系统在这次升级后具备了自动负荷补偿功能，使车手在骑行中始终保持最佳骑行姿态。

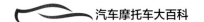

宝马 R18

车身参数

排量	1802 毫升	**座椅高度**	690 毫米
轴距	1731 毫米	**最大速度**	179 千米 / 时
空重	345 千克		

宝马 R18（BMW R18）是德国宝马汽车公司在 2020 年开始生产的巡航摩托车。

宝马 R18 采用黑亮漆面喷涂的水滴形油箱，侧面用白色双细条纹勾边，衬以蓝天白云的 BMW 标识，整体造型与宝马 R5 设计如出一辙。在油箱下方，经典的水平对置双缸"拳击手"发动机被金属外壳全面包裹，双摇篮钢架和外露的传动轴继承了宝马摩托车一贯的经典造型，搭配俯冲式飞线车身轮廓，让车身整体视觉重心更低。全 LED 大灯是宝马 R18 上为数不多能够体现现代元素的地方，大灯中央的条形日间行车灯搭配宝马浮雕标识，更显整车质感。车架中央的装饰板设有宝马 R18 的专属浮雕标识，钢丝辐条轮圈也是该车的标配。巨大的鱼尾形排气管在宝马 R18 身上显得十分协调，管身精致的抛光工艺也体现出设计师们的精雕细琢。

宝马 R18 采用先进安全驾驶配置，如自增强防跳离合器、自动稳定控制系统 ASC、发动机牵引力矩控制系统 MSR 以及全系标配先进的 LED 大灯和可选自适应 LED 转向灯，进一步增强了骑行安全性。同级独有标准配备的 Rain、Roll 和 Rock 三种驾驶模式，为车手在不同路况下的骑行安全提供最高保证。宝马 R18 可进行 20 多个车身零部件的改装，车手可根据喜好进行个性化改装，搭配专属骑行风格。宝马 R18 搭载的"拳击手"发动机，最大功率达 67 千瓦。

🏁 宝马 R18 侧方视角

🏁 行驶中的宝马 R18

杜卡迪 Monster

车身参数

排量	937 毫升
轴距	1440 毫升
空重	177 千克
座椅高度	800 毫米
最大速度	220 千米 / 时

🏁 杜卡迪 Monster 侧前方视角

🏁 杜卡迪 Monster 侧方视角

　　杜卡迪 Monster（Ducati Monster）是意大利杜卡迪公司在 1993 年开始生产的摩托车。2021 年推出的杜卡迪 Monster 新型号采用了牛后背一般的油箱，半嵌入式圆形大灯，以及位于车架核心位置的发动机。设计风格虽然采用了更为现代的理念，但关键部位除了发动机外并没有大的调整，还是铝制底盘、黄金骑行三角。整个车架重量比之前轻了60%，车辆整体的减轻让人体工程学得以发挥长处。燕尾槽部分增加了转向角度，提高了操控性；车把更靠近车手本身，让骑行姿态更直立。

　　悬架系统方面，杜卡迪 Monster 采用前 43 毫米倒叉和后中置油压减振组合，后减振具备预载调节功能。刹车系统也基本维持了 Monster 821 的设定，采用布雷博公司提供的前轮 M4.32 对向四活塞卡钳与后轮对向双活塞卡钳，标配弯道 ABS 系统。除了标配多级可调的 ABS、DTC 外，增加了 DPL 弹射起步、DWC 防翘头、DQS 快速换挡。另外，全新杜卡迪 Monster 还带来了 Sport、Tour、Urban 三种骑行模式。

　　杜卡迪 Monster 采用 Testatretta 11 度 V 型双缸水冷发动机，全新的轻量化铝合金车架承载这台 V 型双缸发动机变得更加轻松，没有钢管的包覆，让整车变得更加纤细，也更有利于车身前后重心的分配，而且副车架采用玻璃纤维增强聚合物制成，更加轻量化。

杜卡迪 749

车身参数

排量	748 毫升
轴距	1420 毫米
空重	188 千克
座椅高度	780 毫米
最大速度	254 千米/时

杜卡迪 749（Ducati 749）是意大利杜卡迪公司在 2003 ~ 2006 年间生产的运动摩托车。

杜卡迪 749 的设计和研发工作全部采用 CAD 三维计算机辅助，并借助了其他前沿科技，从而减少摩托车的复杂性，同时提高实用性能。2003 年，杜卡迪 749 开始量产，之后相继推出了杜卡迪 749 Dark、杜卡迪 749S 和杜卡迪 749R 等型号，以满足不同客户的需求。2006 年，杜卡迪 749 系列停产，被新型的杜卡迪 848 取代。

杜卡迪 749 的捆杆式车架采用高刚性的 ALS 450 钢管制造，搭载 V 型双缸水冷发动机和六速干式离合器。与杜卡迪 748 相比，杜卡迪 749 的发动机经过多重改良，包括全新设计的曲轴、气缸和盘顶。排气量虽然仍维持在 748 毫升，但换装了更跑车化的缸径冲程比，缸径由 88 毫米增大至 90 毫米，活塞冲程则由 61.5 毫米缩短至 58.8 毫米，令缸径冲程比增加了约 7%。更高的压缩比（由 11.5：1 增至 11.7：1），更紧密的阀门摆放角度，配合由 50 毫米增大至 54 毫米口径的马雷利电子燃油喷注系统，令杜卡迪 749 的最大功率由杜卡迪 748 的 71 千瓦增加至 75 千瓦，扭矩也略有提升。

🏁 **杜卡迪 749 侧前方视角（一）**

🏁 **杜卡迪 749 侧前方视角（二）**

杜卡迪 999

车身参数

排量	999 毫升
轴距	1420 毫米
空重	199 千克
座椅高度	780 毫米
最大速度	283 千米 / 时

　　杜卡迪 999（Ducati 999）是意大利杜卡迪公司在 2003 ～ 2006 年间生产的超级摩托车。该车通常有四种型号，分别是：基本版的双座和单座型号，杜卡迪 999S 型号和终极版杜卡迪 999R。这四种型号在用料和动力输出上都有分别。在世界范围的竞赛中，杜卡迪 999 拥有无数的荣耀。

杜卡迪 1098

车身参数

排量	1099 ～ 1198 毫升
轴距	1430 毫米
空重	173 千克
座椅高度	820 毫米
最大速度	278.9 千米 / 时

　　杜卡迪 1098（Ducati 1098）是意大利杜卡迪公司在 2007 ～ 2008 年间生产的超级摩托车。该车采用 L 型双缸发动机，每个气缸有 4 个气门，配备减压阀并采用液体冷却。另外，该车的控制装置也采用简约设计，尾端装有双侧堆叠式消声器，为车手提供了舒适愉快的骑行体验。

杜卡迪 848

车身参数

排量	849 毫升
轴距	1430 毫米
空重	168 千克
座椅高度	830 毫米
最大速度	256 千米 / 时

　　杜卡迪 848（Ducati 848）是意大利杜卡迪公司在 2008 ～ 2013 年间生产的运动摩托车，官方指导价为 25.8 万元人民币 / 辆起。杜卡迪 848 采用管式编织车架和经典单摇臂的设计，配备全液晶仪表盘，车头的 LED 灯具尺寸较大。该车搭载了一台 L 型双缸水冷四冲程发动机，最大功率为 100 千瓦。

杜卡迪 Diavel

车身参数

排量	1198 毫升
轴距	1590 毫米
空重	234 千克
座椅高度	770 毫米
最大速度	272 千米 / 时

　　杜卡迪 Diavel（Ducati Diavel）是意大利杜卡迪公司自 2010 年开始生产的标准摩托车。该车有多种型号，2019 年推出的 Diavel 1260 供油方式采用电子喷射系统，压缩比为 11.5 ∶ 1。传动方式为六速链条传动，车架采用钢管编织式。前悬架为 50 毫米可调倒立式前叉，后悬架为预载回弹可调单避振、铝合金单摇臂。

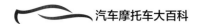

杜卡迪 Multistrada 1200

车身参数	
排量	1198 毫升
轴距	1530 毫米
空重	239 千克
座椅高度	850 毫米
最大速度	233 千米 / 时

　　杜 卡 迪 Multistrada 1200（Ducati Multistrada 1200）是意大利杜卡迪公司在 2010 年开始生产的摩托车，是多样化道路皆宜的多功能车款。为了能够适应各种路况，杜卡迪 Multistrada 1200 搭配了前轮 19 英寸、后轮 17 英寸的辐条圈，而普遍用在越野车与许多全功能车款上的辐条圈比起铸轮，有更好的减振效果。铸轮在受到冲击时由最接近的轮辐吸收能量，辐条圈则由整个轮框的钢丝一同吸收，在耐用度上也更好。

杜卡迪 1198

车身参数	
排量	1198 毫升
轴距	1437 毫米
空重	164 千克
座椅高度	825 毫米
最大速度	285.8 千米 / 时

　　杜卡迪 1198（Ducati 1198）是意大利杜卡迪公司在 2011 ～ 2014 年间生产的超级摩托车。该车采用铝合金单体式车架、铝合金油箱盖、锻造合金轮圈等轻量化部件，令车体进一步达到轻量化，加上车身前后配重与低重心配置，令其操控表现更为犀利。

杜卡迪 1199

车身参数	
排量	1198 毫升
轴距	1437 毫米
空重	164 千克
座椅高度	825 毫米
最大速度	285 千米 / 时

　　杜卡迪 1199（Ducati 1199）是意大利杜卡迪公司在 2012 ～ 2014 年间生产的摩托车。该车导入 LED 车灯、方向灯与尾灯、全彩多功能显示仪表盘、跑车化防抱死刹车系统、循迹控制系统、电子控制悬架系统、电子节气门控制系统、电子快速换挡系统、发动机刹车抑制系统等，搭配经过空气动力学设计的车身套件，成为杜卡迪公司非常受欢迎的摩托车型之一。

杜卡迪 899

车身参数	
排量	898 毫升
轴距	1426 毫米
空重	169 千克
座椅高度	830 毫米
最大速度	270 千米 / 时

　　杜卡迪 899（Ducati 899）是意大利杜卡迪公司在 2013 ～ 2015 年间生产的摩托车。该车搭载水冷式 L 型双缸 8 气门发动机，最大功率 109 千瓦。变速箱为一台六速变速箱，并带有电子快速换挡系统。制动方面，前刹车采用布雷博公司制造的两副四活塞卡钳 + 半浮动式刹车盘的组合，刹车盘直径为 330 毫米；后刹车配备的是双活塞制动系统，搭配的打孔刹车盘直径为 245 毫米。

杜卡迪 1299

车身参数

排量	1285 毫升
轴距	1440 毫米
空重	166 千克
座椅高度	830 毫米
最大速度	280 千米 / 时

　　杜卡迪 1299（Ducati 1299）是意大利杜卡迪公司在 2015 年开始生产的超级摩托车。该车采用铝合金单体式车架，L 型双缸发动机，压缩比为 12.6 ：1。杜卡迪 1299 最新版为追求更极致的轻量化，大量使用碳纤维材质，甚至连副车架都由碳纤维制造，其余金属零件则多由钛、铝、镁等轻量化金属制造。

杜卡迪 959

车身参数

排量	955 毫升
轴距	1431 毫米
空重	176 千克
座椅高度	830 毫米
最大速度	270 千米 / 时

　　杜卡迪 959（Ducati 959）是意大利杜卡迪公司在 2016 年开始生产的摩托车。与以往杜卡迪摩托车不同，杜卡迪 959 将隐藏式下置排气管改为双出高位排气管，使用侧面排气。整车质量为 188 千克，并配备一个 17 升的燃油箱。该车搭载水冷四冲程双缸八气门发动机，0 ~ 100 千米 / 时加速仅需 3 秒。其电子辅助设施包括：骑行模式、动力模式、防抱死制动系统、循迹控制系统、电子快速换挡系统、发动机刹车控制系统、全电子节气门控制系统、转向阻尼、配置行车导航记录仪的行车数据采集系统等。

MTT Y2K

车身参数

排量	1400 毫升
轴距	1700 毫米
空重	227 千克
座椅高度	840 毫米
最大速度	402 千米 / 时

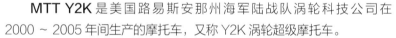

🏁 MTT Y2K 侧方视角

🏁 MTT Y2K 侧后方视角

🏁 展览中的 MTT Y2K

MTT Y2K 是美国路易斯安那州海军陆战队涡轮科技公司在 2000 ~ 2005 年间生产的摩托车，又称 Y2K 涡轮超级摩托车。

MTT Y2K 不仅是人类有史以来行驶速度最快的量产摩托车，而且其外部造型、行驶稳定性、灵敏转向性、可靠制动性等各项综合技术性能都是出类拔萃的。该车的悬架、摇架等大型受力构件全部采用航空级高强度铝合金压铸件，不仅重量轻、强度高，而且刚性极佳，完全可以承受高速行驶和急剧转向时产生的强大拉伸力和扭曲力。全封闭式运动跑车造型，外覆盖件已经全部采用当代非常先进的流线型碳纤维材料制成，经多次风洞试验后，具有极小的空气阻力。前整流罩上 2 个高亮度氙气前照灯，透着犀利、威武与果敢，神采奕奕，可将黑夜瞬间照耀得如同白昼，较大幅度提高夜间行驶的安全性。功能齐全的 LCD 彩色液晶显示屏以及触摸式智能起步点火系统等，散发着浓郁的时代气息，给人以力的激情和美的享受。敦厚结实的 55 毫米倒置前叉，前伸角仅为 27 度，野性十足，减振性能超强。与后部粗大的铝合金摇架及可调式油气单筒减振器组成的后悬架系统相配合，使整车具有极佳的减振性能，大幅度提高了行驶稳定性和高速转向能力。

MTT Y2K 采用阿里逊 250 涡轮轴发动机，最高功率达到 238 千瓦。该车的制动性能同样非常优越，前轮采用 320 毫米超大直径双盘，浮动式四活塞制动卡钳液压制动器；后轮也采用超大直径 320 毫米单盘，浮动式四活塞卡钳液压制动器，具有强大的制动力。

🏁 行驶中的 MTT Y2K

道奇战斧

🏁 展览中的道奇战斧

🏁 道奇战斧侧方视角

道奇战斧（Dodge Tomahawk）
是美国克莱斯勒汽车公司在 2003 ~ 2006
年间生产的摩托车。

　　道奇战斧最具特点的地方在于采用
了前后紧密并列的四轮设计，而普通摩
托车只有两个车轮，因此当这款摩托车
静止的时候，不需要支架就叭以停稳。
为了获得更快的速度，道奇战斧采用了
全悬架式的车轮，每对轮胎相隔十几厘
米，拥有独立悬架系统。这样即使是高速拐弯的时候，也能像汽车一
样四轮着地，既保证了速度又保证了车辆的行驶稳定性。

　　道奇战斧采用 V10 发动机，最大功率达到 370 千瓦。当其启动
后 2.5 秒就可加速到 96 千米 / 时，理论最高速度为 640 千米 / 时。
尽管道奇战斧是公认速度最快的摩托车，但目前并没有人以超过 160
千米 / 时的速度驾驶该车。由于速度太快导致橡胶轮胎与地面剧烈摩
擦生热从而引发机体燃烧，这才是人们担心的安全问题。根据相关
法律规定，道奇战斧并不能合法奔驰在公共道路上。克莱斯勒汽车公
司的一位发言人告诉记者，最好把战斧看成是"滚动的艺术品"，它
可以在私人道路上驾驶，偶尔感受一下滚动的魅力！另外，据驾驶一
种专为创造速度而制的流线型摩托车并创造世界速度记录的车手戴
夫·坎波斯预测，尽管"武装"了 V10 发动机，实际上道奇战斧在
狂飙中并不会有期望的极速表现。

车身参数

排量	8277 毫升
轴距	1900 毫米
空重	680 千克
座椅高度	740 毫米
最大速度	640 千米 / 时

🏁 道奇战斧侧前方视角

🏁 道奇战斧侧后方视角

GSX1300R 隼

车身参数

排量	1299 毫升
轴距	1485 毫米
空重	255 千克
座椅高度	805 毫米
最大速度	312 千米 / 时

GSX1300R 隼（GSX1300R Hayabusa）是日本铃木公司在 1999 年开始生产的摩托车。

GSX1300R 隼采用整体化流线型全碳纤维外覆盖设计，既具时代感，又具有优异的空气动力特性。全车线条感强烈，凸出的尖头扰流，差不多与前挡泥板同排，尾部的高翘型鸭尾更是突出。车架采用压铸铝合金焊接而成的双翼梁式，受力最大的左右主梁其截面设计成直立式空心矩形形状，使摩托车的核心受力构件的重量降至最轻，以利降低整车重量，同时使其抗拉、抗弯、抗扭、抗剪能力得到淋漓尽致的发挥。车架后下方的方形断面铝合金后摇架与铝合金加强拱桥杆相结合，令整个摇架得以强化。尾部的大型储物箱可容纳大型 U 形锁及随车工具，为车手停车时加锁防盗提供了方便。该车外形经过多次风洞试验，以求将车身风阻降至最低，即使在超高速或雨中行驶时也十分惬意。

GSX1300R 隼采用四冲程直列四缸水冷发动机，全新的数字式燃油喷射系统，有 8 个触发点及 4 个传感器。每缸都有独立的燃油喷射系统，可根据发动机转速、点火时刻、点火角度、进气量、进气温度、水温等多项参数，精确地控制燃油喷射量和喷射时刻，使发动机发出的有效功率恰到好处，从而使整车的燃油消耗量降至最低，具有极佳的经济性和最低的排污量。整套燃油喷射系统安装在气缸外而并非设在其内，不仅可以简化整体设计，而且可以减轻重量。

🏁 **GSX1300R 隼侧前方视角**

🏁 GSX1300R 隼侧方视角

🏁 GSX1300R 隼侧后方视角

🏁 行驶中的 GSX1300R 隼

本田 CB125R

本 田 CB125R（Honda CBR125R）是日本本田汽车公司在 2004～2016 年间生产的摩托车。该车在造型方面洋溢着运动古典韵味，单圆头灯刻意内缩，轮廓遒劲的油箱刻意隆起，强化了力量感。坐垫采取阶梯式设计，尾座设置得较高，与油箱、头灯呼应，呈现强烈的质量前移视觉，显得动感十足。车架和发动机裸露，排气管异常短促，尾部造型设计得精炼、简洁，给人异常精悍的印象。

车身参数

排量	124.7 毫升	座椅高度	795 毫米
轴距	1310 毫米	最大速度	110 千米/时
空重	136 千克		

本田 CB1000R

车身参数

排量	998 毫升	座椅高度	830 毫米
轴距	1455 毫米	最大速度	230 千米/时
空重	212 千克		

本田 CB1000R（Honda CB1000R）是日本本田汽车公司在 2008 年开始生产的摩托车。其外观简洁大方，大灯采用经典的圆灯造型，尾部大幅缩短至后坐垫下方。整车所动用的车壳数十分精简，加上前后挡泥板在内，也仅有六块塑料车壳，尽可能地使用金属元件，造型略显复古也更为紧凑。本田 CB1000R 采用四缸液冷发动机，缸径与行程维持 75 毫米×56.5 毫米，压缩比为 11.6：1。

本田 CBF125

　　本田 CBF125（Honda CBF125）是日本本田汽车公司在 2008 ～ 2015 年间生产的摩托车。外观方面，流线型运动外观的本田 CBF125 相对于本田其他车型来说是个较大的突破。机甲战士般的大灯，采用全 LED 照明，白色灯光的 LED 灯夜间效果很不错，视觉效果和照明度很理想。全液晶屏在这一级别车型中依然极其少见，挡显、时间、油量等常用的车况信息都有显示，仪表盘信息显示丰富，且背光效果好。

车身参数

排量	124.7 毫升	座椅高度	792 毫米
轴距	1270 毫米	最大速度	104 千米 / 时
空重	115 千克		

本田 VFR800X

　　本田 VFR800X（Honda VFR800X）是日本本田汽车公司在 2011 年开始生产的摩托车。其车架轻巧，独特的单摇臂视觉冲击感更强，并配备了新的车轮和制动器，前制动钳是径向的，以双通道 ABS 作为标准配置，并且配备可调 / 可切换的本田可选扭矩控制（HSTC），更长的悬架行程提供更多的舒适感和通过性。该车采用 V 型四缸发动机，高转速时，它具有四气门发动机的强劲加速感。

车身参数

排量	782 毫升	座椅高度	816 毫米
轴距	1464 毫米	最大速度	200 千米 / 时
空重	240.4 千克		

本田 VFR1200X

车身参数

排量	1237 毫升	座椅高度	850 毫米
轴距	1595 毫米	最大速度	209 千米 / 时
空重	285 千克		

　　本田 VFR1200X（Honda VFR1200X）是日本本田汽车公司在 2012 ～ 2016 年间生产的摩托车。该车采用印模压铸的铝合金双梁车架，由中空式四大部件组成。该制造工艺具有控制精确的特点，实现了出色的重量和刚性平衡。铝合金双梁车架赋予 VFR1200X 出色的操纵性能，让车手在公路弯道上挥洒自如。本田 VFR1200X 搭载 V 型四缸发动机，经由 PGM-FI 电子燃油喷射系统伺服，这台发动机的最大功率达到 95 千瓦。

本田 CB150R

🏁 **本田 CB150R 侧方特写**

🏁 **本田 CB150R 头部视角**

本田 CB150R（Honda CB150R） 是日本本田汽车公司在 2012 年开始生产的摩托车。

从外观上来看，本田 CB150R 融合了复古与现代的风格。车身正面小而圆的 LED 头灯及宽版油箱和散热器护罩的对比让人印象深刻，车架使用由钢管组合而成的钻石车架，后摇臂则由铝合金压铸制成。油箱容量为 8.5 升，壮硕的油箱罩是专属设计的，碳纤维纹路加上 HONDA 字样是本田 CB150R 独有的外观造型。与分量感十足的油箱成反比的车尾线条，尾灯和后方向灯也都使用辨识性极佳的 LED 灯具。转速及油量表采用条状显示的全 LCD 仪表板，还配备了挡位显示、换挡指示、油耗显示等。本田 CB150R 拥有 795 毫米的座椅高度，加上跨骑上车时的避振器下沉量较少，因此乘坐感觉上的高度稍微有点高。油箱虽然相当有分量感，但是双脚着地性不错。

本田 CB150R 搭载单缸液冷式发动机，在低转速域时的鼓动感非常明显。因为车身轻盈，所以当大力催动油门时，加速感完全不像是排气量只有 149 毫升的摩托车款。把手操控方面，由于轻量车体加上单缸发动机极小的振动，所以在倾斜及回正车身时都变得很轻松。前后减振器的性能虽不突出，但是搭配柔韧的车架使得本田 CB150R 能发挥出极高的转向性能。由于最低限度地保证了高转速时直线行驶的稳定性，加上骑乘姿势十分容易抵抗风压，因此本田 CB150R 称得上是一款强化街头骑乘的车款。

车身参数	
排量	149 毫升
轴距	1293 毫米
空重	136 千克
座椅高度	795 毫米
最大速度	130 千米 / 时

🏁 **本田 CB150R 侧前方视角**

🏁 **展示中的本田 CB150R**

本田 CBR650R

车身参数	
排量	648 毫升
轴距	1450 毫米
空重	207 千克
座椅高度	810 毫米
最大速度	180 千米 / 时

本田 CBR650R（Honda CBR650R）是日本本田汽车公司在 2014 年开始生产的摩托车。该车车身紧凑，车架坚固。采用了短尾、短轴距设计，单色 LCD 仪表板显示了所有车辆信息，但是存在黑底白字、字体太小等不足，因此在强光下阅读有些困难。为了舒适起见，本田 CBR650R 在营造战斗骑姿的同时兼顾了舒适性。不过对于身材高大的车手可能会觉得腿部空间有些局促，或看上去可能不太协调。

本田 MSX125

车身参数	
排量	124.9 毫升
轴距	1200 毫米
空重	104 千克
座椅高度	750 毫米
最大速度	117 千米 / 时

本田 MSX125（Honda MSX125）是日本本田汽车公司在 2014 年开始生产的摩托车。全车包围、头灯、坐垫及排气管布局经过全新设计，但整车重量及车身体积分别不大。2019 年推出的新款 MSX125 改用了两层式新坐垫，相比旧款的下弧式坐垫增加了乘客的乘坐面积，因此行驶期间比旧款有更稳的乘坐感，改善了车手经常担忧往后跌的不安感。本田 MSX125 是一款易驾驶又灵活的摩托车，操控容易，2 挡和 3 挡加速扭力仍可在横街窄巷间轻松行驶。

本田 CB300R

车身参数	
排量	286 毫升
轴距	1352 毫米
空重	143 千克
座椅高度	799 毫米
最大速度	145 千米 / 时

本田 CB300R（Honda CB300R）是日本本田汽车公司在 2017 年开始生产的摩托车。招牌式的圆形 LED 大灯配上带有肌肉线条的外观，使其兼具了现代以及复古两种风格。钢管车架和不对称式鸥翼摇臂设计让车体有着更好的刚性，再搭配中空的后轴来减少簧下重量，让本田 CB300R 拥有轻量化且更集中的车体配置，带来良好的操控表现。不足的是，虽然采用了辐射对四卡钳以及 296 毫米浮动碟盘，本田 CB300R 在制动力上还是有些不如预期。

KTM 1190 RC8

车身参数	
排量	1195 毫升
轴距	1425 毫米
空重	184 千克
座椅高度	805 毫米
最大速度	287 千米 / 时

KTM 1190 RC8 是奥地利 KTM 汽车公司在 2008 ～ 2015 年间生产的摩托车。其大灯采用竖直设计，转向灯则移到后视镜上去，方便下赛道比赛时拆除。下方的高灯底部收窄，在左右两边腾出了空间给予入风口。尾灯的设计也以纤巧为主，直排而上的尾灯采用了六对 LED 灯。车身线条较为硬朗，油缸采用多边形的线条，延续了 KTM 摩托车的肌肉感。仪表盘有着科幻的设计，多功能显示屏一目了然。

哈雷戴维森 LiveWire

哈雷戴维森 LiveWire（Harley-Davidson LiveWire）是美国哈雷戴维森公司在 2019 年生产的电动摩托车。该车采用 RESS（充电式电能系统 / 主电池），由锂离子电芯组成，周围环绕有铸铝翅片外壳。该车还配备了一个 12V 的小型锂离子电池，为灯、控制器、喇叭和仪表显示器供电。其电动发动机无须离合或换挡，很大程度上简化了骑行操作的难度，即使是在走走停停的城市交通中，车手也能够从每一次刹车中通过动能回收系统给电池增加电量。

哈雷戴维森 LiveWire 完全由电池供电，拥有不输于哈雷戴维森内燃机摩托车的加速能力。其 0 ~ 100 千米 / 时加速时间为 3 秒，甚至可与部分超级跑车相媲美。该车做工精良、乘坐舒适、易于操控，它具有出色的悬架和减振器，可为车手提供安全的骑行体验。

车身参数	
轴距	1490 毫米
空重	210 千克
电池容量	15.5 千瓦·时
座椅高度	780 毫米
最大速度	177 千米 / 时